어쩌면 이루어질지도 몰라

: 자립·공존·연대를 위한 실험

어쩌면 이루어질지도 몰라
: 자립·공존·연대를 위한 실험

장상미 지음

❝ 일밖에 모르던 저자가 스스로 밥상을 차리고, 제철 채소를 알아가고, 공간과 작은 생명을 돌보며 변화하는 모습을 나는 목격했다. 그 변화를 목격하는 것은 무수한 자기계발서가 알려주는 삶의 기술을 익히는 것에 비할 수 없다. 타국에서 독립생활을 하는 나는 햇빛이 잘 들지 않는 방에서 아침을 맞이하다가 자주 운다. 그러다 불현듯 저자의 삶이 떠오르면, 눈물을 닦고 창문을 연 뒤 아침을 해 먹으러 간다. 그리고 무언가를 애써 이루지 않으려고 애쓴다. **❞**
서지현(대학생, 미디어 커뮤니케이션 전공)

❝ 우리는 사람과 관계를 쌓고 함께 살아야 한다는 걸 안다. 이 책은 얼핏 시민운동가의 치열한 성장기 같지만, 쉼 없이 움직이는 대한민국에서 자신을 지키며 성장하고 연대하는 삶을 꾸려가는 친구와 후배를 위한 안내서이다. 저자는 거칠고 무거운 길을 지나 일상의 즐거움을 만끽하는 법을 터득했다. 환대의 공간에서 세상의 작은 변화를 만들고 있는 그에게 더 홀가분하게 하고 싶은 일을 마구마구 시도하라 부추기고 싶다. 지금, 당신의 일과 삶이 힘에 부친다면 망설임 없이 <어쩌면사무소>로 찾아가자. **❞**
이경원(여러가지 프로젝트를 기획-기록-연결하는 생활자)

❝ 책을 덮으며 "가장 개인적인 것이 가장 정치적인 것이다"라는 말을 떠올렸다. 저자는 한 개인으로서, 자기 삶을 통해 겪고 바라본 우리 사회의 폭력적인 단면을 기록했다. 자리 잃고, 쓸모없음으로 뿌리 뽑혔던 자신의 경험과 타인의 고통을 외면하지 않고 담담히 써냈다. 자기 회복과 치유의 시간을 보낸 후, 스스로 실패할 기회를 주면서 얻은 유연함 또한 나누었다. 타인과 적당한 거리의 느슨한 관계망을 형성하고 유지하는 경험까지 나눠 준 저자에게 고맙다. ❞

윤상미(래퍼)

66 어쩌면사무소를 방문하고 돌아오는 길에 문득 떠오른 생각이 있다. 이 공간을 운영하는 저자가 퍽 아름답다는. 누구나 '무엇'이 아니더라도 있는 그대로 존중받아야 하는 존재임을 느끼게 해주는 태도. 아름다움은 바로 거기서 드러난다. 그런 저자가 쓴 글을 읽고 나니 아름답지만은 않았던 지난 시간에 가슴이 찡하다. 동시에 이 찡한 여정을 통해 내 삶을 조금 더 다독일 힘을 얻었다. 99
박유미(요가강사, 엘요가 스튜디오)

66 맘 편히 이야기 나눌 사람들이 점점 사라지고 있다. 서로 불편하지 않을 만큼의 적당한 주제들이 빠르게 전환되고, 상처를 주고받지 않아도 되는 안전한 깊이에 대화는 머문다. 하고 싶은 말이 목에 잔뜩 차올라 숨이 막혀올 때면 어느새 어쩌면사무소가 눈앞에 있다. 햇살을 가득 품은 따뜻한 공기가 몸을 감싸고, 구수한 커피 향이 정신을 깨운다. 다음 순간 걸신들린 듯 이야기를 쏟아내는 자신을 만나도 부끄럽지 않다. 이 책이 바로 그렇다. 왜 그러냐고 재촉하거나 섣불리 진단을 내리기보다는 가만히 그 자리에 앉아 함께 숨을 고른다. 그리고 자신을 먼저 열어 보인다. 사실 나도 그런 적이 있었다고… 읽다 보면 용기가 생긴다. 내 이야기를 시작할 용기. 99
이건임(공간기획자, 1인용 연구회)

66 우리가 직면한 사회를 증언하고, 개인의 역사를 고백하는 글이다. 발화와 독백을 오가는데, 어느 것 하나 넘침이 없다. 내용의 다채로움은 활동가, 여성, 이방인 등 삶의 여러 국면을 똑바로 마주한 힘에서 왔다. 문장의 단단함은 깊은 사유의 버릇과 저자 특유의 민감한 감각에서 나왔을 테다. 그의 글은 우리를 이전보다 나은 곳으로 데려다 놓는다. 더 이상 상투적이지 않은 변화, 생활의 언어로 쪼개지는 시대의 담론들이 바로 그 증거다. 99

허소희(자유기고가, 미디토리 협동조합 활동가)

66 공원 벤치에 앉아 아지랑이를 세는 여유를 머금은 채, 저자는 마치 속삭이는듯한 언어로 말을 건넨다. 지금처럼 있어도 괜찮고 지금과 달라져도 괜찮다고. 우연과 인연 따라 선택한 그 길을 가다 보면 마음 맞는 사람을 만나 무엇이든 함께 도모할 날이 올지 모른다고. 어쩌면 이루어질지 모를 그 길 위에서 우리, 호기심 가득한 얼굴로 만나기를. 99

조아신('세상을 바꾸는 호혜적 관계망 – 더 이음' 활동가)

프롤로그

초여름, 상자 텃밭에서는 하루가 다르게 잡풀이 올라온다. 풀, 잡초. 달리 이름 불리지도 귀히 쓰이지도 않는 그런 식물은 감히 비좁은 공간에 머물 권리가 없다. 겨우 떡잎을 지나 줄기를 뻗는가 하면 이내 누군가의 손에 뿌리째 뽑혀 내동댕이쳐지는 신세가 된다. 이유는 간단하다. 상자 텃밭이 비좁기 때문이고, 텃밭을 가꾸는 이에게 아무 쓸모없는 식물이어서다. 뿌리 뽑혀 내동댕이쳐질 만큼 식물이 잘못한 건 없다.

책을 쓰기 시작하고 줄곧 이 문제를 생각했다. 우리 사회에 만연한 '자리 없음', '쓸모없음' 그리고 '뿌리 뽑힘'이라는 문제에 대해서 말이다. 우리 중 누구도 자기 의지로 태어난 이는 없다. 특정한 지역이나 사회, 가정을 선택해서 태어난 이도 없다. 저마다 멋모르고 태어나 그저 살아갈 따름이다. 그런데도 늘 자기 쓸모를 증명해야 한다. 사람들 틈을 파고들어 억지로 자리를 만들고(빼앗고) 그것을 힘껏 지켜야 한다. 조금이라도 삐끗하면 구석으로 밀려날까 두려움에 떨면서.

나도 그랬다. 처음 학교라는 집단에 들어갔을 때, 입시라는 무서운

경쟁을 마주했을 때, 터무니없이 열악한 취업 시장에 뛰어들어야만 했을 때 그리고 낯선 도시에서 내 몸 하나 누일 방을 찾아 헤매고 다닐 때, 나는 매번 세상이 "널 위해 준비한 자리는 없어"라고 외치는 소리를 들어야 했다. 그럴 때마다 당황해서 몸 둘 바를 몰랐다. 내가 무엇이 부족한지, 무엇을 잘못했는지 고심하느라 "왜"라고 묻거나 당당히 내 자리를 달라고 소리칠 엄두를 내지 못했다.

그러나 가만히 귀 기울여보면 작지만 다른 목소리가 들린다. 그 소리는 너무 작아서 시간을 들여 집중해야 겨우 들을 수 있다. 나는 이십 대 후반 첫 직장을 뛰쳐나와 아무런 희망도 없이 도서관에 파묻혀 있을 때, 운 좋게 그 소리를 처음 들었다. 스치듯 읽은 한 인권운동가의 이야기를 통해서다.

1960년 영국에서 변호사로 일하던 피터 베넨슨Peter Benenson은 어느 날 포르투갈에서 두 젊은이가 '자유를 위하여 건배했다'는 이유로 징역형을 받았다는 기사를 읽고 크게 분노했다. 이 일의 부당함을 알리기 위해 고민하던 베넨슨은 언론사에 의견 광고를 실었고, 수많은 사람이 그 글에 지지를 보냈다. 그리고 이듬해, 세계 곳곳의 양심수 석방을 위해 활동하는 인권단체 국제앰네스티Amnesty International가 탄생했다.

그 이야기가 내게 유독 감동을 준 지점은 이들을 움직인 분노와 열정이 세상을 구원하는 영웅의 시선이 아니라, "모든 사람은 태어나면서부터 자유롭고, 존엄과 권리에 있어 평등하다"(세계인권선언 제1조)는 인권 정신에서 비롯했다는 사실이다.

사람은 태어나는 순간부터 사회 안에서 평등하게 대접받고 행복을 추구할 권리를 가진다. 그 권리를 누리기 위해 다른 누구보다 뛰어난 존재임을 증명할 필요는 없다. 세계인권선언과 대한민국 헌법이 보여주듯이, 이것은 단지 어떤 주의나 주장이 아니라 우리 사회를 구성하는 법적, 제도적 근본이다. 그런데도 우리가 경험하는 일상은 이와는 전혀 다르다. 여기에는 법과 제도만으로 해결할 수 없는 더 근본적인 문제가 있기 때문이다.

인류학자 김현경의 말처럼, 타자가 사람으로 존재하려면 사회 안에 그의 자리를 마련해주려는 사람들의 몸짓과 말이 필요하다. 무심코 들어선 낯선 이에게 가만히 빈 의자를 내어주는 손길 같은 것 말이다. 누구든 이처럼 가치를 따지지 않고 환대하는 공동체를 만날 때 비로소 사람으로, 도덕적 주체로 존재할 수 있다.[1]

나는 쉽게 자리를 내주지 않는 이 사회에서 사람으로 살기 위해 무던히 애썼다. 그러기 위해서는 다른 무엇보다 공간이 필요했다. 자아를 침범당하지 않으면서 타인과 어우러져 살아가기 위해 거래나 계약 없이도 서로를 환대하고 용납할 공간을 찾아 헤맸다. 그리고 번번이 실패했다. 모두가 중요하다고 말하는 가족이나 직장, 종교, 공적 신분 같은 것은 전혀 제 역할을 하지 못했다.

그런 내게 슬그머니 자리를 내주고 자립과 공존의 과정을 구체적으로 경험하게 해준 것은 뜻밖에도, 사라질 날을 앞두고 있던 재개발 지역의 낡은 방이었다. 거기서 나는 불안과 경쟁을 부추기는 세상에 휘둘리지 않고 몸과 마음을 돌보는 생활력을 익히고 다른 삶의 방식을 찾는 모험에 뛰어들 용기를 얻었다.

소속보다는 접속으로, 우연과 인연을 따라 새로운 관계망을 엮어온 <어쩌면 프로젝트>라는 실험은 바로 거기서 시작되었다. 그 길을 통과하면서 나는 비로소 내면의 리듬과 삶의 속도를 일치시키는 방법을 배웠다. 지나친 책임감이나 의무보다는 느긋한 우정으로 관계망을 꾸리는 방법, 자기를 지키면서도 조건 없이 타인을 환대하는 공간을 꾸리는 기술을 익혔다. 그러자 오랜 기간 나를 괴롭히던 불안과 고통이 거짓말처럼 사라졌다. 더는 누구에게도 내 존재를 증명할 필요가 없어졌기 때문이다.

이 책은 바로 그 여정을 담고 있다. 내밀하고 고통스러운 방황에서 시작한 막연한 실험을 굳이 책이라는 형태로 풀어내야 하는 이유가 무엇인지, 글을 쓰기 전에는 전혀 알지 못했다. 그저 질문을 안은 채로 기억을 더듬어 초고를 쓰고, 쏟아져나오는 고통의 흔적을 타인에게 내보이고, 관련 정책과 통계·사회학적 연구물을 뒤적이며 검토한 뒤 다시 원고를 고치는 과정을 반복했다.

그러다 어느 순간 깨달았다. 자리 없음, 쓸모없음, 뿌리 뽑힘이라는 문제가 단지 나만의 문제가 아닌 것처럼 대안을 찾는 실험 또한 모두에게 필요하리라는 사실 말이다. 대안의 형태나 방법 자체는 중요하지 않다. 백 사람에게는 백 가지 방법이 있을 것이다. 다만 방황하며 길을 찾는 사람들의 이야기가 늘어날수록 그 다양한 여정의 존재 자체가 막힌 담 앞에 선 누군가에게는 작은 디딤돌이 되지 않을까.

두려워서 움츠린 사람에게, 기력을 잃고 주저앉은 사람에게, 이미 나선 길 위에서 혼란에 빠진 사람에게 내 이야기가 힘이 된다면 그보다 기쁜 일은 없을 것이다. 어느 날 우연히 길모퉁이에서 마주친다면, 그 때는 천천히 귀 기울여 당신의 이야기를 듣고 싶다.

2018년 초가을
어쩌면사무소에서
장 상 미

차 례

도시의 주인으로
산다는 것은

나는 아홉 평 임대아파트에서 혼자 살고 있다. 서울 도심에서 가까운 동네. 매일 악명 높은 지옥철이나 만원 버스에 시달리며 어딘가에 출퇴근하지 않는다. 주 5일 꼬박꼬박 출퇴근하는 임금노동은 그만둔 지 오래다. 대신 가까이에 있는 정체불명의 작은 공간 하나를 돌보는 데 주로 시간을 보낸다.

알람은 맞추지 않는다. 아침에 자연히 눈이 떠지면 스트레칭을 조금 하고 기운이 차오르면 천천히 일어난다. 내가 일어나기를 하염없이 기다리는 고양이 두 마리에게 잘 잤느냐고 인사한 뒤 밥과 물을 챙겨준다. 청소기로 집안을 한번 훑고, 씻고, 적당히 편한 옷을 꺼내 입는다. 그런 다음 멍하니 껌뻑거리는 두 고양이의 눈빛을 뒤로하고 집을 나선다. 15분 안팎의 오전 산책 시간이다.

가볍게 나선 산책길에서 제일 먼저 마주치는 건 길목을 막고 선 울타리다. 아파드 단지를 빠져나가려면 내가 사는 임대 동에서 분양 동으로 넘어가야 하는데, 그 사이에 울타리가 있어 10미터 정도밖에 안 되는 거리를 빙 둘러 가야 한다. 같은 단지 안에 임대 동과 분양 동을 구분한 건 그렇다 쳐도, 굳이 서로 넘나들기 어렵게 막아두는 이유는 뭘까? 분양 동 주민들이 비교적 가난한 임대주택 입주자들과 섞이기를 꺼린다는 언론 보도를 몇 번 보긴 했다. 아이들끼리 임대주택에 사는 아이를 "거지"라고 부르며 놀리는 경우도 흔한 모양이다.[2] 정말 그 이유라고 생각하면 마음이 참 무거워진다.

불편한 현실을 떠올리게 만드는 울타리를 지나 재빨리 단지를 벗어난다. 그러면 비탈을 따라 조성한 작은 공원이 나타난다. 봄에는 벚꽃이 흐드러지고 가을에는 화려한 나뭇잎이 우수수 떨어지는 예쁜 공원이다. 산동네를 깎아 개발할 때 원래 있던 나무를 제법 남겨둔 모양인지, 사람 손 타지 않고 잘 자란 나무가 그득하다. 맑은 날이면 나는 그저 공원을 가로지르는 데 만족하지 못하고, 하릴없이 빙빙 돌다가 벤치에 멍하니 앉아 눈앞의 아지랑이를 세는 데 몰두하기도 한다.

공원을 빠져나오면 곧바로 오래된 이층집들이 다닥다닥 붙은 골목으로 접어든다. 능선 따라 산비탈을 걷는 길이라 시야는 탁 트였다. 야트막한 건물들 너머 저 멀리 도심 지역과 북악산 어귀까지 한눈에 훤히 보인다. 어제는 왼쪽 길로 갔으니 오늘은 오른쪽 길로 들어가 본다. 빌라 옆 작은 화단에는 나팔꽃이 조르르 피었고, 담 너머 자라난 감나무는 무거운 듯 가지를 늘어뜨리고 있다. 며칠 전에도 마주쳤던 꼬리 몽땅한 길고양이가 골목 어귀에 서서 나를 빤히 쳐다본다. 지난밤 어디서 지친 몸을 뉘었는지 궁금하지만 물어볼 방법이 없다.

아랫동네에는 드문드문 붉은 깃발이 꽂힌 집이 보인다. 나는 전에도 이런 풍경을 본 적이 있다. 재개발을 둘러싼 갈등이 진행되고 있다는 신호다. 자료를 찾아보니 아랫동네는 2007년에 정비구역으로 지정되었다고 한다. 수십 년에 걸쳐 서울의 지도를 크게 바꾸어온 재개발 바람이 한풀 꺾이던 시기다. 개발 사업을 추진할 주체인 조합은 그로부터 10년이 지난 2016년에야 설립되었다.[3] 붉은 깃발은 이 조합에 반대하는 주민들이 내걸어둔 표식이다. 깃발은 한두 개가 아니라 골목마다 빼곡히 꽂혀있다. 아무래도 이 싸움이 형식적인 선에서 끝나지는 않을 거라는 불안이 스쳐 간다.

꼭 10년 전, 나는 재개발이 임박한 달동네 옥수동에 우연히 스며들었다. 나를 옥수동으로 이끈 친구는 토지나 건물 소유주도 아니고 투자자도 아닌, 그저 도심의 저렴한 전세방을 찾아 들어간 세입자였다. 우리는 거기서 5년 가까이 함께 살았다. 가까이서 보니, '서민 주거지 마련'이나 '주거환경 개선' 같은 공익적인 목적을 외치던 재개발은 일부의 이익을 위해 다수 주민의 주거지를 빼앗는 약탈이나 다름없었다. 누구도 갈 곳을 일러주지 않은 탓에 우리는 철거를 앞두고 서서히 죽어가는 동네를 하염없이 지켜보며 불안을 달래야 했다. 그리고 어느 날 갑자기 빈손으로 동네를 떠나야 했다.

그렇게 낡은 반지하 방을 약탈당한 대가로 지금 사는 임대주택을 얻었다. 기약 없는 기다림 끝에 겨우 입주를 허락받은 이

산꼭대기 아파트도 알고 보니 옥수동보다 앞서 진행한 재개발의 결과물이었다. 개발 수익을 최대한 끌어올리려는 이들에게 의무적으로 지어야 하는 임대주택이 얼마나 성가신 존재였는지는 단지 도면만 봐도 한눈에 알 수 있다. 산 위를 뒤덮은 낡은 주택을 모조리 쓸어내고 만든 부지 면적 대부분을 79제곱미터(24평)부터 141제곱미터(43평) 까지의 일반 분양 동이 차지한다.

재개발 지역 세입자 등 서민에게 제공하는 임대 동은 북쪽 끄트머리 도로변에 따로 지은 복도식 아파트 세 동에 몰려있다. 전부 32제곱미터(9평)짜리 소형이다.⁴ 분양 동과 섞이지 않도록 울타리를 둘러쳐 멀찍이 구분해 둔 모양새가 참으로 노골적이다. 평지에서 동네를 올려다보면 더 부담스러운 정경이 펼쳐진다. 완만한 경사를 타고 촘촘히 들어앉은 저층 주택들 위로 길쭉한 아파트 건물 여러 개가 불쑥 솟아난 모양이 금방이라도 쏟아져 내릴 듯 위태롭다.

그렇다 해도 이 아파트는 지난 18년 동안 내가 서울에서 살아본 곳 중 가장 좋은 집이다. 내게는 적당히 넓고, 반듯하고, 쾌적하다. 발코니로 내다보면 맞은편 분양 동이 정면으로 가로막고 있어 조망은커녕 하늘도 잘 안 보이지만, 하루 중 두어 시간 정도는 비스듬하나마 직사광선이 스며든다. 무엇보다 좋은 건 임대료다. 보증금 2천 5백만 원에 월세, 관리비, 공과금을 합해 다달이 드는 돈은 15만 원 안팎이다. 달동네에 비교하긴 어렵지만, 지금 서울 시내에서 이 정도 비용으로 그럭저럭 살 수 있는 집이 또 있을까 모르겠다.

가끔은 궁금하다. 옥수동 골짜기를 빼곡히 메우던 그 낡은 집에 거주했던 사람들은 모두 어디로 떠났을까, 내가 매일 평온하게 몸을 누이는 이 아파트의 지면에 살던 달동네 주민들은 오늘 밤 다들 어디에서 잠을 청할까, 어디서든 조금이나마 이전보다는 나은 삶을 누리고 있을까? 이런 생각에 잠겨 골목을 내리걷다 보면 어느새 평지에 다다른다.

붉은 깃발은 사라지고, 눈앞에는 또다시 높다란 아파트 단지가 등장한다. 거길 통과하면 이제 숨 막히게 경사진 비탈을 오를 일만 남았다. 좀 힘들긴 해도 한발 한발 걸으면 그리 멀지 않은 길이다. 꼭대기에서 내리쬐는 해를 피해 손차양을 하고 천천히 오른다. 부르릉 오토바이 소리에 돌아보면 집배원이 반갑게 인사를 하며 지나간다. 턱까지 숨이 차오를 즈음이면 고맙게도 작은 골목이 나타난다.

막다른 듯 보이는 그 골목은 다시 아담한 마을공원으로 이어진다. 공원 어귀에는 키 큰 칠엽수가 두어 그루 서 있다. 봄이면 별사탕 같은 꽃을 떨어뜨리고, 가을에는 마치 거울처럼 반질거리는 열매를 떨구는 예쁜 나무다.

나무 그늘에서 잠시 숨을 고른다. 한숨 돌렸다 싶으면 바닥을 덮은 멍석의 무늬를 세며 계단을 오른다. 스무 걸음 걸은 뒤, 왼쪽으로 돌아 다시 스무 걸음쯤 걷고 나면 바로 눈앞에 내 작은 오아시스, '어쩌면사무소'가 있다. 하루를 여는 가장 소중한 시간인 오전 산책은 여기서 끝이 난다.

"어제 페이스북에 쓴 글 보고 좀 놀랐어요."

오랜만에 놀러 온 동네 이웃이 묻는다.

"네? 뭐가요?"

"아, 계약 연장 때문에 건물주랑 대화하셨다는 얘기 페이스북에서 봤거든요. 원래 건물주 아니었어요?"

나는 고개를 갸웃거리다가 이내 상황을 파악하고는 웃음을 터트린다. 어쩌면사무소는 옥수동에서 쫓겨나오기 직전에 친구와 내가 이웃 동네 약수동에 만든 공간이다. 처음에는 카페 비슷했다가, 카페였다가, 작업실 같은 것이다가 지금은 잡화점 겸 책방 흉내를 내며 6년째 자리를 지키고 있다. "여긴 뭐 하는 곳이에요?" 그동안 우리가 가장 많이 받은 질문이다. 그 질문에 간단히 대답할 수 있었던 적은 그리 많지 않다. 하지만 건물주가 아니냐는 질문을 받은 건 처음이다.

오해의 뿌리는 생각보다 깊었다. 우리를 건물주로 오해한 이는 공간을 연 직후부터 종종 커피를 마시러 오던 손님이다. 그이는 처음부터 우리가 분명 건물주일 거라고 생각했단다. 제아무리 장사가 잘되는 가게도 비싼 임대료에 속속 나가떨어진다는 서울 한복판에서 당최 뭘 하는지 모를 공간을 다달이 월세 내며 운영할 리는 절대 없다고 여겼단다. 한두 해 지나면 그만두겠지 싶었는데 계속 자리를 지키고 있으니 더욱 확신하게 되었다고.

우린 건물주가 아니다. 그렇다고 공간에 아무런 권리가 없는 사람들도 아니다. 법적으로 주인이 아닐 뿐, 우리는 2년마다 계약을 갱신하며 꼬박꼬박 월세를 내고 이 공간을 꾸려왔다. 월세 내는 날이면 친구는 가끔 푸념했다. 일 년 꼬박 농사지어 양반에게 다 빼앗기던 조선 시대 소작농이나 다름없다고 말이다. 뭐 틀린 말은 아니다. 우리는 하루도 빠짐없이 이 공간에 머물면서 다달이 월세와 운영비를 채울 정도의 돈을 벌어서는 고스란히 건물주에게 보내며 지냈다.

생활비 등 그밖에 필요한 돈은 틈틈이 하는 일시적 노동으로 채웠다. 그렇게 건물주에게 낸 돈을 합해보니 6천만 원이 조금 넘는다. 세상에, 6천만 원이라니! 한 번도 손에 쥐어본 적 없는 거금이다. 그렇게 따지면 과연 현대판 소작농이라 부를만하다. 하지만 공간을 단지 재산이나 생계 수단이 아니라 일상을 누리는 장소로 본다면, 건물주와 계약을 하고 열쇠를 넘겨받은 순간부터 단 하루도 예외 없이 이 공간의 주인은 우리다.

어쩌면사무소를 만들 때, 우리는 확고한 이상이나 특정한 조직적 목표를 추구하기보다는 내면의 욕구와 리듬에 맞는 삶을 찾고 싶었다. 그런 삶을 원한다면 우선 도시를 떠나야 한다는 목소리가 높았지만 우리는 정반대로 선택했다. 거대 도시 서울 한복판에서 뚜렷한 계획 없이 공간을 만드는 실험을 시작한 거다.

거주자를 배제하고 함부로 뿌리 뽑는 재개발의 파도에 무력하게 떠밀려가고 싶지 않았다. 남들이 엄두를 못 낼 만큼 큰돈과 권력이 있어야만 가능한 사업을 벌이고 싶지도 않았다. 멀리 떠나지 않고 지금 서 있는 바로 이 자리에서 도시의 주인이자 내 삶의 주인이 되고 싶었다. 도시는 거주자가 일상 속에서 끊임없이 창조하고 변형하는 공간이다. 그 안에서 사회적 관계를 맺고 상상력을 발휘하며 소외를 극복해나가는 사람들이 있기에 도시는 생명력을 얻는다. 그러니 도시의 주인은 법적·경제적 소유권자가 아니라 그곳에 사는 거주자와 이용자이다.[5]

우리는 도시의 진짜 주인인 그런 사람들이 자연스럽게 깃들이는 공간을 만들어보고 싶었다. 어쩌면사무소는 그 실험의 과정이자 결과다. 우연히 발견한 이 공간을 손수 꾸미고, 돌보고, 시간의 흐름에 따라 고쳐나갔다. 그리고 이곳에서 함께 주인으로 살아갈 존재를 불러들였다. 햇살 아래 거미가 자기 몸으로 천천히 거미줄을 잣듯, 불현듯 공간을 찾아오는 사람들과 느슨하고 자유로이 관계 맺었다.

여기서는 어떤 결정을 하고 어떤 변화를 겪든 그것이 정말 원하는 것인지 매번 질문하며, 마음에 닿는 선에서 선택하고 받아들였다. '기획을 위한 기획은 하지 않는다. 나의 욕구를 타인에게 강요하지 않는다. 감당할 수 없는 일을 벌여 미래에 짐을 지우지 않는다.' 이런 원칙에 따라 하루하루 적당히 일하고, 먹고, 쉬고, 텃밭을 가꾸고, 버림받은 동물을 돌보며 지냈다.

일상은 상상 이상으로 풍요롭고 자유로웠다. 월세가 빠져나간 기록을 확인하는 잠깐을 제외하고는 대체 뭘 위해 이런 짓을 하고 있나, 이런 생각은 해본 적이 없다. 만약 그런 기분이 든다면 언제든 훌훌 털고 문을 닫으면 그만이다. 누군가 내게 말했다. "미래가 없는 삶이네요." 언제까지 산꼭대기 조그만 임대주택에 살 것이며 언제까지 돈 안 되는 가게를 지키는 영세 자영업자로 살 것이냐고. 열심히 돈을 벌든 대출을 받든 해서 미래를 위한 대책을 세워야 하는 게 아니냐고.

엉뚱하게도 그 말에 나는 묘한 해방감을 느꼈다. 미래가 없는 삶이라니, 그거야말로 내가 바라던 게 아닌가! 버지니아 울프가 말했듯 미래는 어둡고, 그것이 바로 미래가 가질 수 있는 최선이다.6 그러자 문득 세상이 요구하는 당연한 삶의 여정을 허겁지겁 따라가느라 지쳐 있던 이십 대 중반의 내가 떠올랐다. '미래'라는 말만 들어도 불안해 미칠 것 같던 그때, 더는 이렇게 살 수 없다고 주저앉아 울던 그때의 내게 불현듯 다른 삶의 모델을 보여준 이들은 모두 미래가 아닌 현재를 사는 사람들이었다.

다른 북소리를 들으며 자신의 리듬에 맞는 길을 걸어도 괜찮다고 말한 헨리 데이비드 소로나, "정말 중요한 것은 당신이 가진 소유물이 아니라 당신 자신이 누구인가 하는 것"이라던 헬렌 니어링의 이야기7가 내 심장을 뛰게 했다. 그들처럼 나도, 미래를 위해 현재를 희생하기를 거부하고 내면의 목소리에 따라 스스로 원하는 삶을 만들고 싶었다.

그 바람을 따라 삶의 방향을 틀었다. 불안과 경쟁을 부추기는 사회의 질서에서 벗어나 소유하지 않는 삶, 억압하지 않는 삶을 추구하기로 했다. 개인적 성취나 야망을 쫓기보다는 세상을 바꾸는 시민운동가가 되어, "발전은 영원할 것이라는 환상"8에 빠져 내달리는 세상을 바로잡겠다는 포부를 쫓아 걸었다. 나는 최선을 다해 몰입했고, 내가 선택한 길에 충분히 만족했다.

십 년 후 나는 뜻밖의 현실과 맞닥뜨렸다. 거친 재개발의 파도 앞에 선 위태로운 동네, 옥수동과 만났을 때다. 그 동네에 머무는 동안 나는 '발전은 영원할 것이라는 환상'이 어떻게 수많은 시민의 삶의 터전을 빼앗고, 생계를 박살 내고, 더 외지고 어두운 곳으로 밀어내 결국은 보이지 않는 존재로 만들어버리는지 보았다. 또 그와 똑같은 일이 내 안에서도 벌어지고 있었음을 깨달았다.

온갖 세상 문제에 골몰하느라 자기를 돌보는 데 소홀한 결과 나는 몸과 정신의 건강을 잃었다. 맡은 일을 잘해야 한다는 강박에 사로잡혀 동료들에게서 멀어졌다. 미래가 없을뿐더러 현재를 지탱할 수 없는 삶이었다. 그제야 나는 두 번째 전환을 시작했다. 오랜 시간 달려온 정규직 노동을 중단하고, 무질서하게 뻗어 나간 관계의 반경을 줄이고, 아픈 몸을 돌보는 데 집중했다. 오래전에 듣고도 잊어버린 작고 낮은 나만의 북소리에 다시 귀를 기울였다.

바닥까지 소진한 내게 그런 기회를 준 것은, 역설적이게도 수많은 주민의 삶을 함부로 뿌리 뽑아 내동댕이치던 재개발의 현장, 옥수동이었다. 그러니 지금부터 이 이야기는 내가 처음 옥수동을 만난 그날로 거슬러 올라가야 한다.

도시 1인 생활자의 서울살이 18년 연표

서울에서 혼자 살기 8년

2001년~2002년 (27~28세)	2002년~2004년 (28~30세)	2004년~2006년 (30~32세)	2006년~2008년 (32~34세)

지하 (2평) 10만 원(월세)/ 100만 원(보증금)	반지하 (4평) 20만 원/ 200만 원	반지하 (4평) 35만 원/ 500만 원	지상 3층 (5평) 35만 원/ 1,000만 원
· 방 1 · 싱크대 1칸 · 오래된 빌라 지하창고 개조 · 건물 밖 공용화장실, 샤워실	· 방 1 · 싱크대, 세면 공간 · 산동네 1층 주택 옆 가건물 · 외부 화장실	· 초소형 원룸 · 싱크대, 욕실, 발코니 · 신축 건물 지하 · 퇴거 시 보증금 일부 빼앗김	· 원룸 · 싱크대, 욕실 · 오래된 원룸 건물 · 북향이지만 큰 창이 있음. 방음 안 됨.

서울에서 함께 살기 10년

2008년~2013년 (34~39세)	2013년 3월~5월 (39세)	2013년 5월~2018년 (39세~44세)

반지하 (5평) 1,500만 원(전세)	지하 (2평) 월 35만 원	지상 9층 (9평) 5만 원/ 2,500만 원

· 방 1
· 가벽 분리된
  주방, 세면 공간,
  외부화장실
· 달동네 3층 주택
  반지하
· 재개발 철거
  직전에 퇴거함
	· 초소형 원룸
	· 싱크대, 욕실
	· 공용 주방 별도
	  설치
	· 보증금/계약 기간
	  없는 셋방
		· 방 2
		· 주방, 욕실, 발코니
		· 서남향 복도식
		  아파트
		· 재개발 임대주택
		  (2년 단위 갱신)

1장

자립한다는 것

달동네
옥수동을 만나다

2008년 3월 어느 날 밤, 나는 옥수동에 첫발을 디뎠다. 옥수동은 서울 중구에서 성동구로 넘어가는 경계면에 있는 동네다. 인구는 약 2만 명, 가구는 8천여 개로 서울의 동 가운데 중간 정도 규모다.[9] 지도로 보면 대부분이 아파트로 뒤덮여 있다. 2018년 현재 옥수동에는 아파트 단지가 모두 열다섯 개, 총 세대수는 9,232세대다.[10] 인구주택총조사는 5년 단위로 하니 오차가 있겠지만, 세대수와 가구수가 얼추 비슷한 걸 보면 주민 대부분이 아파트에 산다고 봐도 무리가 없을 것이다.

아파트는 최근에 지은 것일수록 중대형 세대가 주를 이룬다. 그런 곳은 부동산 거래 가격이 십억 원을 훌쩍 넘는다. 인터넷으로 옥수동 기사를 검색해보면 강남 못지않은 투자가치가 있는 아파트 밀집 지역이라든지, 유명 연예인 누구누구가 신혼집을 차렸다는 소식이 주로 뜬다. 아주 가끔은 "달동네서 천지개벽한 옥수동" "옥수동, 서울의 달이 저물다"처럼 향수를 자극하는 기사가 뜨기도 한다.

얼마 전까지만 해도 옥수동은 낡고 가난한 달동네로 유명했다. 1994년 달동네 서민들의 삶을 조명해 화제가 된 TV 드라마 <서울의 달>을 촬영한 장소이기도 하다. 그러나 드라마가 나오기 훨씬 전부터 옥수동은 이미 조금씩 변하고 있었다. 평지와 산지 할 것 없이 달동네가 한 뭉텅이씩 지워지고 나면 머지않아 그 자리에 거대한 아파트가 솟아올랐다. 개발 사업을 시작한 지 약 30년이 지난 2008년 무렵 옥수동에는 이미 아홉 개 아파트 단지가 들어섰고 네 단지가 공사 중이었다. 아직 삽을 뜨지 않은 재개발 예정 지역도 두 곳 있었다.

마지막 남은 두 지역은 가파른 산등성이에 자리하고 있었는데, 하나는 재개발 준비를 다 끝내고 철거에 들어갈 찰나였고 나머지 하나는 아직 사업 인가를 받지 못한 상태였다. 내가 찾아간 곳은 바로 그 마지막 동네다. 물론 그런 상황을 알고 간 건 아니었다. 서울 한복판에서 저렴한 전세를 얻어 산다는 친구의 집이 궁금해 구경하러 간 길이었다.

그 친구는 민규다. 우리는 각자 시민 단체에서 일한 지 칠팔 년 정도 되는 동료로, 그때까지 서로 존재는 알아도 직접 마주 앉아 대화를 나눈 적은 없었다. 그러다 우연히 한 행사에서 마주쳐 반갑게 인사하고 연락처를 주고받았다. 얼마 후 민규에게서 만나자는 연락이 왔다. 가볍게 밥이나 먹자고 나갔지만 웬걸, 너무 즐거웠던 나머지 오후 내내 시간을 함께 보냈다. 차갑고 무심한 사람인 줄 알았는데 만나보니 뜻밖에 다정하고 대화도 잘 통했다. 좋은 친구가 될 수 있겠다는 느낌이 들었다. 한동안 일에만 몰두하며 사적인 만남을 갖지 않던 나는 모처럼 마음이 풀려 신나게 떠들어댔다. 어릴 적 기억부터 지금 하는 일에 이르기까지 이야기는 탁구공 튀듯 사방으로 쉴 새 없이 튀었다. 우리는 밤이 늦어서야 헤어져 각자 집으로 돌아갔다. 휑한 원룸에 들어선 나는 구석에 앉아 그날의 대화를 곱씹었다. 내가 들은 이야기 중에 가장 인상적이었던 것은 민규의 독립 생활사였다.

1990년대 초 대학에 입학한 민규는 과대표를 맡으며 학생 운동을 처음 접했다. 1987년 민주화 이후 조금씩 약해졌다고는 하지만, 그때까지만 해도 학생운동은 여전히 많은 청년의 마음을 사로잡고 있었다. 동기들과 함께 공부하고, 집회에 나가고, 방학마다 농활(농민 학생 연대활동)을 꾸리면서 자기 삶과 사회를 다른 시각으로 보게 되었다. 그러다 보니 졸업 후에도 막연히 성공을 좇는 직장인으로 살기보다는 사회운동 분야에서 계속 활동하기를 바랐다. 다행히 한 선배가 소개해준 시민 단체에 일자리를 얻었다. 적으나마 급여도 받을 수 있었다. 그때까지 민규는 가족과 함께 살고 있었지만, 이제 돈을 벌기 시작했으니 독립을 하기로 마음먹었다. 그러면서 두 가지 원칙을 세웠다. 첫째, 월세살이는 절대 하지 않는다, 월세가 너무 아까우니까. 둘째, 은행 빚은 절대 지지 않는다, 이자가 너무 아까우니까.

그렇다고 무슨 뾰족한 수가 있는 것도 아니었다. 따로 목돈을 쥐고 있지도 않고 가족에게 손을 벌릴 생각도 없었다. 가진 돈은 다달이 일하며 받는 월급이 다였다. 다행히 얼마 지나지 않아 방법을 찾아냈다. 시민 단체 일을 하며 만난 또래 활동가 둘과 함께 살기로 한 거다. 우선 셋이 가진 돈을 탈탈 털어서 3천만 원을 모았다. 그리고 같은 단체 선배 활동가들에게 1천만 원을 빌렸다. 복지제도가 거의 없던 시민 단체에서 동료들이 그저 신뢰를 바탕으로 꾸어준 그 돈을 세 친구는 재미 삼아 "활동가 펀드"라고 칭했다. '대출' 받은 돈이니 꼬박꼬박 이자도 내기로 했다. 그렇게 마련한 목돈 4천만 원으로 서울 외곽에 방 두 칸짜리 전셋집을 얻어 2년 가까이 함께 살았다.

흥미로운 이야기였다. 당장 수천만 원을 손에 쥐고 있지 않은 이상 부모를 떠나 독립하면서 전세로 집을 얻는다는 건 쉽지 않은 일이다. 통계청 조사에 따르면 2000년대 초반 서울에서 다세대 주택 전세금은 평균 4천만 원 이상이었다.[11] 내 경우에는 대출받기도 어렵고 갚을 전망도 없으니 처음부터 월세 내는 편을 택했다. 해마다 조금씩 모은 돈으로 보증금을 올려 이사를 했는데 그때마다 월세도 따라 올랐다. 민규와 만날 즈음 내가 내던 월세와 보증금을 전세로 환산하면 딱 4천만 원 정도 된다. 그래봐야 조그만 원룸에 싱크대와 조리대 하나가 다였다. 그런데 셋은 처음부터 어떻게든 목돈을 모아 살림이 가능한 집에서 함께 사는 실험을 감행한 거다. 요즘 대안적 주거 형태로 주목받는 공동 주거의 한 형태라고 봐도 될 것 같다.

그들의 공동 주거는 적당히 즐겁고 때로 불편했으나 대체로 무난하게 흘러갔다. 은행 빚은 아니라 해도 선배들에게 빌린 돈은 엄연히 빚이었다. 그걸 최대한 빨리 갚고 싶었던 민규는 당시

100만 원 정도이던 급여의 절반을 다달이 빚 갚는 데 썼다. 나머지 절반 중에서도 상당 금액은 혼자 사는 어머니 생활비로 보냈다. 남은 10만 원으로 한 달 교통비며 통신비며 식비를 충당했는데, 그나마 노력해서 줄일 수 있는 건 식비뿐이었다.

민규는 잘 해냈다. 비결은 밥을 굶거나 대충 거르는 게 아니라 그 반대로 꼬박꼬박 요리해 먹는 것이다. 웬만하면 밖에서 음식을 사 먹기보다 재료를 사서 해 먹는 게 훨씬 경제적이라고 생각했다. 퇴근길에 시장에 들러 값싸고 싱싱한 재료를 사다가 반찬을 만들고 밥을 지어 먹었다. 사무실에도 도시락을 싸다녔다. 생전 안 해본 요리도 하다 보니 점점 몸에 익었다. 공과금이 낭비되지 않도록 전기나 수도, 보일러 사용법도 꼼꼼히 챙겼다.

그런 생활을 하면서도 매사에 구두쇠처럼 굴지는 않은 모양이다. 소박하나마 친구들과 술자리도 가끔 가지고 대학로에 연극을 보러 가기도 했다. 얼마 안 되는 용돈을 쪼개서 마음이 닿는 단체에 다달이 후원금도 냈다.

선배들에게 빌린 돈과 이자를 다 갚는 데는 1년이 채 걸리지 않았다. 그리고 이듬해, 전세 계약이 몇 달 남은 시점에 한 친구가 결혼하면서 세 사람의 공동 주거는 자연스레 막을 내렸다. 빚을 갚고도 꾸준히 급여를 저축한 덕에, 다시 혼자 살 집을 구하러 나설 때 민규가 가진 돈은 1,500만 원으로 늘었다. 이번에도 최대한 월세가 아닌 전세를 찾으려고 서울 구석구석을 돌며 발품을 팔았다. 2000년대 후반 서울 시내에서 그 돈으로 얻을만한 방이라곤 아마 산동네 반지하 정도가 최선이었을 것이다. 고생 끝에 민규는 바로 그런 방을 찾았다. 도심지인데도 낡고 오래된 건물이 가득하던 달동네 옥수동에서 얻은 전세 1,500만 원짜리 반지하 단칸방. 우리가 만난 건 민규가 그 방에서 산 지 2년이 지날 무렵이었다.

무엇보다 신선했던 점은 민규와 공동 주거를 한 친구 둘이 모두 여성이라는 사실이다. 처음 그 말을 듣고는 잠깐 귀를 의심했다. 타인, 특히 이성과 오랜 시간 한 공간에 머물며 동등하고 격의 없는 관계를 유지한다는 게 어디 그리 쉬운 일인가. 세 명 사이에 뭔가 특별한 관계라도 있나 싶었지만 그렇지도 않았다. 적당히 다투고 적당히 의지하는 친구들일 뿐이었다.

민규의 생활은 믿을 수 없을 만큼 이상적이었다. 운동 삼아 걸어서 출퇴근하고, 아무리 일이 많아도 제때 끝내고 야근은 절대 하지 않았다. 퇴근 후에는 직접 밥을 해 먹고 생활공간을 깔끔하게 관리하면서도 삶의 여유를 놓치지 않는 모습이었다. 도대체 이 팍팍한 도시의 노동자가 어떻게 그런 삶을 살 수 있지? 사회운동가든 아니든 그때까지 나는 그런 사람을 한 번도 본 적이 없었다. 집은 그저 퇴근 후 처박혀 쉬는 공간이라고만 생각하던 나로서는 상상조차 하기 힘든 생활이었다.

그런 사람이 사는 방은 대체 어떤 모습일까? 너무 궁금했다. 문득 어둠에 묻힌 내 원룸을 둘러보았다. 처음 독립했을 때에 비하면 제법 쾌적하고 안락하지만, 어쩐지 무미건조한 사막 같달까. 어디서도 생기를 느끼기 어려웠다. 민규의 방은 여기와는 아주 다를 테지? 당장 가보고 싶은 마음이 샘솟았다. 마침 메신저에 접속한 그에게 방 구경을 하러 가겠다고 말하고 곧장 집을 나섰다.

한밤중이었다. 밝은 불빛 아래 도심을 질주하던 택시가 난데없이 깊은 산골로 접어들었다. 그러고는 캄캄한 도로 한복판에 나를 내려놓았다. 택시가 떠나자 주위는 놀랄 만큼 고요해졌다. 눈앞에는 마치 별빛처럼 드문드문 노란 불빛 몇 개가 허공에 떠 있었다. 도로 맞은 편은 가파른 절벽이었다. 거기 위태롭게 붙어있는 3층 건물 앞에 민규가 서 있었다.

도로를 건너가자 민규가 손을 내밀었다. 나는 그 손을 잡고 도로 옆 절벽으로 난 계단을 조심스레 따라 내려갔다. 경사가 심해 캄캄한 심연을 향해 다가가는 기분이었다. 열 단쯤 내려가니 오른쪽에 시멘트 담과 철문이 나타났다. 옥수동 538-16번지. 도로에서는 3층으로 보이던 건물의 숨은 지하층, 거기가 바로 그의 방이었다.

불쑥 쳐들어오긴 했지만, 막상 방에 들어서니 영 어색했다. 그런 방 안 공기를 풀어 보겠다고 민규가 이런저런 이야기를 꺼내며 애를 썼다. 나는 대충 고개를 주억거리며 조심스레 주위를 둘러보았다. 책장과 서랍장 사이를 상판 하나로 연결해 쓰는 학생용 책상과 문 두 짝짜리 옷장 그리고 기다란 원목 옷걸이. 덩치 큰 가구는 그게 다였다. 한쪽 구석에는 윙윙거리는 낡은 냉장고가 자리를 잡았고, 양옆에 스피커가 달린 미니 컴포넌트 위에 낡은 텔레비전이 나지막이 얹혀있었다. 그러니까, 방 안에는 별것 없었다. 흔히 자취방이라고 부르는, 혼자 사는 남자의 방이라면 쉽게 떠올릴 만한 모습 그대로였다. 책상 위에 덩그렇게 놓인 턴테이블 정도가 예외적인 느낌을 주었달까. 그는 턴테이블에 판을 걸어 음악을 틀어주고, 앨범을 뒤적여 어릴 때 사진을 보여주며 조근조근 이야기를 이어갔다. 그러는 사이 조금씩 긴장이 풀리고 마음이 편안해졌다. 그 상태로 몇 시간을 보냈다.

새벽녘에 민규가 이불을 깔아주었다. 불을 끄고 누우니 방 안은 몹시 고요하고 안락했다. 애벌레를 품은 누에고치가 그런 느낌일까. 좁고 어두우면서도 포근했다. 그 순간, 내 기억 속 가장 오래된 풍경이 떠올랐다. 친구든 가족이든 누구에게도 곁을 내주지 않고 혼자 놀기를 좋아하던 어린 시절 내 세계는 딱 그만큼 좁고, 어둡고, 포근했다. 그리고 안전했다. 민규의 방은 그 세계와 똑 닮아있었다. 거기서는 며칠이고 그렇게 가만히 시간을 흘려보낼 수 있을 것 같았다.

깜박 졸다가 눈을 뜨니 정신이 번쩍 들었다. 부랴부랴 방을 나서서 보니 밝은 빛 아래 드러난 동네 모습은 생각보다 훨씬 낡고 초라했다. 그리고 익숙했다. 위태롭게 뻗어 나간 계단이며 길가에 빽빽이 들어찬 집들, 똑같은 유리문을 달고 늘어선 가게들… 도시 곳곳이 아파트로 들어차기 전까지 흔히 보던 낡은 주택가였다. 지난밤 펼쳐졌던 아늑하고 고요한 세계가 비현실적으로 느껴졌다. 한때 온 가족이 모여 살던 비좁은 단칸방, 독립 후 서울에서 경험한 낡고 습한 반지하 방들이 줄줄이 떠올랐다. 그에 비하면 반듯한 거리에 자리 잡은 밝고 깨끗한 내 원룸이 훨씬 좋았다. 나는 서둘러 동네를 빠져나갔다. 그리고 한동안 연락하지 않았다.

공동 주거를
시작하다

옥수동은 힘이 셌다. 별것 없는 그 방 어디서 그런 기운이 나오는지, 해야 할 일과 만나야 할 사람들을 앞에 두고도 머릿속에서는 끊임없이 그 공간이 떠올랐다. 하늘에 닿을 듯 높은 달동네의 가파른 경사면에 달라붙은 작은 방. 어둡고, 고요해서 숨어있기 좋은 방.

그 당시 나는 연애 같은 건 할 마음이 전혀 없었다. 이전까지 몇 차례 경험한 연애가 좋았던 적이 한 번도 없었기 때문이다. 평소 타인과의 관계에 그다지 신경 쓰는 편이 아닌데 연애만 하면 매 순간 불안하고 괴로웠다. 어떻게 해야 계속 사랑받을 수 있을지 노심초사하다, 삶의 중요한 결정을 한순간에 뒤집으려 한 적도 있었다. 가족을 이루거나 아이를 낳아 키울 마음이 전혀 없는데도 상대가 강하게 원하면 흔들렸다. 민규와 만났을 때는 그렇게 불안정한 상황에 더는 빠져들지 않겠다고 다짐한 지 오래였다. 모처럼 마음 맞는 대화 상대를 만났으니 좋은 친구로 관계를 유지하고 싶었다. 그래서 일부러 연락을 피하면서 속도 조절을 시도하기도 했다.

오래 지나지 않아 나는 다시 그 방을 찾아갔다. 그러곤 놀라서 뒤로 물러섰다. 몇 차례 비슷한 상황이 반복되자 나중에는 나를 이끄는 것이 옥수동 그 방인지 민규인지 알 수 없어 혼란스러웠다. 하루는 작정하고 말했다. "사실 연애할 마음이 없어요. 결혼할 생각은 더 없고요." 솔직히 내가 제어가 안 되니 상대가 먼저 선을 그어주었으면 했다. 그런데 민규는 한술 더 떴다. "연애하고 말고를 꼭 정할 필요가 있을까요? 그냥 좋으면 만나는 거죠. 난 그보다 결혼이 훨씬 큰 문제라고 생각하는데. 몇 년 전에 이미 결심했어요. 살면서 결혼은 절대 하지 않을 거라고요."

민규는 자라면서 엄마와 누나의 결혼생활이 그리 행복해 보이지 않았다고 했다. 아이를 낳고, 집안일을 하고, 심지어 생계를 책임지기까지 하건만 남성 중심적인 문화 속에서 동등한 대접을 받기는커녕 억압과 폭력에 노출되는 현실을 고스란히 보고 자랐다. 자신이 결혼하면 제아무리 노력한들 또 한 명의 여성을 그런 불행 속으로 몰아넣을지 모른다고 생각했다. 그래서 일찌감치 비혼을 선언했다는 것이다. 시민운동을 하면서 여성주의에 관한 책을 읽고 여성단체 활동가들과 가까이 지내면서 더욱 생각을 굳혔다고 했다.

이해는 가지만 공감하긴 어려웠다. 여성이라면 몰라도, 선택의 폭이 넓은 남성 처지에서 굳이 그렇게까지 확언할 이유가 있나 싶었다. 미심쩍어하는 내 태도에 민규가 덧붙였다. "하긴, 인생을 장담할 수야 없죠. 정말 만약에 말이에요. 실수로라도 결혼은 할지도 몰라요. 하지만 아이만큼은 절대 낳지 않을 거예요."

그 대목에서 눈을 반짝이며 책을 한 권 꺼내 펼쳐 보았다. 프랑스의 심리학자 코린느 마이어Corinne Maier가 쓴 『노 키드』[12]. '아이를 낳지 말아야 하는 40가지 이유'라는 선정적인 부제를 단 그 책에서 저자는, 출산과 양육이 개인의 선택이자 사랑의 결실이 아니라 양육자 특히 여성의 삶에 엄청난 희생을 강요하는 폭력이라는 점을 강조한다. 선진국일수록 양육에 돈과 자원을 지나치게 많이 쓰지만 그렇게 자란 아이가 살아갈 삶도 그다지 희망적이지 않다는 점도 지적한다. 전 세계적으로 불평등이 심각해지고 있기 때문이다.

무심히 책장을 뒤적이는 내게 민규는 힘주어 말했다. "봐요. 결혼도 그렇지만 아이를 키우는 건 정말 엄청난 일이잖아요. 개인적으로나 사회적으로나, 특히 여성에게 너무 불리해요. 다들 당연한 듯 결혼을 하고 아이를 낳고, 세상이 원래 그렇다고 생각하며 살아가는 것 같아요. 적어도 난 그런 상황을 만드는 데 일조하고 싶지 않아요."

그 문제는 내가 서른 몇 해를 여성으로 살면서 내내 고민해온 숙제였다. 모두가 출산과 양육은 여성만이 가능한 특권이며 선택권도 오직 여성에게 있다는 듯 말했지만, 사실 그런 말은 선택이 아니라 정해진 답을 강요하는 압박이었다. 적령기에 결혼과 출산을 하지 않으면 인생의 가장 중요한 경험을 놓치고 평생 후회하게 될 거라는 위협이었다. 무엇보다, 스스로 그 길을 선택했다는 이유만으로 불거지는 모든 책임을 홀로 뒤집어써야 하는 위험한 도박이기도 했다. 나는 먼저 출산과 양육을 경험한 여성을 만날 때마다 이 점에 관해 물었는데, 늘 비슷하게 애매한 답을 들었다. 좋은 점도 많고 힘든 점도 많으니 어느 쪽이 낫다고는 말할 수 없다는 거다.

후회 없는 인생을 산다는 게 가능한 일인가? 어느 쪽도 확실하지 않다면 일단 마음이 이끄는 쪽을 선택하는 게 현명하지 않을까? 나는 가족을 이루지 않고 좋아하는 일을 하며 사는 데 충분히 만족하고 있었다. 생명을 탄생시키고 돌보는 일에는 아무래도 마음이 가지 않았다. 애써 나를 키워낸 부모의 고단한 삶을 돌이켜보면 더 그랬다. 민규처럼 강경한 어조는 아니지만 나도 거의 8할은 아이 없는 삶을 지향하고 있었다. 그런데 남은 2할의 애매함과 불안함이 가끔 발목을 잡았다. 특히 연애할 때면 그게 아차 하는 순간 커다란 덫으로 변하곤 했다. 민규는 내가 묻기도 전에 그 2할을 훅 날려버릴 만큼 속 시원한 답을 먼저 내놓았다. 머릿속이 개운해졌다. 삶이 언제든 바닥부터 뒤흔들릴지 모른다는 불안을 제거하면 이전에 겪은 연애의 괴로움이 제법 덜어질 거라는 생각이 들었다.

우리 사이는 멈칫대는 단계를 지나 점차 안정되었다. 각자의 집을 오가면서 먹고, 대화하고, 자기 일을 의논하고 서로를 지지했다. 애써 관계를 유지하려 들거나 다음 단계를 고민할 필요 없이 적당한 거리감을 유지하며 지낼 수 있었다. 나는 그 비결이 둘 다 혼자만의 방을 갖고 있기 때문이라고 생각했다. 그때까지 나는 가족이 아닌 타인과 함께 산 적이 없었다. 뒤늦게 공부를 하겠다며 집을 떠날 때 어머니는 단 한 가지 조언을 해 주었다. 어디서 살든 혼자만의 방을 가지라고.

이유는 알 수 없었지만 그 말이 마음에 들어서 그대로 따랐다. 그러다 여성이 독립적 주체로 살려면 '돈과 자기만의 방'[13]이 있어야 한다던 버지니아 울프의 글을 읽으며 나는 멋대로 어머니의 조언을 떠올렸다. 자기 삶의 조건을 스스로 결정할 수 없는 삶, 가족을 건사하느라 자기를 돌볼 여유가 없는 삶. 여태껏 대다수 여성의 삶이 그랬고, 내 어머니가 살아온 삶도 거기서 크게 다르지 않았다.

울프가 말한 '돈과 자기만의 방'은 여성이 그런 삶을 벗어나 자기답게 살아가는 데 필요한 최소한의 조건이다. 중고등학교도 다니지 못했고, 생업·결혼·출산·가사 노동으로 채워진 대다수 여성의 삶을 벗어나지도 못했던 어머니는 평생 버지니아 울프라는 이름을 들어본 적도 없었을 것이다. 그런데도 과연 어느 시점에 울프와 같은 결론을 얻었던 걸까? 아니면 그저 딸에게는 어떤 식으로든 자신과 다른 삶을 권하고 싶었던 걸까? 그 답을 나는 알지 못한다. 한 번도 물어본 적이 없다. 어머니는 이미 돌아가셨으니 앞으로도 영원히 알 수 없다. 뭐 그런 건 아무래도 상관없다. 집을 떠나는 내게 어머니가 건네준 비상금 백만 원과 혼자만의 방을 가지라는 조언은 하여간 울프가 말한 그 최소한의 조건을 가리키고 있었다.

2001년 2월, 백만 원을 들고 서울로 와서 월세 십만 원짜리 방을 얻었다. 낡은 빌라의 지하 창고를 개조해 내놓은, 똑바로 누우면 가까스로 발을 뻗을 정도로 작고 허름한 방이었다. 샤워실과 공동 화장실은 건물 밖에 따로 있었다. 지금 생각하면 현실감이 없을 정도로 열악했는데 그때는 그런 건 아무 문제가 되지 않았다. 대학원 공부가 믿을 수 없을 정도로 즐거웠기 때문이다. 깨어있는 모든 시간을 공부에 쏟아부었다. 집에서는 잠만 자며 극도로 단순한 생활을 유지했다. 얼굴에는 로션 하나 바르고 티셔츠와 청바지, 운동화 차림으로 다녔다. 그러니 생활비가 별로 들지 않았다. 학자금은 대출을 받고, 월세와 밥값은 틈틈이 하는 아르바이트로 충당했다.

일 년을 그렇게 살았다. 이듬해 시민 단체에서 일하며 월급을 받기 시작하고는 형편이 한결 나아졌다. 사무실 근처로 방을 옮겨 걸어서 출퇴근하고, 밥은 동료들과 함께 해 먹었다. 소비하지 않으니 돈은 조금씩 쌓였다. 임대계약이 끝나면 그 돈으로 보증금과 월세를 조금씩 올려 이사를 했다. 방을 얻을 때 무엇보다 중시했던 조건은 혼자만의 방을 지키는 것이었다.

어머니의 조언은 날이 갈수록 빛을 발했다. 혼자만의 방이 있으니 밖에서 아무리 에너지를 다 써도 집에 돌아가면 아무 제약 없이 늘어져 쉴 수 있었다. 때로 관계에 혼란이나 피로감이 생겨도 방으로 돌아가 혼자만의 세계를 누리다 보면 그럭저럭 털어낼 수 있었다. 그뿐만이 아니다. 내 이름으로 계약서를 쓰고, 전입신고 후 세대주 칸에 오직 내 이름만이 표시된 주민등록등본을 받았을 때 느낀 그 짜릿함이란! 이제야 한 사람의 시민으로 인정받는 기분이 들었다. 심지어 내 이름이 찍혀 날아오는 각종 요금 고지서마저도 사랑스러웠다.

그런데 옥수동 민규의 방에 처음 들어선 순간, 그동안 뭔가 중요한 것을 놓치고 지내왔다는 걸 깨달았다. 창고처럼 좁고 눅눅한 지하 방을 거쳐 겨울엔 수도가 얼고 여름엔 온갖 벌레와 마주쳐야 하는 산동네 문간방을 지나 드디어 유리창이 네 짝이나 달린 보송보송한 지상 원룸을 얻은 지 두 해쯤 지날 무렵이었다. 여전히 집에서는 잠만 자거나 밤새 일하는 날이 많긴 했어도 혼자 방에 머무는 것만으로 편안했다. 처음으로 세탁기와 미니 오븐도 들이고, 창가에 화분도 하나둘 놓아 일상의 여유를 즐기기도 했다.

그런데도 뭔가 비어있는 것 같았다. 민규의 방에는 있고 내 방에는 없는 그건 대체 무엇일까? 정체를 알아내기만 한다면 당장 찾아서 내 것으로 만들고 싶었다. 그러던 어느 날, 내가 일하던 단체 사무실이 멀리 떨어진 낯선 동네로 옮겨갔다. 그 동네에는 1인 가구가 살만한 작은 방이 거의 없는 데다 있어도 꽤 비쌌다. 이미 급여의 3분의 1을 월세로 내는 처지라 더 올리기는 곤란했다. 느긋하게 방을 보러 다닐 시간도 없었다. 밤낮없이 일에 몰두하며 지내다 보니 그런 '사소한' 일에 시간 들이는 게 너무 아까웠다. 뾰족한 답을 내리지 못한 채로 새 사무실과 좀 더 가까운 민규의 방에 자주 머물렀다. 내 사정이 영 마음에 걸렸던 모양인지 한번은 민규가 불쑥 제안했다. "적당한 방을 구할 때까지 아예 들어와 사는 게 어때요? 월세는 받지 않을게요."

함께 산다고? 뜻하지 않은 제안에 갑자기 머릿속이 복잡해졌다. 민규와 만나면서 처음으로 타인과 적당한 거리에서 서로를 지지하는 연애가 가능하리라는 기대가 생겼다. 하지만 물리적으로 공간을 합친 후에도 그럴 수 있을까? 내가 언제든 돌아갈 수 있는 혼자만의 방 없이도 대등한 관계를 유지할 수 있을까?

그러나저러나 생각할 시간이 많지 않았다. 무한정 함께 살자는 것도 아니고, 몇 달 신세 지는 것뿐이지 않나. 시간을 두고 마음에 드는 집을 찾아 다시 나가면 될 일이다. 다달이 나가는 월세도 아낄 수 있으니 일거양득 아닌가. 얼마 후 나는 '당분간'이라는 딱지에 모든 고민을 쓸어 넣은 채 옥수동 538번지 지층 1호, 그 방으로 들어갔다.

생활력을
발견하다

함께 살기로 한 후, 나는 어떻게 해야 그동안 쌓아온 독립적 개인의 지위를 유지할 수 있을지 줄곧 고민했다. 그런데 이삿짐을 옮기고 불과 며칠 만에 내 자부심에 와장창 금이 갔다. 전입신고를 하러 간 주민센터에서다. 민원 담당자는 나에게 세입자인 민규와 무슨 관계냐고 물었다.

"친구예요."

"친구? 가족은 아니고 결혼한 사이도 아니라고요? …그러면 동거인이네요."

동거인. 그 말은 낯설고도 꺼림칙했다. 전혀 모르는 사람 앞에서 내 존재를 명확히 설명할 수 없다는 게 문득 속상했다. '동거인'이라는 말을 들었을 때 순식간에 밀려오는 부정적인 이미지에 모멸감도 들었다. 결혼하지 않은 이성이 한집에 사는 것은 기성 질서에서 벗어난 비윤리적이고 일탈적 생활 방식이라고 배워왔기 때문이다.

안타깝게도 동거를 향한 부정적 인식은 시간이 한참 흐른 지금도 그다지 바뀌지 않은 듯하다. 한 연구[14]에 따르면, 결혼을 반드시 해야 한다는 인식은 통계청이 관련 조사를 시작한 이래 꾸준히 줄어들었다. 결혼하지 않고도 이성이 함께 살 수 있다는 의견은 점차 늘어나 2016년에는 48퍼센트에 다다랐다. 그러나 반대의견이 52퍼센트로 여전히 높다. 그러다 보니 동거 가족은 그 사실을 주위에 밝히지 않는 경우가 훨씬 많다. 특히 부모에게는 거의 숨기는 편이다. 우려나 잔소리를 듣기 싫어서, 타인이 편견으로 바라볼 거라는 염려가 주된 이유다. 실제 만 18~49세 동거 경험이 있는 사람을 대상으로 진행한 온라인 조사 결과는 더욱 구체적이다. 응답자 중 절반 이상이 주위의 편견 어린 시선과 언행을 경험했다. 한 여성 응답자는 이렇게 증언한다.

"약간 여자한테는 그게 꼬리표가 되고, 네가 동거하는 게 혼인신고만 안 하고 같이 사는 거지 결혼이랑 다른 게 없다고, 이런 식으로 말씀을 하셔서. 여자인 네가 나중에라도 그 사람이랑 헤어지고 결혼을 한다고 하면 너한테 많이 마이너스가 될 거라는 소리도 들었고."[15]

동거 가족, 그중에서도 특히 여성인 경우 성적으로 문란하거나 도덕적이지 않은 사람, 불륜을 저지르거나 책임감 없는 사람으로 보는 시선이 여전하다. 주민센터 담당자 앞에 서 있던 잠깐 동안 내가 느낀 감정은 그저 나 혼자만의 문제는 아니었을 것이다. 부모를 떠나 혼자 살기로 마음먹은 뒤로 나는 사생활에 관한 주위의 평가나 시선을 신경 쓰지 않았다. 어른이라면 자기 삶의 조건을 타인의 시각에 맞춰 제한할 필요는 없다고 생각했다.

옥수동으로 들어갈 때 했던 여러 고민 중에도 동거에 관한 이런 인식은 들어있지 않았다. 하지만 예기치 않게 불쑥 튀어나온 부정적인 이미지는 나를 무척이나 위축시켰다.

결정적으로 내 마음을 무너뜨린 건 새로 받아든 주민등록등본에 찍힌 내 이름의 위치였다. 독립 후 늘 세대주란 지위를 유지했던 내가 갑자기 타인의 이름 아래에 세대원이라는 꼬리표를 달고 기어들어 가 있었다. 몇 달밖에 머물지 않을 거면서도 굳이 전입신고를 한 이유는 나를 한 명의 시민으로 증명할 수 없는 상태, 즉 거주지가 불명확한 존재로 버려두고 싶지 않았기 때문이다. 그 생각을 실천한 결과, 나는 독립 후 가장 자랑스러워했던 사회적 지위를 한순간에 잃었다.

상실감은 쉽게 지워지지 않았다. 더는 자신을 책임질 수 있는 어른이 아니라는 낙인을 받은 기분이었다. 그런데 그건 시작에 불과했다. 함께 지내는 동안, 나는 과연 내가 생각한 만큼 '어른답게' 살고 있는지 줄곧 의심해야 하는 상황에 부닥쳤다. 서류에 찍힌 글자 몇 개와는 차원이 다른 충격이었다.

관계 자체에는 별문제가 없었다. 우리는 특별한 용건이 없으면 온종일 한마디 하지 않고도 잘 지냈다. 나이는 그보다 어리지만 나는 오빠나 선배 따위 호칭을 쓰지 않았다. 우리는 서로 이름을 부르고 높임말을 썼다. 가까운 사이에 높임말을 쓰면 거친 감정도 언어의 체를 거치며 정돈되고 순화되어 좋다. 대화할 때면 항상 존중하고 존중받는 느낌, 동등한 입장에서 대화할 수 있다는 안도감이 들었다.

하지만 우리는 생활 감각이 전혀 달랐다. 그건 결코 간단한 문제가 아니었다. 아침에 출근할 때나 오후 무렵이 되면 민규는 항상 언제 들어올 거냐고 내게 물었다. 그 질문은 너무나 피곤했다. 하루를 어떻게 보낼지 미리 정하고 누군가에게 알려야 한다는 생각을 해 본 적이 없기 때문이다. 일상을 통제당하는 기분이 들었다.

알고 보니 귀가 시간을 확인하는 이유는 단순했다. 저녁밥을 얼마나 할지 결정하기 위해서였다. 그는 전기밥솥을 쓰지 않고 매번 압력솥에 필요한 만큼만 밥을 지었다. 내가 늦는다면 1인분을, 제시간에 돌아온다면 2인분을 지어야 했다. 내가 언제 어디를 가고 누구를 만나 무엇을 하는지는 별 관심사가 아니었다. 다만 밥을 해뒀는데 뒤늦게 못 온다고 하는 등 일정을 바꾸면 매우 속상해했다.

민규는 시계처럼 정확했다. 아침에 알람이 울리면 바로 일어나 출근 시간에 쫓기지 않을 정도로 조금 일찍 집을 나섰고 늘 비슷한 시간에 퇴근했다. 집에는 절대로 일거리를 가져오지 않았다. 영화를 보거나 게임을 좀 하고는 일찌감치 잠자리에 들었다. 다음 날 입을 옷을 미리 확인해두는 것도 잊지 않았다. 주말이라고 예외가 아니었다. 외출할 일이 없는 휴일이라도 평소와 다름없이 일어나 씻고, 때맞춰 밥을 해 먹고, 빨래며 청소 같은 집안일을 먼저 해 놓은 다음 느긋이 휴식을 취했다. 물건은 항상 제자리에 놓고 냉장고에 뭐가 있나 정확히 알고 장을 보았다. 쓰지 않는 전자제품의 콘센트는 바로 뽑았다. 어쩌다 스치듯 꺼낸 말이라도 반드시 실천했다.

　이처럼 일상의 거의 모든 부분에 소소한 규칙이 작동했다. 그에 비해 내 일상은 아무것도 미리 정하지 않는 즉흥과 무질서의 연속이었다. 내키면 먹고 아무 때나 잤다. 일에 몰입하면 며칠 밤을 세우다시피 하고, 지치면 언제 해가 뜨고 지는지도 모를 지경으로 쓰러져 잤다. 민규는 그런 나를 붙들고 생활의 규칙을 이야기했다. 아침 알람이 울리면 일어나고, 밤이 되면 노트북을 덮고 불 끄고 자라고 했다. 밥을 먹고 나면 바로 설거지를 하고 컵을 아무 데나 놓지 말라고 했다. 모니터만 바라보지 말고 자기 자신과 옆에 있는 사람의 일상도 살피라고 했다.

　내 방식이 그리 좋지 않다는 사실은 나도 어렴풋이 느끼고 있었다. 해가 갈수록 체력이 떨어지고 계획했다가 못 하는 일이 쌓여갔다. 그럴수록 마음은 더 급해졌다. 어쩌다 여유가 좀 생겼다 싶으면 금세 새로운 일을 벌이거나 약속을 잡아 일정표를 빼곡히 채웠다. 늘 '너무 시급하고 중요한 일'이 기다리고 있어 사소한 일에 신경을 분산시킬 여유가 없었다. 그런 나에게 방금 마신 커피잔을 바로 씻으라니, 도무지 이해할 수 없었다.

　그러나 너무 시급하고 중요한 일 같은 핑계는 웬만해선 통하지 않았다. 둘 다 같은 분야에서 일하고 있었으니 업계 탓을 하기도 어려웠다. 시민 단체는 업무 범위가 넓고 저녁이나 주말에 회의나 행사가 잡힐 때도 많아서 규칙적으로 움직인다는 게 쉽지 않았다. 그런데도 민규는 달랐다. 그날 업무시간에 처리할 수 있는 일의 범위를 미리 정해두고 차례로 처리한 뒤, 컴퓨터가

꺼지는 시간을 계산해 5시 59분에 종료 버튼을 누르는 사람이었다. 그러고도 전국에서 수백 명이 모이는 큰 행사나 교육 프로그램을 무리 없이, 아니 제법 근사하게 해냈다. 지각과 야근은 시민 단체 활동의 특수성 때문이 아니라 그저 일을 못 한다는 증거일 뿐이라는 게 그의 지론이었다.

민규는 늘 옳은 말을 했다. 타협을 볼 여지도 가끔은 있었지만, 기본 방향에서는 논쟁해서 이겨 먹을 구석이 거의 없었다. 나는 그 상황을 어떻게 대처해야 할지 몰랐다. 언제까지 함께 지낼지도 모르는데 굳이 내 세계를 뒤적이고 싶지 않았다. 그런 내 입장을 고려하지 않고 막무가내로 상대를 바꾸려 드는 태도에 서운한 마음이 들었다. 그는 그대로 강경했다. 길든 짧든 함께 살려면 공통의 규칙을 만들고 지키는 게 당연하다고 주장했다. 그걸 아무렇지 않게 무시하는 나를 이해할 수 없어 곤란해했다.

하루는 그런 문제로 유난히 크게 싸우고는 화를 다스리지 못해 뛰쳐나갔다. 얹혀사는 서러움을 더는 참고 싶지 않다며 호기롭게 문을 벌컥 열고 나섰는데 아차, 정신을 차려보니 갈 곳이 떠오르지 않았다. 하늘 아래 어디에도 나만을 위한 공간은 이제 없었다. 바쁘다는 핑계로 차일피일 미루다 보니 살 곳을 구해 나간다는 계획은 흐지부지된 지 오래였다. 그토록 소중했던 혼자만의 방을 너무 쉽게 포기해버린 내가 원망스러워 눈물이 펑펑 났다. 산등성이 도로 옆 축대에 기대 실컷 울었다. 한참을 그러고 서 있다 문득 고개를 들어보니 옥수동의 비좁은 골목들 사이로 조용히 어스름이 깔리고 있었다. 절벽 너머 층층이 둘러선 집마다 하나둘 불빛이 켜졌다. 노랗고 작은 불빛들이 허공에서 드문 드문 반짝였다.

그렁그렁한 눈물 사이로 스미는 빛은 아늑하고 따뜻했다. 낡아빠져 곧 지워질 운명이라 해도 여전히 이곳에는 사람이 살고 있다고 속삭이는 듯했다. 그 순간 나는 깨달았다. 옥수동의 풍경처럼 민규의 방에는 언제나 생활의 온기가 있었다. 혼자 살던 내 방에는 없던 무언가가 바로 그것이었다. 햇빛은 거의 들어오지 않고 계단 옆 출입문에서 먼지가 흩날려도, 윙윙거리는 낡은 냉장고에는 끓여서 식힌 보리차와 내일 먹을 반찬이 가지런히 들어있었다. 비좁은 세면 공간에 놓인 양치컵은 늘 깨끗하고 옷들은 항상 제자리를 찾아 들어갔다. 거기서 제자리를 못 찾고 사방을 어지럽히는 존재는 나밖에 없었다.

나는 집으로 돌아가 조심스레 말을 꺼냈다. 이야기를 나누다 보니 민규도 나 못지않게 불편을 감수하고 있었다. 당연한 일이다. 낯선 존재인 내게 선뜻 공간을 열어주었을 뿐 아니라, 혼자 지내며 형성한 자기만의 규칙을 두 사람에게 맞는 버전으로 바꾸느라 애쓰고 있었다. 그의 규칙은 나를 괴롭혔지만, 규칙을 무너뜨린 생활은 두 사람 모두를 곤란하게 했다. 순서, 규칙, 보폭 맞추기…. 함께 살기에 그런 개념이 필요하다는 것, 서로가 충분히 노력해야만 평온히 공존할 수 있다는 것은 부정하지 못할 현실이었다.

그렇게 대화하는 사이 불안과 갈등은 천천히 사그라졌다. 나는 민규가 제시한 규칙이 생활의 온기를 지키는 데 필요한 최소한의 장치라는 사실을 받아들였다. 더불어 내가 언젠가부터 타인의 방, 타인의 이름 아래 들어가 영영 의존적인 인간이 될까 봐 두려워하고 있었다는 사실도 깨달았다.

그 문제를 해결하기 위해서는 옥수동에서의 생활을 잠깐 신세 지는 더부살이로 취급하지 말아야 했다. 일방적 의존과 희생이 아닌, 독립된 두 사람이 합의해 만들어나가는 공동 주거로 인식해야만 했다.

나는 소극적이던 태도를 바꾸려고 노력했다. 그래 봐야 밥 먹듯 하던 야근을 조금씩 줄인다거나, 청소하자는 소리에 "잠깐, 십 분만!" 하는 단서를 달지 않는 정도지만. 어느 정도 시간이 흐른 뒤에는 가사 노동도 적당히 나눴다. 한 명이 청소하면 다른 한 명이 빨래를 하고, 밥을 하면 설거지를 하는 식이다. 깔끔한 민규의 기준에 맞추지는 못해도 전처럼 내킬 때까지 미루거나 외면하지는 않게 되었다.

그런 일상의 노동은 신기하게도 삶을 더 풍요롭게 했다. 스물네 시간 일만 생각하는 것보다 쉴 때 쉬고 몸을 움직이는 게 더 효율적이었다. 이맘때 시장에는 어떤 채소가 나오는지, 겨울을 좀 더 따뜻하게 나려면 언제 어떤 준비를 해야 하는지 알면, 세상을 더 잘 이해할 수 있다는 것도 배웠다. 사회 문제를 논리적으로 분석하는 책만 들여다봐서는 결코 얻지 못할 지혜다.

일상에 대한 감각이 달라지자 꽉 짜여 한 방향으로만 돌아가던 삶의 속도가 줄고 숨 쉴 틈이 생겼다.『오후 네 시의 생활력』

을 그려낸 작가 김성희는 이런 것을 일러 '생활력'이라 한다. "몸을 가진 인간이 자신의 생활을 버텨내는 힘, 학교에서 배우지 않는, 삶에서 배우는 생활들로 이루어낸 힘" 말이다. "모두 애써 견디고 지키며 살아가는" 그 힘을 김성희는 오후 4시, 마흔이 되어서야 뒤늦게 인식했다고 고백한다. 또 그것은 단지 개인의 탓이 아니라고 주장한다.[16] 생활력을 활성화하기 어렵게 만드는 사회적, 정치적 조건이 개인의 삶 속에서 작동하고 있기 때문이다.

세상을 바꾸겠다고 나선 나라고 별다를 게 없었다. 민규는 그런 내 상태를 누구보다 먼저 발견하고 일깨웠다. 그렇게 한쪽으로만 달려서는 안 된다고 나를 불러 세우고는, 자기가 지닌 남다른 생활력으로 내 삶을 바닥부터 휘저었다. 그 덕에 나는 이제껏 달려온 트랙을 전과는 아주 다른 시선으로 살펴볼 수 있었다. 독립적 삶을 산다는 것, 그러니까 자립이란 단지 아무도 침범하지 않는 혼자만의 방에 파묻힌다고 되는 게 아니라는 사실을 비로소 알게 되었다.

2장

성장한다는 것

어른의
조건

사람은 언제 어른이 되는 걸까? 나를 둘러싼 수많은 어른은 정확히 언제부터 어른이었던 걸까? 나는 어릴 때부터 항상 그게 궁금했다. "세상 돌아가는 게 원래 그래" "네가 아직 어려서 그래"라고 입버릇처럼 말하는 걸 들을 때마다, 도대체 어디서 그런 확신을 얻었는지 알지 못해 답답했다.

초등학교(그때는 국민학교였다) 때다. 국어 시간에 항상 낱말풀이 숙제가 나왔는데, 매번 끙끙대는 나와 달리 친구들은 쉽게 숙제를 해왔다. 나는 그 비결이 궁금했다. 알고 보니 다들 '표준전과'라는 마법의 책을 갖고 있었다. 교과서에서 미처 설명하지 못한 부분을 보완하고 시험에 대비해 연습문제를 제시하는 참고서였다. 친구의 참고서를 펼쳐보니 선생님이 내준 낱말 대부분의 뜻풀이가 빼곡했다. 집으로 돌아와서 나도 참고서를 갖고 싶다고 말했다. 아버지는 잠깐 생각하다 이렇게 답했다. "답은 다 교과서에 있으니 잘 읽어봐. 한 줄 한 줄 읽다 보면 알게 될 거다."

어, 그런가? 나는 아버지를 철석같이 믿고 교과서를 뚫어져

라 들여다봤다. 참고서를 사 줄 형편이 안돼서 하는 말이라고는 전혀 생각 못 했다. 그냥 본문을 읽고 또 읽어서 내가 이해한 만큼 뜻을 풀어 갔다. 신기하게도 그 답이 제법 잘 맞았다. 그때부터 교과서 읽기에 재미가 붙었다. 학기 초에 교과서를 받으면 며칠 안 돼서 전부 다 읽어버렸다. 이미 다 아는 내용이라도 수업을 들으며 다시 보면 새로웠다.

궁금한 게 생기면 혼자 상상했다. 답을 내는 것보다 생각하는 과정이 즐거웠다. 수업 사이사이 쉬는 시간에도 친구들과 어울려 놀기보다 가만히 앉아서 공상하거나 책을 뒤적이기를 더 좋아했다. 성적은 곧잘 나왔다. 중학교에 가서도 나는 학교 수업만으로 괜찮은 성적을 얻었다. 방과 후 시간은 명작소설을 읽거나 단짝 친구와 동네를 어슬렁대며 보냈다. 고등학교에 진학하고 나서는 그 방식이 별 효과를 내지 못했다. 답은커녕 문제의 뜻도 이해할 여유 없이 외우고 또 외워야 하는 공부가 점점 지겨워졌다. 다들 좋은 대학에 가서 좋은 직장을 얻어 잘 먹고 잘사는 것만이 인생의 전부라고 가르치는 게 싫었다. 이대로 가다가는 아무것도 모른 채 몸만 어른이 되어 세상에 내던져질 것 같았다. 고심 끝에 나는 대학을 가지 않겠다고 선언했다. 그때까지 주위에 내 판단과 선택을 존중하는 어른은 부모밖에 없었다.

아버지는 차분히 나를 설득했다. 초등교육만 겨우 마친 내 부모님은 대학 생활은커녕 중고등학교 교육이 어찌 돌아가는지 정확히 알지 못했다. 하지만 할 수 있다면 자식들이 공부할 기회는 누리기를 바랐다. 세상이 대졸자를 우대하는 현실을 잘 알고 있기도 했다. 집안 형편이 어떠하든 대학까지는 반드시 지원하겠다고, 그때 가서 원하는 공부를 마음껏 하면 어떻겠냐고 조언했다. 나는 썩 내키지 않았지만 일단 좀 더 생각해보겠다고 얼버무렸다. 그러던 중에 10년 넘게 이어져 온 입시 제도가 갑자기 바뀌었다. 암기가 중요한 사지선다형 학력고사 대신 종합적 사고력을 중시하는 수학능력시험이 도입되었다. 새로운 방식으로 치른 모의고사는 신선하고 재미있었다. 그동안 본 어떤 시험과도 달랐다. 달달 외운 답을 읊으라고 강요하지 않고, 처음으로 질문다운 질문을 했다. 잘 읽어보고 답하라며 지문도 충분히 주었다.

교사나 동기들은 우왕좌왕했지만 나는 즐거웠다. 누구도 정답을 말하기 어려운 상황에서 질문을 받고 스스로 생각하고 답하는 과정이 썩 마음에 들었다. 아버지 말대로 "답은 교과서에(지문 속에)" 거의 다 있었다. 나날이 떨어지던 내신과 달리 모의고사 성적이 급상승했다. 어쩌면 대학에 가서 이런 식의 공부를 계속할 수 있을지 모른다고 생각하니 기대감이 생겼다. 3학년에 접어들자 나는 마음을 고쳐먹고 대학에 가기로 했다. 전공은 기초과학 분야를 선택했다. 거기서는 지금껏 알지 못했던 세상의 원리를 설명해줄 것 같았다. 하지만 그 길로 가면 먹고살기 힘들다며 모두가 말렸다. 부모에게 대학 이후까지 의지할 수는 없다고 생각하니 마음이 흔들렸다. 그래서 공학을 선택하는 것으로 타협하고 원서를 썼다. 성적은 안정권이었다. 경쟁도 그리 높지 않아서 이변이 있을 거라 생각 못 했다. 하지만 결과는 낙방. 나는 지망한 학과에서 밀려나 2지망으로 써넣은 의류학과로 배정되었다. ARS로 소식을 듣고는 이불을 뒤집어쓰고 밤새 울었다. "그러게 여자애가 공대가 뭐야. 영문학과나 가라니까." "차라리 잘됐네. 의류학과가 어때서? 여자들 하기 딱 좋은 공부잖아." 교사들은 이런 말로 위로 아닌 위로를 했다. 나는 자포자기하는 심정으로 입학했다. 아버지가 미안해할까 봐 집에서는 풀죽은 모습을 보이지 않으려고 애썼다.

대학 공부는 내 기대를 전혀 채워주지 못했다. 원하던 과가 아니라고 해도 최소한 세상을 이해하는 철학적, 과학적 바탕은 닦을 수 있으리라 생각했지만 그런 기회는 오지 않았다. 매일같이 과제, 실험, 실습으로 눈코 뜰 새 없이 바빴다. 마음 놓고 책 읽을 시간은 거의 없었다. 주기적으로 해외 패션 잡지를 구독하고 상점과 패션쇼장을 쫓아다니며 트렌드라는 걸 익혀야 했다.

삶의 의미나 방향 같은 건 나중에, 졸업하고 취직해 먹고 살만할 때가 되어서나 생각할 문제가 돼버렸다. 그건 학과와 상관없이 모두가 마찬가지였다. 도서관은 늘 자격증이나 시험을 준비하는 학생으로 가득 찼다. 오직 취직을 목표로 돌아가는 학교를 이해할 수 없었다. 하지만 이제 와 다른 선택을 하자니 영 자신이 없었다. 꾹 참고 졸업까지 내달렸다. 그사이 나는 세상은 원래 이런 거라고 자신 있게 말할 거리를 하나도 찾지 못했다.

균열은 뒤늦게 찾아왔다. 졸업을 앞두고 IMF 광풍이 몰아쳤다. 이러다 나라가 곧 끝장나버리는 게 아닐까 싶을 정도로 심란한 소식이 매일같이 들려왔다. 평생 한 회사에 매어 살던 이들이 하루아침에 직장을 잃고 거리를 떠돌았다. 서울역 같은 교통 중심지에는 노숙자가 급증했다.[17] 좋은 대학 나와 좋은 직장 얻어 연공서열에 따라 승진하고 집을 산다는 인생 계획이 더는 지속할 수 없다는 신호와도 같았다.

사실 내 전공 분야는 IMF 이전이라고 그다지 전망이 밝은 편은 아니었다. 의류산업은 한국전쟁 후 초기 경제성장을 이끈 대표적인 경공업 분야다. 그 산업은 중학교를 나올까 말까 한 십 대 여성들을 먼지 가득한 공장에 몰아넣어 비인간적 노동을 강요했다. '여공'이라 불리던 그들은 자기 월급으로는 사 입을 엄두조차 못 낼 옷을 짓느라 해가 뜨는지 지는지도 모른 채 허리 굽혀 미싱을 돌리고 실밥을 땄다. 그렇게 번 돈은 가족의 생활비나 남자 형제의 대학 등록금, 남편의 사업 자금으로 고스란히 들어갔다.[18]

1970~1980년대를 지나 90년대에 접어들 무렵에는 산업 구조가 기존 농업·경공업에서 중공업 중심으로 재편되고, 서비스업과 첨단 산업으로 넘어가고 있었다. 의류산업은 가혹한 노동 착취를 더 가난한 나라로 넘기고 디자인과 유통을 중시하는 부가가치 산업으로 탈바꿈할 채비를 하고 있었다. 그러니 대학 공부를 충실히 하고 나면 이 유망한 신산업의 개척자가 될 수 있을 거라는 이야기를 입학하자마자 귀에 못이 박이도록 들었다.

나는 그런 말을 믿지 않았다. 내가 한창 대학을 다니던 1990년대 중반, 4년제 대학 졸업생 평균 취업률은 남성이 약 70퍼센트 여성이 약 50퍼센트로 20퍼센트 정도 차이가 났다.[19] 여성이 찾아갈 일자리가 별로 없다는 건 굳이 통계를 뒤적이지 않아도 뻔히 보이는 현실이었다. 전공별 차이는 더욱 심했다. 같은 학교에서도 공학 계열 학과에는 대기업 입사원서가 그득 쌓였지만, 여성이 압도적으로 많은 내 전공 분야에는 중소기업이라도 정규직 일자리가 많지 않았다. 그마저도 몇 안 되는 남학생들에게 먼저 돌아갔다.

이름만 대도 알만한 회사에 입사한 예도 있었지만, 얼마 안 되는 급여를 받으며 밤낮없이 일하다 못 버티고 떨어져 나갔다는 이야기가 심심찮게 들렸다. 그런데 이제 IMF가 터지고 온 나라가 경제적 위기에 직면했으니 안 그래도 좁던 취업문이 더욱 좁아질 게 뻔했다. 그런 상황에서 아무리 수업을 열심히 듣고 과제를 해낸들 미래가 보장될 것 같지 않았다. 전설처럼 전해 듣던 화려한 패션 디자이너와 밤낮없이 재봉틀을 돌리는 미싱사 그 사이 어디쯤에서 내 자리를 찾을 수 있을지 알 수 없었다.

졸업식 날 학과 사무실에 들렀을 때 조교가 서류를 한 장 내밀었다. 구직 상황을 조사하는 문서였는데, 거기엔 결혼 여부도 선택지로 포함되어 있었다. 물어보니 미취업 졸업자라도 결혼 예정이라면 통계상 취업으로 친다고 했다. 결혼한 여성은 전업주부, 즉 구직 의사가 없는 사람으로 간주해 취업률을 높이는데 활용하는 거다. 황당해서 말문이 막혔다. 나는 구직 중으로 표시하고 학교를 떠났다.

운이 좋았달까, 졸업 후 두어 달 만에 일자리를 얻었다. 지역의 신생 업체로 급여는 신통찮았다. 그래도 나름 성장세를 보이는 회사였던 데다 전공 관련 일자리라 만족했다.

회사에는 이미 '어른'인 사람들만 있었다. 대표를 포함해 사원들 모두 일찌감치 장사로 잔뼈가 굵은 사람들이었다. 의류학을 전공한 대졸 신입을 채용한 건 처음이라고 했다.

사내에는 위계가 뚜렷했다. 적어도 5년 이상, 길게는 10년 넘게 업계에서 일한 동료들은 세상이 어떻게 돌아가는지 완벽히 알고 있다는 듯 행동했다. 한두 단어만으로도 소통하고 일사불란하게 움직이는 그들 사이를 파고들기 쉽지 않았다. 출근 첫날부터 세상을 책으로만 배운 애가 뭘 알겠냐는 뜨뜻미지근한 시선이 감돌았다.

나는 마음을 굳게 먹었다. 그래도 여기서 경험을 좀 쌓으면 나도 곧 한 사람 몫을 하는 어른이 될 수 있을 테지. 그런 막연한 기대를 품은 채 웃는 얼굴로 "선배님" "팀장님" 하며 동료들을 따라다녔다. 좀 불편해도 그 정도는 참을만했다. 다만, 비윤리적인 일에 가담하는 건 견디기 힘들었다.

입사 후 내가 처음 한 일은 염색 불량으로 폐기해야 할 원단을 고급 옷으로 둔갑시키는 일이었다. 대표가 신상품 디자인을 하라기에 열심히 그려냈더니 불량 원단으로 옷을 만들어 비싼 가격에 내다 팔았다. '관리가 까다로운 원단이니 세탁에 주의하라'는 주의사항을 태그에 매단 채. 회사에서는 그런 일이 아무렇지 않게 벌어졌다. 거래처에 따라 뒤에서 가격을 조정한다든지, 맞아떨어지지 않는 재고를 우겨 맞추거나 빼돌린다든지 하는 일이 일상적으로 일어났다. 내가 학교에서 배운 산업의 원리와 직업윤리 같은 건 아무 영향을 미치지 않는 별세계였다.

하루하루 이해하기 어려운 상황을 마주하며 혼란에 빠졌다. 딱히 뭐가 잘못되었다고 말하기 어렵지만, 사실은 모든 게 다 잘못된 듯 보였다. 그러다 사소한 갈등에 감정을 폭발시킨 날, 나는 덜컥 회사를 그만두기로 했다. 입사 후 석 달 만이었다. 3년도 아니고 겨우 석 달.

나는 입을 다물고 방 안에 처박혔다. 누굴 만난들 이해받지 못할 듯했다. 지금처럼 비정규직이 많은 시대가 아니어서, 입시 못지않게 취업은 곧 평생이 달린 문제라는 인식이 강했다. 별것 아닌 일로 이 어려운 시절에 회사를 그만두었다고 타박을 받을 게 뻔했다. "네가 너무 예민해서 그래." "세상이 원래 다 그래." 그런 말은 더 듣고 싶지 않았다. 나는 마지막 퇴근길에 충동적으로 사 들고 온 1,000조각 직소 퍼즐을 방바닥에 쏟아놓았다. 그리고 털썩 주저앉아 울다가, 퍼즐을 맞추다 잠들다 했다. 다행히 가족은 아무것도 묻지 않았다. 첫날엔 가만히 내버려 두던 어머니는 이틀째가 되자 방문을 벌컥 열고 소리를 질렀다. "그렇게 울거면 밥이라도 먹고 울든지!" 하지만 그뿐이었다.

사흘째, 드디어 퍼즐을 완성했다. 그제야 정신이 좀 들었다. 배도 고팠지만, 햇빛을 보고 싶어서 눈을 비비며 잠깐 밖으로 나가 산책을 했다. 거리는 평소와 다를 바 없이 분주했다. 회사를 그만두면 세상이 무너질 줄 알았는데! 아무 일도 일어나지 않은 걸 보니 기분이 너무 이상했다. 퍼즐도 다 맞춰버렸고, 이제 뭘 하며 어떻게 살아가야 할지 도무지 알 수 없었다. 스물네 해를 대체 뭘 위해 살아온 건지 회의감이 밀려왔다. 내 선택이나 실패 따위 아무 상관 없다는 듯 무심히 돌아가는 세상이 미웠다. 대체 언제쯤에야 내가 원하는 삶을 살 수 있을까? 어떻게 해야 내 삶의 조건을 나답게 만들어낼 수 있을까?

커다란 물음표를 받아든 나는 어깨를 축 늘어뜨린 채 학교 도서관으로 돌아갔다. 그러고는 무수한 책들 사이로 몸을 숨겼다. 숲에서 길을 잃은 사람처럼 무작정 서가를 헤매고 다니다가 눈에 띄는 대로 아무 책이나 꺼내 들었다. 어떤 책은 스르륵 페이지를 넘겨보기만 하고 어떤 책은 첫 장만 읽다 덮었다. 그러다 마음에 드는 책을 발견하면 한 장 한 장 꼼꼼히 읽어나갔다. 저녁에 집에 가려고 일어서면 테이블에 책들이 산더미처럼 쌓여있었다. 사서들에게는 미안한 일이지만, 궁지에 몰린 나로서는 그것만이 최고의 도피처이자 치유책이었다. 아버지가 말했듯 인생의 답이 담겨있는 '교과서'를 찾고 싶었다. 많은 돈과 시간을 들인 대학 생활이 무색하게, 취직에 실패하고 빈손으로 돌아와서야 비로소 진짜 바라던 공부에 몰입할 수 있게 되었다.

짧은 직장생활로 번 돈을 아껴 쓰며 버텼다. 가끔 집을 나설 때 어머니가 주머니를 뒤져 5천 원이나 만원씩 용돈을 건네주었다. 그걸 받을 때마다 부끄러워 몸 둘 바를 몰랐다. 나중에 듣기로는 아버지가 매일같이 내 상태를 걱정스레 물었지만 어머니가 막고 있었다. 그렇게 아무것도 묻지 않고 가만히 내버려 두는 게 진심으로 고마웠다. 다행히 돈이 완전히 바닥나기 전에 나는 내게 맞는 '정답'을 찾아냈다. 남들과 경쟁을 하지 않아도, 많은 돈을 벌어들이거나 유명해지지 않아도 사람은 있는 그대로 소중하다고 속 시원히 말해준 교과서를 발견했다.

모든 사람은 태어나면서부터 자유롭고, 존엄과 권리에 있어 평등하다.

세계인권선언. 두툼한 책 속에서 발견한 그 한 줄에 눈이 번쩍 뜨였다. 나는 두근대는 마음으로 전문을 읽고 또 읽었다. 1조뿐 아니라 이어지는 한 줄 한 줄이 모두 아름답고 감동적이었다. 자유와 안전을 보장받을 권리, 원하는 곳에서 거주할 권리, 의견을 표현할 권리, 노동하고 휴식할 권리⋯ 이 많은 권리를 모든 인간이 평등하게 보장받아 마땅하다고 했다. 내가 누구보다 뛰어나지 않아도, 학력이니 직업이니 세상이 요구하는 온갖 자격을 갖추지 않아도, 누구의 자녀나 아내로 속하지 않아도 그냥 있는 그대로 존중받아야 할 존재라고 했다. 감동에 빠진 나머지 조용한 서가에서 그만 눈물을 터트리고 말았다. 이렇게 아름다운 이야기가 왜 그동안 나에게 닿지 못했던 걸까? 나는 계속 관련 분야의 책을 찾아 읽어나갔다.

세계인권선언은 제2차세계대전이 끝난 직후 1948년에 만들어졌다. 인간이 벌인 가장 비인간적인 폭력인 전쟁을 딛고 태어난, 아직 오지 않은 미래를 그려놓은 청사진 같은 것이었다.

수천 년에 걸친 문명의 역사에 비하면, 인권이 범세계적 규범으로 등장한 건 찰나에 불과하다. 그러니 그 내용을 현실에서 충분히 실현하려면 갈 길이 제법 멀 것이다. 하지만 현실의 한계를 넘어서기 위해, 인권의 가치를 바로 지금 여기서 실현하기 위해 자기 삶을 온전히 바치는 사람들이 있었다. 그동안 아무도 가르쳐주지 않았던, 하지만 세계 곳곳에서 이미 활약하던 시민운동가들의 존재를 그때 처음 알았다. 마음이 두근거렸다.

내 공부는 인권에서 점차 근현대사와 민주주의, 여성주의, 생태주의 등으로 뻗어 나갔다. 장서가 몇 권 안 되던 여성학 서가에서 집어 든 일본 여성학자 우에노 치즈코의 『가부장제와 자본주의』[20]는 세계인권선언 다음으로 충격을 주었다. 그 책은 근대 사회가 여성의 존재와 가치를 얼마나 억압하고 착취하는지 구체적으로 알려주었다. 시장에 노동을 제공하고 임금을 받는 노동계급은 근대의 산물이다. 근대 초기에 시장은 남성 노동자를 선호했다. 남성이 일자리를 찾아 나가며 가족 구성원이 분담하던 가사 노동에 빈자리가 생겼다. 그러자 사회는 주부라는 신분을 만들어 그 노동을 여성에게 전가했다. 출산과 양육뿐 아니라 생활에 필요한 노동 대부분이 고스란히 여성의 몫이 되었다. 재생산이라고 칭하는 이런 노동은 임금노동과 달리 아무런 대가를 받지 못했다.

이 구조는 여성을 이전보다 더 심하게 남성 가부장에게 종속시켰다. 이후 자본주의가 발달하면서 여성도 임금노동에 뛰어들게 되었는데, 이들은 남성과 달리 가사 노동과 임금노동이라는 이중 노동을 강요당했다. 이런 성별 분리와 착취 구조는 자본주의뿐 아니라, 세대와 성에 따라 권력을 불균등하게 배분하는 가부장제가 동시에 작동한 결과라는 것이 그의 설명이다.

나는 책장을 덮으며 내 주위 여성들을 떠올렸다. 가사 노동과 육아를 전담하는데도 집에서 놀며 돈만 쓰는 존재로 취급당하는 모습, 남자가 밖에서 하는 일에 비교해 자기가 하는 일은 아무런 가치가 없다고 스스로 깎아내리는 모습….

직업을 가진 여성들은 또 어떤가. 똑같이 공부하고 자랐어도 결혼과 동시에 집안 살림을 도맡고, 직장에서는 똑같이 일하거나 더 많이 일하는데도 남성보다 적은 돈을 받으며 만족해야 한다. 일터에서마저 커피를 내고 집기를 정돈하고 테이블을 닦아야 했던 건 말할 것도 없다. 여성은 아무리 노력해도 남성과 동등한 성취를 이룰 수 없다는 목소리가 사방에서 흘러나오고 있었다.

더는 그런 목소리를 듣지 않기로 했다. 너는 여자로 태어났고, 여자로 자라났으니 사회가 요구하는 대로 살라는 명령을 거부하기로 했다. 어떻게 해야 가능한지는 잘 몰라도, 일단 내 자리에서 할 수 있는 일부터 시작했다. 그건 바로 꾸밈 노동을 중단하는 일이었다. 그때 나는 외출할 때면 꼭 화장했고 차림새도 꽤 신경 썼다. 훌륭한 디자이너가 되려면 자기를 잘 꾸밀 줄 알아야 한다는 압박이 컸다. 주말 내내 시간을 보내던 교회도 그랬다. 남자들과 달리 여신도들은 최대한 말쑥하게 차려입고 화장을 하는 등 외모를 꾸미는 게 당연하다는 분위기가 있었다. 민얼굴에 후줄근한 옷을 입고 예배에 가면 어쩐지 예의를 갖추지 못한 기분이 들어 움츠러들었다. 실제로 외양을 지적 받는 일도 잦았다. 우에노 치즈코는 그런 압박과 지적을 당연한 것으로 받아들이지 않도록 나를 일깨웠다. 일상을 옥죄는 코르셋을 벗어던지고 타인의 시선이 아닌 내 시선으로 자신을 바라보게 했다.

나는 화장을 그만두고 하늘거리는 치마와 구두도 벗어버렸다. 머리는 단발로 싹둑 잘랐다. 거울을 치우고 책을 펼쳤다. 모두가 여성의 몫이라고 말하는 요리나 청소 같은 일에는 아예 눈길도 주지 않으려 했다. '여성스러운 배려'나 '보살핌' 같은 건 내 몫으로 생각지 않기로 했다. 이상한 건 이상하다고 말하기 시작했다. 특히 교회에서 그랬다. 여자는 앞에서 이끄는 자리에 설 수 없고 묵묵히 남자를 뒷바라지해야 한다는 말을 들을 때마다 이유가 뭐냐고 캐물었다. 근거가 약하다고 밀어내면 잔뜩 공부해 가서 다시 물었다. 마음에 차는 대답을 듣지 못해도 상관없었다. 나로서는 질문을 던지는 것 자체로 시원하고 통쾌했다.

사회가 요구하는 틀에 따르지 않으면 도태될지 모른다는 두려움은 서서히 사라졌다. 틀에 맞든 아니든 나는 존엄하고 동등한 존재이며, 주어진 질문에 답할 의무만이 아니라 스스로 질문을 던질 권리를 가진 사람이라는 걸 깨달았기 때문이다. 나는 시민운동가가 되기로 마음먹었다. 세상을 향한 넘쳐나는 호기심에 의지해, 할 수 있는 한 힘껏 공부하고 성장해 그 틀을 바꾸는 사람이 되기로 했다. 그 결과 궁핍하고 외롭게 살지언정 경제적으로나 정신적으로 타인에게 의존하지 않기로 했다.

1년 후, 학자금 대출을 받아 서울 외곽의 작은 학교로 진학했다. 당시 시민사회운동 관련 학과가 개설된 대학원은 딱 두 곳이었는데, 그중 사회학 위주로 교과과정을 배치한 쪽을 선택했다. 저녁에만 수업하는 특수대학원이라 낮에는 일하고 저녁에 공부할 작정이었다. 집을 떠날 때 아버지는 조심스럽게 물었다. "뉴스에 나오는 것처럼 감옥에 가고 그러는 건 아니지?" 나는 대답 대신 크게 웃었다.

모든 것을 새롭게 시작해야 하는 낯선 도시에서의 생활은 전혀 힘들지 않았다. 오히려 더할 나위 없이 즐거웠다. 내 삶을 바닥부터 내가 원하는 방향으로 만들어가는 재미에 푹 빠졌기 때문이다. 학교를 오가며 밤새 책을 읽고, 공부를 하고, 나이·성·소속·경력에 상관없이 훌륭한 시민운동가들을 만났다. 비슷한 꿈을 꾸는 사람들과 만난다는 건 어마어마한 기쁨이었다. 그런 만남이 있을 때마다 내 세계의 반경이 크게 늘었다.

스물일곱. 나는 드디어 어른이 될 채비를 마쳤다고 생각했다. 그로부터 8년 후 옥수동을 만날 때까지 나는 자신을 책임지는 부족함 없는 어른이라 믿고 살았다.

잘 하고 싶었던
이유

우리는 어느 순간이나, 어느 날이나, 어느 달이나, 어느 해나 잘 쓰고
잘 보냈다. 우리가 할 일을 했고, 그 일을 즐겼다. 충분한 자유 시간을
가졌으며, 그 시간을 누리고 즐겼다. 먹고 살기 위한 노동을 할 때는 비
지땀을 흘리며 열심히 일했다. 그러나 결코 죽기 살기로 일하지는 않
았다. 그리고 더 많이 일했다고 기뻐하지도 않았다.[21]

시민운동가가 되기로 했던 이십 대 중반, 내 마음을 크게 두
드린 책 『조화로운 삶』에 담긴 구절이다. 자본주의의 야만성을
거부하고 자립과 공존의 삶을 추구한 이야기에 어찌나 빠져들
었던지, 당시 상상한 니어링 부부의 돌집 풍경이 지금도 생생히
떠오른다.

음악을 사랑하는 젊은 여성 헬렌은 추악한 세상에 맞서다
사회적으로 고립된 중년의 스콧을 만나 새로운 삶을 찾아 떠난
다. 외딴 시골을 찾아간 그들은 몇 년에 걸쳐 손수 돌을 쌓아 집
을 지었다. 그곳에서 적당히 노동하고, 놀고, 공부하면서 하루하

루를 보냈다. 덜 소비하고 생명을 존중하는 삶을 실천하면서 글을 쓰고 강연을 다니는 등 사회적 존재로서 책임도 잊지 않았다. 스콧은 줄곧 건강한 몸을 유지하다가 100세를 맞이해 스스로 곡기를 끊어 삶을 마감했다. 헬렌은 조용히 그 곁을 지켰다. 평생에 걸쳐 이상을 실천한 그들의 삶은 마지막까지도 아름답고 평온했다.[22]

부러웠다. 나도 그런 삶을 살고 싶었다. 삶의 무게를 늘리지 않고 소박하게 사는 생활 방식이 특히 좋았다. 다행히 그때의 나에게는 어려운 일이 아니었다. 어차피 가진 게 없고, 공부와 일에만 몰두하며 지내니 필요한 것도 별로 없었다. 대학원에 진학한 첫해에 내 이삿짐은 택배 상자 두어 개 정도가 다였다. 책은 학교 도서관에서 보고, 밥도 학교 식당에서 대충 먹었다. 그러다 시민단체에서 일을 시작하고 몇 차례 이사하면서 짐이 늘었다. 그래봐야 간단한 식기류와 공간 박스 몇 개, 접이식 테이블, 야근하느라 필요해서 들인 모니터와 사무실에 남아서 가져다 놓은 책상 따위가 다였다. 책은 여전히 동네 도서관에서 보고, 가끔 산 책이라도 다 읽고 나면 누군가에게 선물로 내보냈다. 옷이 좀 늘었지만 행거 한 칸으로 충분할 정도였고.

돈도 별로 쓰지 않았다. 백만 원 남짓한 급여를 받아 다달이 월세를 내고, 학자금 대출을 갚으면서도 그다지 빠듯하지 않게 지냈다. 집에서 요리하지 않아도 사무실에서 다 같이 밥을 해 먹거나 간단히 때우니 식비가 크게 들지 않았다. 늘 사무실 근처에 살아 교통비도 거의 들지 않았다. 나는 가난한 시민운동가로 사는 게 마음에 들었다. 독립된 성인으로서 소박하지만 부족하지 않게 산다는 자부심을 느꼈다.

그런 내 자부심은 옥수동을 만나면서 나날이 깨졌다. 민규의 방에 들어가던 날, 이삿짐을 본 민규는 왜 이렇게 짐이 많냐고 타박했다. 말도 안 된다고 항변했지만 가만 들어보니 틀린 말은 아니었다. 쓸데없는 물건이 제법 있었다. 이제는 입지 않는 낡은 티셔츠, 비슷한 크기의 접시와 컵, 누군가에게 얻어 딱 한 번 쓰고 넣어둔 와콤 태블릿 같은 물건들. 아까워서가 아니라 시간이 없어서 정리하지 못한 것들이다.

나는 보고서를 쓰거나 공부를 하는 데는 아낌없이 시간을 들여도, 주변 환경을 챙기는 데는 단 1초라도 아까워했다. 먹고 사는 일, 그러니까 밥 짓고 요리하고 빨래하는 일상의 노동에 관심이 전혀 없었다. 관심이 없는 정도가 아니라 그런 일에 붙들려선 안 된다는 경계심마저 갖고 있었다. 늘 당연하다는 듯 여성에게 부여되는 그런 노동에 손을 대다가는 활동가로서의 사회적 자아가 억눌려 찌그러질지 모른다고 생각했다.

사무실에서는 좀 달랐다. 머리를 쓰는 노동뿐 아니라, 무거운 짐을 들거나 청소를 하는 등 몸을 움직여야 할 때도 적극적으로 나섰다. 그런 일로 남성보다 열등하다거나 소극적이라는 평가를 받고 싶지 않았다. 누군가 무거운 가방을 들어주려 하면 단칼에 거부했다. 늦도록 이어지는 술자리에서 버티는 기술도 연마했다. 체력이나 근력이 세지도 않으면서 그렇게 힘을 주고 다니니, 집에 돌아오면 온몸에 힘이 하나도 남지 않았다.

내 삶은 온기가 하나도 없는 반쪽짜리 생활이었다. 민규와의 공동 주거는 바로 그 사실을 또렷이 드러내 주었다. 애써 부인해 왔지만, 당시 내가 원하는 바를 이루기에는 경제력과 사회적 자본이 너무 부족했다. 그 격차를 젊은 내 몸과 정신을 착취해메우려 했다. 세상을 바꾸기 위해 당당하게 목소리를 내는 어른인 줄 알았는데, 알고 보니 삶에서 가장 소중한 기력을 바닥까지퍼내 쓰고 있었다. 말하자면 번아웃 상태였던 것이다. 나는 정신력으로는 버티기 힘든 무서운 병을 얻었다.

옥수동에서 지낸 지 몇 달 안 된 시점이었다. 어쩌다 심각한회의를 하고 나면 머리가 너무 아팠다. 처음 한두 번은 그러려니하고 넘겼지만, 점차 더 강렬한 두통이 되돌아왔다. 나중에는 앉아도 누워도 피할 수 없는 극심한 고통이 몰려왔다. 하루고 이틀이고 무조건 꼼짝없이 쉬는 것 외엔 방법이 없었다. 한동안 그 상태로 버티고 보니 이제는 웬만큼 쉬어도 해결되지 않는 지경에다다랐다. 그제야 뜨거워진 뒤통수를 부여잡고 부랴부랴 병원을 찾아갔다. 의사가 내놓은 답은 '스트레스로 인한 긴장성 두통'. 한마디로 신경을 너무 많이 써서 그렇다고 했다. 나는 헛웃음이 나왔다. 그때 내가 가장 많이 하던 일이 바로 '신경을 쓰는일'이었다.

시민 단체 근속 8년 차에 들어선 그때, 나는 기획실장이라는관리직을 맡게 되었다. 기획실장이라니 뭔가 그럴싸해 보이지만현실은 암울했다. 자원이 부족한 작은 단체에서 리더인 사무처장과 발을 맞추어 재정과 인사, 사업을 두루 관리하는 골치 아픈 역할이었다.

처우가 나아지는 것도 아니면서 실무 부담과 책임은 막중한 자리인지라 주위로부터 축하보다는 위로의 인사를 잔뜩 받았다. 나는 불만이 없었다. 오래전 아무것도 모르던 나를 받아준 게 고마워서 보답하고 싶었다. 리더십을 키울 역량이 되는지 자신을 시험해보고 싶은 욕심도 있었다. 정작 그 일을 어떻게 헤쳐나가야 하는지는 전혀 알지 못했지만 말이다. 우리 단체에서는 누구든 필요하다고 여기는 일을 직접 제안하고 책임지는 방식으로 활동했다. 그 방식은 내게 잘 맞았고 성과도 나쁘지 않았다. 그런데 관리직을 맡고 보니 사정이 완전히 달랐다.

내가 해야 하는 일은 세상을 바꾸는 활동가가 할 일이라고는 짐작도 하지 못한 것투성이였다. 상상력, 실험 정신, 허무한 실패에 뒤이은 극적인 변화… 이런 가슴 뛰는 요소는 쏙 빠지고 하루아침에 숫자와 그래프, 회의록과 보고서로 점철된 나날이 이어졌다. 이전까지는 그다지 돌보지 않아도 잘 버티던 몸이 구석구석 삐걱댔다.

민규와 만났을 때가 바로 그즈음이다. 뭘 보고 그랬는지, 그때 민규는 내게 이렇게 말했다. "다크포스가 느껴져요. 굉장히 위험해 보인다고요." 사실 내 상태는 진짜 위험했다. 눈앞에 놓인 과제는 지금 봐도 숨이 턱 막힐 만큼 불가능한 것뿐이었다. '정체 상태에 있는 회비와 후원금 규모를 끌어올리는 동시에, 기존 활동 성과 위에서 새롭고 영향력 있는 활동을 제시한다.' 거기서 내 생각대로 밀어붙일 수 있는 일은 거의 없었다. 나는 옴짝달싹할 수 없을 만큼 심한 압박을 느꼈다. 그래도 중요한 역할을 맡았으니 잘 해내야 한다는 책임감이 나를 옥죄었다. 재정 상황은 심각했다. 최저임금 수준을 겨우 맞춘 급여마저 미지급할 때가 잦았다. 창립 때부터 다양한 방법으로 회원 관리나 후원금 모금에 노력을 기울여 왔는데도 그랬다.

그건 꼭 우리 단체만의 문제는 아니었다. 한국의 시민운동은 1987년 민주화 이후 급성장했다. 그동안 학생운동과 노동운동에 몰두하던 활동가 중 일부가 합법적이고 대중적인 운동을 지향하며 속속 시민 단체를 창립하고 나섰다. 독재정권이라는 거대한 적이 사라지면서 학생운동이 흔들리고, 노동운동을 과격하고 불온하게 보는 사회적 인식이 지속하는 상황에서 시민운동은 언론과 전문가들의 호응을 얻으며 성장했다. 미비한 법과 제도를 개선하도록 유도하고 공적인 영역에서 꼭 필요한 의제를 발굴해 합리적으로 토론을 이끌었다.

불과 10여 년 사이 시민운동은 대단한 사회적 영향력을 발휘했다. 입법, 사법, 행정, 그리고 언론에 이어 제5부라고 불릴 정도로 말이다. 특히 2000년에 접어들어 그 영향력은 절정에 달했다. 당시 국회의원 총선거를 앞두고 전국의 수백 개 시민사회단체가 힘을 모아 부적격 후보 출마를 반대하는 낙천·낙선 운동을 벌였다. 모두 86명의 명단을 추려 발로 뛰며 알린 결과, 59명이 낙선했다. 시민 단체의 정치 개입을 염려하는 사회적 논쟁이 크게 일었지만 시민들 호응은 대단했다. 이듬해 국정홍보처가 시행한 신뢰도 조사에서 시민 단체가 1위를 차지할 정도였다.[23]

사회운동과는 아무런 인연이 없던 내가 시민운동을 인지한 게 바로 그때다. 높아질 대로 높아진 사회적 기대는 안타깝게도 곧 내림세로 접어들었다. 법과 제도가 상당히 개선되었고, 정치 적 중립을 내세우던 시민 단체 임원들이 공직이나 의회로 진출 하는 사례가 늘었다. 그러자 각 단체가 쌓아온 전문성과 역량을 발휘할 공간은 줄고 시민들의 지지도 점차 시들었다.

　　2008년, 두 번째 금융위기가 닥쳤다. 국내 경제에 어마어마 한 충격을 안겨준 1997년 IMF 사태 후 십 년 만이었다. 그사이 시민운동의 주요 후원자층을 이루던 중산층이 급격히 흔들렸다. 회원이 줄거나 정체되고 후원금 모금도 신통찮았다. 2000년 비 영리민간단체지원법이 제정된 후 정부 사업에 응모하는 단체가 늘었지만 내가 일하던 단체는 그런 대안은 생각조차 하지 않았 다. 기업 사회공헌기금도 마찬가지였다. 정부와 기업의 후원을 받지 않고 시민들의 회비와 후원금으로만 조직을 운영한다는 원 칙이 있어서다. 재정문제를 단박에 풀 방법은 아무래도 찾기 어 려웠다.

　　진짜 문제는 따로 있었다. 나는 한 조직에서 8년 넘게 일하 면서, 그동안 시민운동이 거둔 성과에 머물지 않고 새롭게 할 수 있는 일이 무엇일까 계속 질문했지만 답을 찾지 못했다. 사회적 관심을 끌고 시민들의 피부에 닿는 변화를 이루기엔 아무래도 기존 활동 방식이 효과적이었다. 뜨거운 정책 현안에 대응하고, 거액의 낭비 사례나 기업의 비리를 폭로하고, 법과 제도를 바꾸 는 데 몰두하는 그런 방식 말이다.

안타깝게도 그런 방식에는 일상을 살아가는 시민들의 자발성과 창조성이 들어갈 여지가 없었다. 민주화 이후 자유의 범위가 꾸준히 확장되고 인터넷을 바탕으로 정보전달 및 소통 방식도 급격히 달라지고 있었지만, 시민운동은 그 속도를 따라잡지 못하는 듯했다.

나는 좀 더 자발적이고 유연한 조직, 수평적인 소통 방식으로 다양한 개인의 요구를 드러낼 시선과 기술이 필요하다고 생각했다. 그건 나 혼자만의 생각이 아니었다. 내가 몸담고 있던 곳은 이미 1990년대에 지나치게 관료적이고 비대해진 시민 단체의 문제를 제기하던 활동가들이 새롭게 만든 조직이었다. 창립 선언문에도 혁신적인 운동을 발굴한다는 사명이 담겨있었다. 그동안 노력하지 않았던 건 아니다. 크고 작은 시도를 꾸준히 했는데도 눈에 띌 만한 성과를 거두지 못했다. 회원 증가나 사회적 반향을 기준으로 한다면 말이다. 정말로 혁신적인 운동을 하려면 이제는 선택해야 했다. 기존의 전문성을 살려 더욱 고도화된 전문 영역을 확보하든지, 아예 조직을 바닥부터 뒤집어 새롭게 시작하든지. 말이야 간단하지만, 만약 후자를 선택한다면 감수해야 할 위험이 컸다. 단체 구성원 다수를 차지하는 기존 후원자층의 기대를 무시하고 여러 활동가의 생계를 위태롭게 만들 게 뻔했기 때문이다.

그렇다고 다 포기하고 낡은 방식으로 돌아갈 수도 없었다. 시간을 들여 구성원 모두가 진지하게 고민했지만 결국 어느 쪽도 선택하지 못했다. 나는 퇴근 후 하던 공부 모임이나 개인 활동을 중단하고 부지런히 후원자를 만나러 다니고 연달아 회의를 열며 바쁜 나날을 보냈다. 겉으로는 담담한 척해도 마음속에는 불안이 가득했다. 이러다가는 아무것도 해내지 못할 거라는 걱정에 휴일에도 쉬지 못하고 발만 동동 굴렀다. 불안은 곧 견딜 수 없는 두통이 되어 나를 덮쳐왔다.

인생은 가까이 보면 비극 멀리서 보면 희극이라 했던가. 지금 생각하면 세상 모든 고통을 짊어진 듯 행동하던 그때의 내가 우습다가도 안쓰럽다. 할 수 있는 만큼 하고, 안 되는 건 안 된다고 순순히 인정하면 될 일이었는데 대체 뭐가 그리 무서워 안절부절 못했던 걸까?

나는 최근에 와서야 그 이유를 어느 정도 이해하게 되었다. 우리는 곧잘 어떤 일을 하고 싶다거나 '잘' 하고 싶다는 욕구를 느끼지만, 그 욕구가 실제로 어디서 나오는지는 들여다보지 못할 때가 많다. 무릇 일이란 잘 해내야 하고, 그래야 나를 둘러싼 사회나 조직에서 인정받을 수 있다는 걸 잘 알기 때문이다. 실패하거나 부족한 모습을 보이면 금세 무능력자나 사회 부적응자로 낙인찍힐 위험이 있다는 것도.

이것은 내 의사와는 상관없이 사회가 직간접적으로 끊임없이 부여한 일 윤리다.『우리는 왜 이렇게 오래, 열심히 일하는가』24를 쓴 여성학자 케이시 윅스Kathi Weeks는 사람들이 왜 이렇게 오래, 열심히 일하는지 물으면 가장 흔히 나오는 답이 두 가지 있다고 한다. 첫째, 그래야 하니까. 둘째, 그러고 싶으니까. 하지만 이런 식으로 설명하기에는 일을 향한 우리의 열정은 지나치게 강하다. 윅스는 바로 그 열정의 바탕에 사회적 문화적으로 형성된 일 윤리가 자리 잡고 있다고 주장한다.

우리가 해야 하니까 또는 하고 싶으니까 한다고 믿는 일 중에는 사실 그럴 필요가 전혀 없는 경우가 많다. 아주 어릴 때부터 맡은 일은 어떻게든 열심히 잘 해내야 한다는 일 윤리를 주입받아온 탓에, 자기가 정말로 원하는 게 무엇인지 알아낼 능력을 잃고 급기야는 자기를 망가뜨리는 삶을 선택하기 쉽다.

시민운동가가 되기로 한 후로 나는 항상 내가 원하는 일을 원하는 만큼 한다고 자부하며 살았다. 하지만 관리자가 된 순간, 자발적이고 즐거운 활동으로 차 있던 내 세계에서 일의 지위는 완전히 달라졌다. 해마다 인사 배치나 사업 계획을 앞두고 가장 하고 싶은 일이 무엇이냐고 묻던 조직에서, 나는 처음으로 하고 싶은 일이 아닌 해야만 하는 일을 맡았다. 몹시 버거웠지만 어떻게든 잘하고 싶었다. 숙제를 충실히 해내야 한다는 강박감이 다른 모든 가능성을 압도했다. 이제 와 못하겠다고 물러서는 건 무책임하고 비겁한 짓이라고 생각했다. 그러자 그 일은 어느새 내가 가장 하고 싶은 일로 둔갑했다.

신경외과에서 내놓은 처방은 특별할 게 없었다. 증상을 완화하는 약의 이름이 잔뜩 찍힌 처방전과 스트레스를 피하라는 조언 정도가 다였다. 물론 차도가 없으면 일을 그만두는 것도 진지하게 고민해보라고 들었지만 그건 있을 수 없는 일이었다. 당장 우리 사무실에는 나 아니면 할 수 없는 일이 산더미같이 쌓여

있다고, 그때의 나는 굳게 믿고 있었다. 쉬세요, 운동하세요, 스트레스를 피하세요… 매주 반복되는 의사의 조언은 그 자체로 스트레스가 되었다. 어깨가 너무 뭉쳐 마사지로도 해결이 안 되는 날에는 의사가 근육주사를 놓아주었다. 약이 주삿바늘을 통과해 스며들면 파르르 꿈틀대던 내 어깨 근육의 움직임은 낯설고 두려웠다.

상황이 그렇다 보니 당분간이라며 시작한 공동 주거를 끝내기 어려웠다. 아니, 오히려 곁에 누군가 있다는 게 다행이었다. 평소 생리통약 한 알도 못 삼키던 내가 날마다 한주먹씩 약을 챙겨 먹으며 출근하고, 민규의 돌봄에 의지해 생활을 이어갔다. 매주 두 차례 시간을 쪼개 병원을 오갔지만 그다지 차도는 없었다. 그 상태로 다시 일 년을 보내고서야 결국 백기를 들었다. 보다 못한 동료들의 권유로 일 년 동안 안식휴가를 보내기로 한 것이다. 그대로 가다가는 조직의 미래는커녕 나 자신도 챙기기 어려울 게 틀림없었다. 맡은 일을 잘 해내지 못했다는 자책감과 영영 돌아가지 못할 듯한 두려움이 온 마음을 뒤덮었다. 갈팡질팡하는 나에게 민규는 냉정하게 조언했다. "내가 아니면 안 된다는 생각은 버려요. 조직은 내가 없어도 알아서 굴러가요." 억울했지만 반박할 힘이 없었다.

그해 마지막 날, 아무도 없는 사무실에 나가서 자리를 정리했다. 하던 일을 모두 갈무리해 문서로 남기고, 책상은 물론 사무실 공용 서류와 문구함까지 깔끔하게 정돈해두고서야 마지막 퇴근을 했다. 일을 시작한 지 9년을 꽉 채우던 날이었다.

아무것도
하지 않기로 하다

안식휴가를 받아들이며 내가 세운 목표는 딱 하나다. 그저 '아무것도 하지 않기'. 건강을 회복하려는 노력 외엔 말 그대로 아무것도 하지 않고 무조건 1년만 쉬어가기. 그러면 이 못된 두통 따위 금세 이겨낼 수 있으리라 생각했다. 하루라도 빨리 건강을 되찾아 더 강해진 모습으로 돌아가야지, 못다 한 일을 더 잘해 내야지, 그 생각만 되뇌었다.

아무것도 하지 않는 게 얼마나 어려운 일인지 해보지 않고는 모른다. 2011년 1월 1일, 내 일기장은 안식휴가 첫날 행적을 이렇게 증언한다. "도서관에서 피터 드러커의 『비영리단체의 경영』을 200쪽 읽었고, 눈 쌓인 남산 산책로를 한 시간 동안 걷고는 운동량을 아이폰 앱으로 기록했다."

세상에, 그때의 나는 아무것도 하지 않는다는 게 무슨 뜻인지 전혀 모르고 있었음이 틀림없다. 이튿날에는 병원에 가서 의사에게 드디어 일손을 놓았다는 보고를 했다. "아이고, 너무 부럽네요. 아프리카 꼭 가세요! 한 달만 쉴 수 있어도 저는 바로 비행기 티켓부터 끊을 거예요."

　시민 단체가 뭐 하는 곳인지는 몰라도 안식년 제도가 있다는 점만은 부러워하던 의사는 그날도 어김없이 아프리카 타령을 했다. 어깨 근육을 풀어주느라 마사지를 할 때도 "저도 누가 이렇게 5분만 마사지해주면 좋겠어요"라고 푸념했다. "시민 단체 급여로 아프리카 여행은 무리라니까요. 하지만 선생님은 언제든 마음만 먹으면 되지 않아요?" 내 말에 의사는 한숨을 내리 쉬며 말했다. "개인병원이잖아요. 자영업자나 마찬가지예요. 환자 떨어져 나가는 거 보고 싶지 않으면 하루도 마음대로 쉴 수가 없어요."

　환자에게는 쉬라는 말을 입에 달고 살면서도 정작 자신은 하루도 편히 쉬지 못하다니. 내게 부럽다고 말하는 그 목소리에선 진심이 뚝뚝 묻어났다. 나는 문득 의사의 과거와 현재가 궁금해졌다. 그동안 걸어왔을 길을 떠오르는 대로 머릿속에 그려보았다. 중고등학교 때는 꽤 머리가 좋은 편에 속했겠지. 공부도 열심히 해서 높은 성적으로 의대에 진학했을 거야. 대학에서는 하루가 멀다고 밤을 세우며 이전보다 더 독하게 공부를 하고, 그 후에는 극심한 피로를 이겨내며 인턴과 레지던트를 거쳤을 테지. 마침내 자신의 이름을 건 병원을 개원했을 때는 얼마나 뿌듯했을까! 하지만 이제는 환자를 진료하는 것만 아니라 병원을 경영하는 새로운 짐이 생겼다는 걸 깨닫고 꽤 당황했을 거야. 협회나 각종 모임에 얼굴을 내밀며 사회적 지위를 다지는 작업도 소홀할 수 없지. 우선순위가 어느 즈음일지는 몰라도 가정을 꾸리는 데도 제법 노력이 필요할 테고.

의사 말대로 그런 일상에서 쉼이라는 건 거의 불가능해 보였다. 산뜻하게 단장한 진료실과 대비되는 그의 거칠고 퀭한 얼굴은 내 짧은 상상을 뒷받침해주고도 남았다. 스트레스성 두통 환자로 진료실을 찾은 나보다 실은 의사 본인이 훨씬 위태로운 상태일지 모른다는 생각마저 들었다. 주어진 일을 어떻게든 잘 해내겠다며 마구 달리다 바닥까지 체력을 소진한 나, 물질적 풍요와 사회적 지위를 보장하는 의사라는 자리를 지키느라 무던히 애쓰고 있는 그. 배경은 달라도 당시 둘의 상태는 꽤 비슷하지 않았을까? 전형적인 일 중독자의 모습 말이다.

술에 중독된 사람이 스스로 술을 제어할 능력이 있다고 믿는 것처럼, 일 중독자도 자기가 일에 그렇게까지 심하게 지배당하고 있다는 생각을 하지 못한다. 몸이 상해서 어쩔 수 없이 받아들인 안식휴가 첫날에 골치 아픈 책을 쪽수까지 세며 읽은 내가 바로 그랬다. 가끔 주변에서 "너 워커홀릭인 거 같아"라고 말하면 나는 극구 부인했다. "그냥 좋아서 하는 거야. 하고 싶을 때까지만 할 거라고." 이렇게 항변해도 속으로는 노력과 성실함을 인정받는 뿌듯함을 느꼈다.

철학자 한병철은 그의 책 『피로사회』[25]에서 이런 증상이 개인의 유별난 특징이 아니라 시대의 질병이라고 말한다. 자본주의 발달과 함께 현대사회는 규율사회에서 성과사회로 변화했다. 성과사회의 유일한 규율은 "할 수 있다"라는 긍정의 정신이다. 그로 인해 끝없는 자기 착취가 당연시된다. 이 주장에 따르면 나와 담당 의사는 누가 시키지 않아도 자기 착취에 앞장서는 현대인의 표본이다. 삶의 근본 조건을 어떻게 바꿀 것인지 고민하지 않고 시간을 보낸다면 돌아가도 모든 게 제자리일 게 뻔했다. 나는 요즘도 장기간 휴가를 보낸 이들이 복귀 후 불과 일주일, 한 달 만에 이전과 다를 바 없는 생활로 돌아왔다는 푸념을 심심찮게 듣는다. 그러면 남는 것은 다시, 갚아야 할 카드빚과 더 자극적인 소비를 위한 노동뿐이다. 내 경우라면 그 카드 빚은 끝없이 되풀이되는 심각한 두통으로 돌아왔을 테다. 만약 내 담당 의사가 소망하던 아프리카 여행을 다녀왔더라도, 내가 무사히 안식년을 보내고 복귀했다 하더라도 둘의 삶은 크게 달라지지 않았을 거다. 생각만 해도 아찔한 일이다.

과잉활동과 두통 같은 질병을 유발하는 이 지독한 시대정신에 대항하는 방법은 무위, 그러니까 아무것도 하지 않는 것이라고 한병철은 말한다. 거창하게 저항 씩이나 하지 않더라도, 딱 1년 만이라도 아무것도 하지 않은 채 바닥까지 싹 비워보면 적어도 예전 상태로 돌아가는 것만은 피할 수 있지 않을까? 그런 생각을 하며 피로에 찌든 의사의 얼굴을 다시 바라보니, 어떻게든 빨리 두통에서 벗어나 일터로 돌아가겠다는 집착에서 벗어나 더욱 적극적으로 '아무것도 하지 않는' 생활로 뛰어들고 싶어졌다.

의사의 아프리카 타령을 넉넉한 마음으로 다 들어준 다음, 할 수 있는 한 무조건, 최대한, 충분히 쉴 거라고 당당히 선언하며 진료실을 나섰다. 그 후로는 책을 몇 쪽 읽을지 생각하지 않고, 산책로를 몇 시간 걸었는지도 기록하지 않았다. 뉴스나 각종 자료집도 멀리했다. 강의나 모임 요청도 모두 거절했다. 휴대폰을 끄고, 소셜 미디어를 중단하고, 이메일을 열지 않았다. 단지 일을 하지 않는 것뿐 아니라, 긴 시간에 걸쳐 나를 사로잡고 있던 올바름과 부지런함과 지속 가능한 관계에 대한 강박으로부터 최대한 멀어지기로 했다. 나는 비로소 몸과 정신의 단식에 돌입했다.

지금처럼 살지 않겠다는 다짐만큼 깨지기 쉬운 말도 없을 것이다. 인간은 쉬이 망각하는 존재이고, 머리로 깨달은 바가 있더라도 그것을 잊지 않고 현실로 만들려면 상당한 시간과 노력을 들여야 한다. 두통이 그토록 강력하게 이어지지 않았다면 나 역시 아무것도 하지 않겠다던 결심을 결코 실행할 수 없었을지 모른다.

『일하지 않을 권리』[26]를 쓴 사회학자 데이비드 프레인David Frayne은 한 사람이 삶을 전환하기 위해 겪는 방황기를 '단절점'이라는 개념으로 설명한다. "단절점은 몸에 밴 습관과 신념이 의문 속으로 던져지는 일종의 개인적 위기"[27]로, 크게 세 가지 경로를 거쳐 찾아온다. 일상을 피폐하게 만드는 형편없는 일자리를 경험할 때, 좋은 삶이 무엇인지 가늠하게 해주는 작은 이상향을 발견했을 때, 사회가 요구하는 직업인의 자세를 취할 수 없을 정도로 몸이 망가졌을 때.

삶을 대하는 태도를 근본적으로 변화시키는 단절점이 한순간에 반짝 다가오는 경우는 많지 않다. 이스트 한 숟가락이 반죽을 부풀리듯이, 작고 사소한 경험 하나가 오랜 시간에 걸쳐 돌이킬 수 없는 방향으로 삶을 변화시킨다.

나는 불과 석 달 만에 끝난 첫 직장생활과 그 후 방황기에 단절점이 찾아오는 경로 중 두 가지를 이미 경험했다. 그리고 시민운동을 만나면서 삶을 근본적으로 바꾸는 데 성공했다고 믿었다. 그런데 십 년 후 찾아온 두통은 내가 이십 대에 경험한 단절점이 사실은 끝나지 않은 채 여전히 진행 중이었음을 알리는 신호였다. 가치 있는 일을 한다는 이유로 사생활과 건강을 희생시킨 결과 도저히 계속 돌릴 수 없을 정도로 내 몸이 망가져 있었다. 이스트의 발효가 정점에 다다른 거다.

나는 그 대가를 단번에 치러야 했다. 가혹하긴 해도 너무나 압도적이어서 오히려 홀가분했다. 뜨거워진 신경을 다스리자면 일단 전원을 끄고, 열기를 충분히 식힌 뒤 천천히 재가동하는 방법밖에 없었다. 전환은 그 후에나 가능한 일이었다. 그 이유를 나는 아주 오랜 후에야 이해할 수 있었다. 전체주의와 폭력의 문제를 사유했던 20세기 사상가 한나 아렌트Hannah Arendt를 통해서다. 그는 『인간의 조건』[28]에서 근대 이후 인간이 처한 현실을 새로운 시각으로 분석했다.

그에 따르면 인간의 삶에는 노동, 작업, 행위라는 세 가지 근본 활동이 있는데, 근대에 접어들며 작업의 지위가 부쩍 높아졌다. 작업을 담당하는 주체인 제작인들은 인간을 고된 노동으로부터 해방하기 위해 도구와 기계를 만들어냈다. 그들이 만든 도구와 기계는 분업을 통해 생산을 증가시켰다. 하지만 그렇게 높아진 생산성은 인간을 노동에서 해방하기는커녕 더 많은 노동으로 밀어 넣었다. 노동의 결과는 오로지 돈으로 환산되며, 그 돈으로 할 수 있는 건 소비뿐이다. 결국, 더 많은 돈을 벌어 더 많이 소비하는 것만이 좋은 삶의 모델이 된다.

아렌트는 노동, 작업, 행위, 이 중 어느 것이든 제거하거나 우위에 놓을 수 있다는 사고 자체가 인간을 노동에 예속시켰다고 비판한다. 이제 노동은 절대적인 지위를 얻고, 자연은 도구로 전락하고 말았다. 인간은 노동과 작업만이 아니라 말을 하고 정치에 참여하는 행위를 통해 서로 만나야 하는데, 이런 상황에서는 쉽지 않다. 그러면 삶에서 가장 중요한 '생각하는 능력'을 상실하고 만다.

이런 세계에서 과잉 노동을 벗어나 '아무것도 하지 않는다는 것'은 정말로 아무것도 하지 않으려는 게 아니라, 인간의 필수적 조건을 고루 회복하고 생각하는 능력을 키우려는 적극적인 행동이다. 한병철은 이마저도 다시 과잉 노동을 유발할 뿐이라며 비판했는데, 돌이켜보면 아무것도 하지 않은 나의 안식휴가는 삶의 근본적인 전환을 준비하는 시간이었다. 프레인이 말한 단절점을 온전히 거치는 과정이기도 했다. 그 후로 나는 언제나 무언가를 하고 있었지만, 이전처럼 내가 통제할 수 없는 상황에 빠져 바닥까지 기력을 소진한 적은 한 번도 없다. 적어도 이 글을 쓰는 지금까지는.

나는 옥수동 달동네에 틀어박혀 무시무시한 몸의 명령에 최선을 다해 복종했다. 오르락내리락하는 통증의 흐름에만 반응하며 하루하루 아무것도 하지 않는 삶을 이어갔다. 깨어있을 때는 밥과 약을 챙겨 먹고 내키는 대로 시간을 흘려보냈다. 여전히 시계처럼 움직이는 민규가 들고 나는 걸 보고 하루가 어디쯤 와 있는지를 가늠했다.

일주일에 두어 번 걸어서 5분 거리에 있는 구립 체육센터에 가서 요가를 했다. 그마저도 가끔 빼먹거나 오가는 중에 옆길로 빠져 뒷산 산책로를 무심히 거닐었다. 무엇이든 열심히, 잘, 꾸준히 해야 한다는 생각은 발견하는 대로 걷어냈다.

그런 생활을 반년쯤하고 나니 가혹한 두통도 슬슬 힘을 잃는 느낌이 왔다. 내 인생에서 가장 길게 이어지던 병원 진료도 그제야 끝이 났다. 아무것도 하지 않는 시간의 승리였다.

옥수동 트러스트1: 기록하다

내 상태가 나아지는 것과 달리 그 시기 옥수동은 좀 이상했다. 바닥부터 들썩이는 느낌이랄까. 벽에는 온갖 벽보가 나붙고, 집집마다 조합이니 대책위원회니 깃발이 나부끼는 모양새가 예사롭지 않았다. 소문으로만 나돌던 재개발사업이 드디어 시작될 모양이었다. 그 말은 세입자인 우리도 갈 곳을 찾아야 한다는 의미다.

알아보니 재개발 지역 세입자는 임대주택을 신청할 수 있다고 했다. 하지만 원하는 지역에서 집을 구할 수 있는 것도 아니고, 언제 얻을 수 있는지도 알 수 없었다. 게다가 계약 당사자인 민규와 달리 동거인인 나는 그 집에 살 자격이 없었다. 하필 몸이 아파 쉬고 있는 시기에 집을 옮겨야 한다고 생각하니 걱정이 몰려왔다. 어물쩍 길게 이어진 공동 주거를 이대로 끝내는 게 좋을지, 그러면 이후 둘의 관계는 어떻게 달라질지도 고민이었다.

머리가 복잡하긴 민규도 마찬가지였다. 임대주택 전세보증금은 제일 싼 게 4천만 원으로, 갖고 있던 전세금의 두 배가 넘는

금액이었다. 물론 부족한 금액은 월세로 돌리면 되지만 매달 관리비도 내야 하니 되도록 보증금을 높여 월세를 줄여야 했다. 산책길에서 심상치 않은 동네 분위기를 느낄 때마다 우리는 이런저런 방안을 의논했지만 뾰족한 답을 찾지 못했다. 그러던 어느 날 민규가 말했다.

"일단 집 문제는 조합에서 연락 올 때까지 기다려보자고요. 그나저나 철거 들어가면 순식간에 동네가 사라져 버릴 텐데… 평소 기록하는 거 좋아하니 사진으로 동네 모습을 좀 남겨두면 어때요? 몇 군데 정해두고 주기적으로 찍어도 좋고."

"아, 그거 기억나요. 동네에서 매일 똑같은 사진을 찍던 오기 렌처럼 말이죠?"

오기 렌은 미국 작가 폴 오스터Paul Benjamin Auster가 쓴 소설 『오기 렌의 크리스마스 이야기』[29]에 등장하는 인물이다. 길모퉁이 담뱃가게 주인인 그는 특별한 취미가 있다. 늘 지나는 길모퉁이에서 아침마다 딱 한 장씩만 사진을 찍는 일. 어느 날 오기 렌은 화자인 소설가에게 사진첩을 보여준다. 똑같은 사진이 잔뜩 꽂힌 사진첩을 뒤적이며 어리둥절한 표정을 짓는 소설가에게 오기 렌은 이렇게 말한다. "너무 빨리 보고 있어. 천천히 보아야 이해가 된다고."[30]

소설가는 다시 사진을 한 장 한 장 천천히 들여다본다. 가만 보니 같은 풍경이라도 저마다 빛의 세기가 다르고 날씨가 다르다. 지나가는 사람들의 표정과 옷차림도 모두 다르다. 오기 렌이 14년 동안 매일 아침 찍어 모은 사진첩에는 아무도 신경 쓰지 않앉을 동네의 역사와 주민들의 삶이 차곡차곡 담겼다.

나는 이 이야기를 민규에게 들었다. 옥수동을 처음 찾아간 날 나란히 앉아 사진첩을 넘겨보던 중이었다. 오기 렌의 사진 속 풍경을 묘사할 때 민규는 설레는 표정을 지었다. 일상에서 무심코 지나칠법한 순간을 오래오래 시간을 들여 기록한다는 아이디어가 마음에 들었다며, 언젠가 자기도 그런 작업을 꼭 한번 해 보고 싶다고 했다. 철거를 앞둔 옥수동을 거닐다 오래전 스쳐 지나간 그 아이디어가 민규를 통과해 내게 흘러들었다. 오기 렌처럼 매일 같은 시각 같은 자리는 아닐지라도 자주 다니는 산책길을 틈틈이 찍어보면 어떨까? 아예 온라인 지도 위에 사진을 띄워 동네가 사라진 뒤에도 언제든 원래 그 자리에서 다시 볼 수 있게 한다면?

마침 나는 사진을 찍으면 자동으로 위치 정보를 기록하는 아이폰 3GS를 갖고 있었다. 그 정보를 온라인 지도에 표시하는 방법도 알고 있었다. 안식휴가를 얻기 전에 나는 그런 작업을 곧잘 했다. 방법은 간단하다. 구글에 접속해 사진 앨범을 하나 만든다. 거기다 산책 중에 아이폰으로 찍은 사진을 올린다. 캡션을 한두 줄 달면 더 좋다. 단, 사진을 찍을 때는 위치 정보가 기록되도록 GPS를 켜둔다. 작업은 그게 전부다. 사진이 차곡차곡 쌓인 후, 앨범 정보에 표시된 링크를 클릭하면 언제든 내가 찍은 사진이 떠있는 지도를 볼 수 있다. 사진을 앨범에만 올려두면 재미없으니 그때그때 블로그에도 올리고 소셜미디어로 내보낸다.

순식간에 작업 설계가 끝났다. 두통도 어느 정도 사그라진

다음이라 하릴없이 시간만 보내려니 지루했는데, 괜찮은 소일거리가 될 듯했다. 나는 이 프로젝트를 '옥수동 트러스트'로 명명했다. 사라질 위험이 있는 자연 및 문화유산을 시민의 자산으로 사들여 보존하는 내셔널 트러스트National Trust 운동에서 영감을 받았다. 특별한 목적 없이 그저 일상을 사는 생활인으로 처음 시도한 나만의 작은 프로젝트. '옥수동 트러스트'는 그렇게 즉흥적으로 시작했다.[31]

그날부터 나는 탐험가가 된 기분으로 동네 구석구석을 거닐며 인상적인 장면을 찍어 올렸다. 별 뜻 없이 하던 산책이 갑자기 매우 중요한 일과로 변했다. 벌써 3년째 살던 동네였다. 출퇴근 때마다 지나고 휴일에는 가끔 어슬렁대던 길인데도 막상 기록하자고 생각하니 새롭게 보였다. 가까이 다가가 들여다볼수록 옥수동은 매력이 가득했다. 골목을 꺾어 들어갈 때마다 기이한 집과 나무와 골목이 끝없이 나타났다. 몇 년째 존재조차 몰랐던 것들. 오기 렌이 말했듯 천천히 보아야만 보이는 풍경이었다.

산등성이에 자리 잡은 동네라 밑에서 올려다보면 더욱 독특한 풍경이 펼쳐졌다. 중심부는 마치 계곡처럼 깊게 패어있었고, 양옆으로 길게 솟은 비탈길을 따라 나뭇가지처럼 작은 골목이 굽이굽이 뻗어 올라갔다. 그 골목 사이에 하늘로 치솟는 계단과 상식을 깨트리는 신기한 건물이 빼곡 들어서 있었다. 좁은 택지에 건물을 여러 번 지어 올리느라 그랬는지 같은 건물이라도 층마다 자재가 달랐다. 심지어 아래층보다 위층이 더 큰 집도 많았다. 큐브를 돌리다 내팽개친 듯 건물의 위층과 아래층이 다른 각도로 비틀려 있는가 하면, 대문 하나를 두고 왼쪽에는 위로 올라가는 건물이, 오른쪽에는 아래로 내려가는 건물이 마주 앉은 예도 있었다. 사람의 발길이 닿지 않은 깊은 숲속 나무들처럼, 건물 하나하나가 서로 기대고 엉키며 돋아오른 듯했다. 어째서 이런 모습을 띠게 된 걸까?

구불구불한 골목을 거닐던 어느 날, 문득 조정래의 소설 『한강』[32]을 떠올렸다. 1960년대부터 청계천을 비롯해 서울 사대문 주변의 고지대에 판자촌이 형성되던 과정이 생생하게 담겨있는 작품이다. 소설 초반에 천두만이라는 사람이 등장한다. 한국전쟁 후 황폐한 농촌에서 소작농의 아들로 태어난 천두만은 지긋지긋한 세금 지옥을 벗어나려고 쌀 두 말 값을 빚내어 서울로 향한다. 서울에 도착한 천두만은 차비와 지게 값을 치른 뒤 남은 돈으로 산비탈에 새끼줄로 두른 작은 땅을 얻는데, 그곳이 바로 옥수동이다.

천두만은 그 땅에 거적으로 움막을 짓고 매일 아침 눈뜨자마자 움막을 뛰쳐나가 주변을 둘러본다. 밤사이 누군가 새끼줄을 조금이라도 옮겨놓지 않았는지 확인한 뒤 서둘러 물지게를 지러 나간다. 비어있던 그의 움막 주변으로도 똑같은 새끼줄을 두른 움막이 계속 늘어나 급격히 산을 뒤덮는다. 일단 움막을 차지한 사람들은 물지게를 지든 담배꽁초를 모으든 악착같이 돈을 벌러 다닌다. 움막이 있던 자리에 판잣집을 짓는 일을 지상 최대의 목표로 삼고 하루하루 힘겨운 노동을 견뎌낸다.

소설에서 묘사한 옥수동은 실제와 크게 다르지 않은 듯하다. 수십 년 전, 피폐한 농촌을 떠나 목에 풀칠이라도 하려고 어찌어찌 한강은 건넜으나 사대문 안으로는 들어가지 못한 수많은 천두만이 매봉산 자락 옥수동에 모여들었을 것이다. 그들이 청계천에서 물지게를 지고 담배꽁초를 주운 만큼, 우후죽순 늘어난 움막이 하나둘 판잣집으로 변하고, 차차 건물의 형태를 갖추었을 것이다. 어렵사리 건물을 짓고 나면, 살면서 저마다 할 수 있는 한 계속 집을 지어 올렸을 것이다. 위로든 옆으로든 한 뼘이라도 공간을 더 늘리려 애를 썼을 것이다. 억지로 늘린 그 공간에 고향을 떠나온 친척 형제며 세입자를 들이고, 장사를 하고, 작은 공장을 돌리면서 수많은 천두만은 고단한 삶을 이어갔을 것이다.

그렇게 애써 쌓아 올린 집들을 버리고, 그들은 이제 동네를 떠나려 하고 있었다. 밤이면 사방에서 반짝이던 허공 속의 불빛은 바로 지난날 가난한 천두만들이 남긴 삶의 흔적이었다. 이제 슬금슬금 그 불빛이 사라질 때가 다가오고 있었다. 다들 어디로 가는 걸까? 수십 년 고된 삶의 흔적을 단숨에 쓸어버리는 재개발의 열풍이 과연 그들을 지금보다 더 살만한 곳으로 인도해 줄 수 있을까? 비좁고 지저분하고 불편한 이 동네를 버리고 떠나면 조금이나마 더 나은 삶을 찾을 수 있는 걸까? 얼떨결에 곧 사라질 동네의 주민이자 기록자가 된 나는 어쩐지 그 점이 마음에 박혔다.

그런 운명 따위 알 바 아니라는 듯, 옥수동의 집들은 변함없이 자리를 지키고 서 있었다. 그 무심함이 때로는 위로가 되었다.

거기 그대로 있어도 괜찮다고, 우리에게는 그럴 권리가 있다고 속삭이는 듯했다.

서울의 달동네는 개발독재 시대 급격한 경제성장과 맥을 함께 해왔다. 농촌 상황이 너무 열악해 도시로 몰려들었다지만 그들은 마냥 눌러앉은 객식구가 아니다. 엄연히 도시 노동자로서 경제개발의 몫을 담당하고 있던 사람들이었다. 자신의 노동으로 생계를 감당하면서, 사회가 제대로 마련해주지 못한 안정된 주거의 권리를 자기 손으로 어렵게 일구어냈다. 그런 이들에게 무조건 떠나라니… 떠난다 해도 대체 어디로 간단 말인가? 이런 물음에 답하는 사람은 아무도 없었다. 정부는 언제나 달동네를 그저 치워버려야 할 '불량' 주거지로만 보았다.

내가 찾아본 자료 중 가장 오래된 이른바 '불량주택' 단속 기록은 무려 1946년이다. 독립 후 들어선 정부가 일제강점기에 쓰던 철거 정책을 그대로 이어받아 남영동에서 300세대를 철거했다.[33] 움막, 판자촌에서 달동네로 이어지는 도시빈민주거지역을 하루빨리 쓸어버려야 할 문젯거리로 바라보는 정부의 태도는 수십 년이 흐르도록 변치 않았다.

한국전쟁 후 복구와 경제개발 정책이 이어지면서 서울의 불량 주거지는 점점 늘었다. 급격히 불어나는 주민들을 무작정 몰아내기 어려워졌다. 그러자 정부는 더 나쁜 선택을 했다. 달동네 주민을 한꺼번에 외딴 지역으로 내보내는 강제 이주 정책이다. 달동네를 없앤다면서 또 다른 달동네를 자꾸 만들어낸 것이다.[34] 사당동, 미아동, 신림동, 그리고 광주대단지[35]가 그런 동네다.

그 다음 대안으로 등장한 재개발사업은 1970년대 중반부터 서울 전역으로 급격히 확대되었다. 이때까지만 해도 대규모 아파트 단지 개발은 대체로 정부가 직접 추진했다.[36] 그런데 도시가 팽창하면서 개발할 주택용지가 마땅치 않은데다 재원을 마련하기도 쉽지 않자 정부는 1980년대부터 합동재개발이라는 새로운 방식을 도입했다.

합동재개발은 토지 소유자가 내놓은 땅에 민간 자본으로 건설사가 건설하는 방식이어서 토지 소유자도 정부도 비용을 들일 필요가 없었다. 애초에 서민 주거시설로 도입한 아파트가 점차 투자가치를 지닌 자산으로 떠오르자 민간 자본이 관심을 보인 것이다. 이 방식으로 대단지 아파트를 지으면 같은 면적에 훨씬 많은 주택을 확보할 수 있었다. 그중 일부를 임대주택으로 지으면 공공주택도 늘고, 상하수도나 전기 같은 공공설비도 따로 관리할 필요가 없었다. 정부는 이 방식을 밀어붙였다. 그러자 서울은 온통 아파트 단지로 뒤덮였다. 재개발조합에 참여하고, '딱지'를 사들이고, 시세 좋은 아파트를 사들인 사람들은 안정적인 주거뿐 아니라 투자가치를 보장해주는 재산으로서 아파트를 노렸다.

한편, 낡은 집 한 채에 의지해 살던 가난한 토지 소유주와 세입자들은 어떻게 되었을까? 일찌감치 딱지를 팔아치우고 떠난 이들은 원래 살던 동네는 물론이고 서울 어느 지역에서도 정착하기 쉽지 않았을 것이다. 어디를 가도 비슷한 상황이니 더 멀고 낙후된 지역으로 떠나거나, 재개발을 앞둔 다른 동네로 옮겨가

같은 상황을 반복해서 겪었을 것이다.

사정이 괜찮아서 입주권을 지킬 수 있었던 조합원이라고 모두 만족스러운 결과를 얻은 건 아니다. 철거할 때까지 낙후된 주거 환경을 그대로 견뎌야 하는 데다, 철거 후 공사 기간에는 따로 지낼 거처를 얻어야 한다. 게다가 막상 개발이 시작되면 예상치 못한 별도의 분담금이 수천에서 수억 원 대로 추가되기 일쑤다. 분담금이 얼마나 드는지는 관리처분계획 인가가 나와야만 정확히 알 수 있는데, 옥수동에서 그랬듯 인가에 이르기까지 몇 년이 걸린다. 그 사이 기대심리로 주변시세는 오를 대로 오르고, 아파트 평형도 점차 투자가치가 높은 중대형으로 커지는 추세였으니 비용은 더 들기 마련이었다.

나름의 이주 대책을 세우고도 그만한 돈을 미리 챙겨놓은 채 여유롭게 개발을 기다리는 조합원이 얼마나 되었을까? 십 년, 이십 년 후라고 더 나을까? 시대와 금액만 다를 뿐 달동네 주민들이 처한 현실은 사실상 대를 이어 반복되었을 게 틀림없다.

옥수동 트러스트2:
지켜보다

옥수동 골목에는 벽보가 참 많았다. 초기에는 재개발조합의 사업 안내문과 조합에 반대하는 비대위의 성명서가 주로 보였지만 이주가 본격화되면서는 크고 작은 건물 벽이나 모서리, 전봇대, 계단 난간 등 붙일 수 있는 모든 곳에 이삿짐센터 전화번호가 나붙었다.

인적이 줄어든 사거리에서, 텅 빈 건물의 작은 대문 옆에서 나는 매일 비슷비슷한 이삿짐센터의 전화번호와 마주쳤다. 어떤 날은 심드렁하게 지나치고, 어떤 날은 깨알 같은 글씨를 하나하나 들여다보며 한참을 서 있기도 했다. 아주 가끔은 잃어버린 강아지를 찾는다거나, 아직은 비우지 않을 모양인 사글셋방 임자를 찾는 전단이 붙을 때도 있었다. 하지만 생활의 신호를 담은 그런 전단은 쓴웃음처럼 잠깐 나타났다 사라졌다.

이삿짐센터의 전단이 느는 만큼 빈집도 늘어났다. 이사 트럭에 골목이 막히는가 싶으면 이내 길가에 버리고 간 물건이 나뒹굴었다. 미용실이며 세탁소며 구멍가게와 식당 등 골목을 밝혀

주던 가게들도 하나둘 떠났다. 낮은 스산하고 밤은 점점 어두워졌다.

건물이 죽는다는 생각을 이전에는 해본 적이 없었다. 기억을 더듬어 보면 딱 한 번 비슷한 풍경을 마주친 적은 있다. 서울에 온 지 얼마 되지 않았을 때, 눈 쌓인 인왕산 주변을 걷다가 철거 직전의 빈 아파트를 발견했다. 사람은 이미 다 떠나고 문과 유리창을 제거해 뼈대만 남은 건물 외벽에는 빨간 글씨로 '철거' '완파' 같은 단어가 쓰여있었다. 출입로가 막혀있지 않아 잠시 망설이다 조심조심 들어가 두어 집을 둘러보았다. 앞뒤로 확 뚫린 창으로 겨울바람이 거칠게 들이쳤다. 바닥에는 여러 겹 덧바른 벽지 위에 무심히 걸린 낡은 벽시계와 이런저런 살림살이가 나뒹굴고 있었다. 방 안에 놓인 줄 끊어진 기타를 무심히 튕겨보다가 잠시 창턱에 앉아 그곳에 살던 사람들이 내다보았을 풍경을 바라보았다.

사람의 온기가 사라진 건물이 죽어가는 모습은 몸서리칠 정도로 차갑고 쓸쓸했다. 옥수동 골목에서 처음으로 죽은 건물을 보았을 때 불현듯 기시감이 들었다. 문짝이며 유리창이며 벽지를 모두 뜯어내고 뼈대만 남겨놓은 3층짜리 건물. 늘 지나는 길이었는데도 정확히 언제 그 건물이 죽어버렸는지는 알지 못했다. 1층 미용실은 처음부터 비어있었고 가운데 철물점은 한동안 장사를 했다. 밤이면 2, 3층에 불빛이 비치던 모습도 어렴풋이 기억나는데 어느 틈에 건물은 싸늘하게 식어있었다.

옥수동에서 건물이 죽는 과정은 대체로 비슷했다. 처음에는 사람이 떠나고 쓰레기가 나뒹군다. 얼마 후에는 문짝과 유리창이 사라지고, 외벽에 빨간 글씨가 새겨지고, 입구에 출입 금지 표지가 나붙는다. 그러면 그 건물은 인왕산에서 마주친 아파트처럼 차갑고 쓸쓸해진다.

그때의 우연한 마주침은 지금 이 풍경을 예고했던 것일까. 하지만 옥수동에서 나는 그저 우연히 들른 행인이 아니었다. 매일 골목을 거닐고, 밤이면 집집이 켜지는 불빛을 반가워하던 거주자였다. 인사를 나눌 만큼 안면을 튼 사람은 없어도 집 앞에 내놓은 화분이나 빨랫줄에 걸린 형형색색 빨래를 바라보면서 그곳에 사는 사람들의 일상을 상상하는 소심한 이웃이었다. 그런데 예고도 없이 어제 본 불빛이 오늘은 켜지지 않는 것이다. 애지중지 돌보던 텃밭 화분이 깨져 나뒹구는 것이다. 그런 풍경을 지켜보고 있자니 하루하루 마음의 온도가 내려갔다.

날이 갈수록 허물어지는 골목을 거닐다 보면 빨리 떠나고 싶어 안달하다가도, 차라리 마지막 온기가 사그라질 때까지 곁에 있어 주고 싶기도 했다. 무심히 골목과 거리를 찍고 있을 뿐이라고 생각했지만, 한 번씩 온라인 사진첩에 차곡차곡 쌓인 사진을 훑어보면 마음이 울렁였다. 오래된 것, 곧 사라질 위험에 처한 것은 어째서 그리도 애틋한 마음을 불러일으키는지….

그 무렵, 인터넷에 흥미로운 프로젝트 하나가 입소문을 타고 있었다. 캐나다에서 테일러 존스Taylor Jones라는 이가 만든 '디어 포토그래프Dear Photograph'라는 웹사이트다.[37] 우연히 가족 사진첩에서 동생의 사진을 본 존스는 사진 속 동생이 앉은 바로 그 자리에 현재 자신이 앉아있다는 사실을 깨닫는다. 오래된 사진을 꺼내 현재의 풍경에 그대로 겹쳐본 존스는 그 모습을 다시 사진으로 찍어 친구들에게 보여주고 블로그에도 올렸다.

사람들은 열광했다. 존스는 프로젝트 홈페이지에 다른 사람들도 자유롭게 사진을 올릴 수 있게 했다. 어릴 적 턱받이를 하고 앉아 이유식을 먹던 자리, 이제는 세상을 떠난 가족이 휴식을 즐기던 해변 백사장, 혼자 학교 가기 무서워 엄마 손을 꼭 잡고 서 있던 집 앞 잔디밭… 사람들은 무수히 사진을 찍어 올렸고, 순식간에 전 세계의 관심이 쏟아졌다.

존스의 프로젝트는 지나간 시절의 향수를 자극한다. 누구에게나 어린 시절이 있고, 잊고 지내던 공간에 대한 추억이 있기 마련이다. 그 프로젝트가 지닌 미덕은 단순히 추억을 상기시키는 데 그치지 않고, 과거 한순간을 현재 시공간으로 불러내어 연결한다는 점에 있다. 천천히 보아야 이해되는 오기 렌의 사진첩과 마찬가지로, 별스럽지 않던 일상 속에서 시간과 공간이 불시에 겹쳐지는 장면은 보는 이의 마음을 건드린다. 옥수동 트러스트 블로그에 가끔 달리는 댓글에서도 비슷한 감정을 발견했다.

"어, 저기 내가 살던 건물인데!" "저 가게 20년 전부터 단골이에요. 옆 동네로 이전해서 어제도 다녀왔어요. 여기서 보니 신기하네요!" "결혼하기 전까지 매일 저 계단으로 출퇴근했어요. 정말 고생스러웠는데, 지금은 그때가 그리워요."

이런 반응을 하나둘 접하다 보니 무심히 스쳐 지나던 동네 사람들에게도 슬슬 관심이 갔다. 다들 어디서 왔으며 이제 어디로 가는지 붙잡고 물어보고 싶었다. 그저 사진을 찍기만 할 게 아니라 뭔가 더 재미난 일을 벌이고 싶다는 생각이 스멀스멀 올라왔다.

어느 날 오후, 여느 때처럼 거리를 걷는데 도로변에 휑하니 빈 가게가 눈에 띄었다. 얼마 전까지도 낮이면 출입문을 열어놓고 영업을 하던 공인중개사 사무실이었다. 미처 떼어 내지 못한 지도 한 장과 낡은 나무 의자 두 개만이 자리를 지키고 있었다. 그 모습을 가만히 바라보니 문득 가슴이 두근거렸다. 저 가게를 몇 달이라도 빌려 사진전을 열어볼까? 빛바랜 지도 위에 그동안 내가 찍은 사진과 옥수동에 살았던 사람들의 사진을 모아 전시해두면 얼마나 근사할까. 누군가 구경하러 와주면 좋고 안 와도 그만인 그런 전시회를 여는 거다. 텅 빈 가게에 홀로 앉아서 아무도 찾아오지 않는 거리를 무심히 내다보며 서있는 것도 좋겠지.

하지만 설렘은 오래 가지 않았다. 가게에서 고개를 돌리자마자 눈에 들어온 풍경은 지나치게 현실적이었다. 곳곳에 나붙은 이삿짐센터 스티커. 궁서체로 프린트한 재개발조합의 커다란 벽보. 조합의 비리를 고발하는 또 다른 벽보. 스프레이로 갈겨놓은 붉은 글씨들. 그때 옥수동은 한가롭게 추억을 되짚을 공간이 아니었다.

지난 40여 년 동안 옥수동에서는 이미 열두 차례 재개발사업이 진행되었고, 아파트로 바뀐 지역의 집값은 이전과 비교할 수 없을 만큼 어마어마하게 올랐다. 그런 동네에서 마지막으로 벌이는 재개발인데, 동네에 조금이라도 소유권이 있는 사람들은 어떻게든 더 많은 이익을 얻기 위해 안간힘 쓰고 있을 게 틀림없었다. 어제까지 전세 1,500만 원짜리 방이 있던 동네가 내일이면 수억대 웃돈이 붙는 아파트로 바뀔 예정이니 말이다. 작고 허름한 구멍가게가 지키고 있던 자리에 갑자기 재개발 전문 부동산이 들어서서는 반짝 수익을 내고 떠나는 일이 반복되었다. 옥수동에서 살던 몇 년 동안 얼굴 한번 본 적 없는 건물주가 서류상에서만 네댓 번 바뀌었다. 그런 동네에 한가롭게 추억을 곱씹으려 사람들이 몰려든다면 누구든 곱게 볼 리가 없었다.

게다가 동네에는 여전히 사람들이 살고 있었다. 우리처럼 달리 갈 곳이 없어 버티는 가난한 주민들에게 동네가 갖는 의미는 또 달랐을 것이다. 그 사람들을 한순간에 구경거리로 만들 수는 없었다. 수십 년 이웃하고 살던 사람들도 서로가 어디로 가는지 모른 채 떠나야 하는 동네에서 멋대로 '뭔가 재미난 일'을 벌인다는 건 얼마나 무례하고 안일한 태도인가. 일찍이 작가 수전 손택Susan Sontag은 분쟁 지역의 끔찍한 사진 몇 장으로 타인의 고통을 함부로 소비하는 행태를 비판했는데,[38] 어쩌면 그 지적이 나를 향한 것일지도 모를 일이었다.

정신을 차리고 동네를 다시 바라보았다. 조용한 골목 구석구석에는 바지런한 손길이 키워낸 푸성귀 화분이, 바람에 나부끼는 빨래가, 촘촘히 고치고 또 고쳐 올린 집들이 여전했다. 점점 줄어들고 있긴 해도 밤이면 저마다 생활의 온기를 담은 노란 불빛이 골목을 따라 드문드문 새어 나왔다. 옥수동에는 여전히 사람들이 살고 있었다.

무언가 근사한 일을 벌이고 쉽게 이야기를 짜내려 들지 말고 처음 마음으로 돌아가기로 했다. 옥수동 트러스트는 가볍게, 천천히, 손 닿는 선에서 하는 나만의 프로젝트일 뿐이었다. 아무것도 하지 않는 시간의 무게를 견디게 해주는 지팡이나 마찬가지였다. 그러니까 내가 할 일이란, 주민들의 일상을 침범하지 않으며 발걸음 닿는 대로 동네를 꾸밈없이 기록하기. 그것만으로 충분했다.

더 나은 세상을
만드는 방법

2011년 11월. 어느새 겨울이 다가오고 있었다. 나는 안식휴가를 끝내고 복귀할 생각에 마음이 분주했다. 사업계획에 참고할 의견을 듣겠다고 동료와 선배 몇이 번갈아 찾아왔고, 편안한 마음으로 그즈음 품고 있던 생각을 꺼내어 나누었다.

나는 전문성과 위계질서, 상근 활동가를 바탕으로 한 기존 조직 형태를 유지해서는 안 된다고 말했다. 처음 관리직을 맡았을 때 빠졌던 딜레마를 되풀이하고 싶지 않았다. 실력 있는 활동가들이 전문성을 가지고 공공정책에 개입하는 기존 방식을 유지하려면 무엇보다 탄탄한 재정이 뒷받침되어야 했다. 하지만 그것이 우리가 가진 자원으로는 도저히 이룰 수 없는 목표라는 건 지난 10년 동안 구성원 모두가 충분히 경험한 터였다. 아무리 성과를 내고 모금 캠페인을 벌여도 재정 사정은 나아지지 않았다. 회비를 내는 회원 수가 정체된 지 오래였다. 후원자를 찾는 건 더 힘들었다. 활동가들은 야근수당은커녕 급여마저 종종 연체되는 상황을 견디고, 때론 급여를 반납하기도 하면서 희생을 감수

했다.

이 문제를 해결하기 위해 조직은 무수히 고민했다. 아예 진행하던 사업을 모두 중단하고 한동안 논의만 한 때도 있었다. 재정 때문만은 아니다. 시민운동의 사회적 영향력이 줄고 있는 상황에서 앞으로 어떤 활동에 집중하면 좋을지 판단하는 과정이기도 했다. 동료들은 새로운 도전이 필요하다는 데 동의하면서도 지금까지 해 온 방식을 지키고 싶어 했다. 결국, 타협할 수밖에 없었다. 기존 활동을 세 영역으로 쪼개 독립하되 역량을 갖출 때까지 과도기를 갖기로 했다. 활동 내용뿐 아니라 재정 원칙이나 의사결정 방식도 각자 상황에 맞게 바꾸자고 했다.

그런데 사정은 더 나빠졌다. 새로운 방식이 자리를 잡고 성과를 내기까지는 시간과 자원이 필요한데 그만한 여유가 없었다. 워낙 작은 조직이 몸집을 더 작게 쪼개니 효율도 떨어졌다. 나는 세 팀 중 새로운 운동 방식을 실험하고 확장하는 팀에 속했다. 전문가나 상근 활동가가 아닌 다양한 의견과 경험을 가진 사람들을 찾아다니고, 더 나은 사회를 만드는 방법을 모색할 자리를 만드는 일이었다. 그때만 해도 널리 알려지지 않았던 인터넷 방송 팟캐스트를 제작하거나 온라인에서 활발하게 발언하는 블로거들과 교류하는 등 여러 시도를 했다. 하지만 그런 활동은 당장 가시적인 성과를 내기 어려웠다. 사무실로 돌아오면 동료들이 하는 기존 활동을 지원하는 역할에서 크게 벗어나지 못했다.

그렇게 뾰족한 수를 찾지 못하고 우왕좌왕하던 차에 나는 일손을 놓고 쉬어야 했다. 안식휴가 절반을 지나 어느 정도 몸이 회복된 후반기에는 조심스레 복귀를 준비하면서, 이전보다 좀 더 넓은 분야에서 혁신적으로 움직이는 사람들을 찾아보고 싶어졌다. 마침 그 시기에 '인터넷 주인 찾기'라는, 블로거들이 기획한 콘퍼런스에 발표자로 초대받았다. 그때 내가 받은 주제는 '소셜 미디어와 시민운동'이었다. 나는 다음과 같은 내용으로 발표를 준비했다.

시민운동은 세상을 바꾸는 도구에 관심이 많다. 그런 도구는 역사적으로 꾸준히 새롭게 등장했고 소셜 미디어도 그중 하나다. 경제학자 장하준은 인터넷보다 세탁기가 세상을 더 많이 바꿨다고 주장하기도 했다. 경제적 가치로 따져볼 때, 인터넷이 가져온 변화보다 세탁기가 가사 노동 재편과 여성의 임금노동 확대에 끼친 영향이 훨씬 크다는 말이다. 인터넷이나 소셜 미디어 그 자체로 세상을 완전히 바꿀 거라고 섣불리 말하기는 어렵다. 다만, 이전의 정보통신 기술보다 정보를 생산하고 편집하고 소비하는 과정을 훨씬 민주적으로 바꾸어놓을 가능성이 있다. 언론이나 출판 같은 대중매체를 통하지 않고도 누구나 쉽게 정보, 의견, 감정을 표현하고 다수가 즉시 공유할 수 있다는 사실은 그 자체로 대단히 혁신적이다.

이 변화는 제도적 민주화 이후 우리 사회가 어느 방향으로 가야 할지를 알려주는 신호와도 같다. 전문가들이 밀실에서 중요한 일을 결정하는 동안 시민들은 몇 년에 한 번, 최악을 피해 차악에 표를 던지는 투표를 통해서만 자기 의사를 표현할 수 있다면 그게 진짜 민주주의라 할 수 있을까? 기존 체계를 좀 더 투명하고 단단하게 만드는 쪽과 누구나 충분히 의견을 표출하고 합의를 통해 체계를 만들어나가는 쪽, 둘 중 어느 쪽으로 방향을 잡아야 할까? 나는 후자라고 생각한다. 전자는 전문가와 권력자들이 오래전부터 논쟁하고 다져온 것이고 그 흐름은 앞으로도 지속할 것이다. 후자는 아직 논의도 실험도 제대로 하지 못한 상태다.

지금은 시민 한 사람 한 사람이 자기가 처한 상황과 추구하는 가치에 따라 자유롭게 의견을 말하고, 적정한 책임을 지고, 서로 연대하거나 대립하는 과정을 거쳐 합의점을 찾아낼 시간과 공간이 필요하다. 소셜 미디어라는 소통 수단과 인터넷을 통해 제공되는 정보가 얼마간 기회를 만들어줄 것이다. 시민운동은 이제 시민들을 대신해 앞서 싸우려 들 게 아니라, 이런 공간을 열어주고 유용한 자료를 제공하면서 광장에서든 골방에서든 직접 말하고 행동하는 이들을 지원하는 역할을 맡아야 한다. 더 나아가 활동가도 한 사람의 시민으로서 개인의 욕구와 가치에 따라 직접 목소리를 내고 같은 목소리를 찾아 연대하는 능력을 갖추어야 한다.

발표하면서, 내가 준비한 이야기가 사람들에게 너무 낯설고 멀게 느껴지지 않을까 내내 걱정했다. 하지만 그건 기우였다. 내가 어렵게 풀어낸 이야기를 이미 자연스럽게 실행하고 있는 사람이 그날 발표자 중에도 여럿 있었기 때문이다. 개발자가 아닌 사람들에게 프로그래밍을 알려주는 이고잉도 그들 중 하나다.

그날 이고잉은 '생활 코딩'이라는 자신의 프로젝트를 소개했다. 대학에서 국문학을 전공한 이고잉은 우연히 웹 개발을 접하고 코딩의 매력에 푹 빠졌다. 암호 같은 문자를 조합해서 인터넷 화면을 이리저리 바꿀 수 있다는 게 신기하고 재미있었다. 게다가 무언가 작업을 할 때마다 감탄하며 바라보는 주위의 시선도 뿌듯했다. 마침내 이고잉은 국내에서 주목받던 블로그 시스템 개발업체에 입사해 개발자의 길에 접어들었다. 일하다 보니 디자이너와 기획자 등 개발자가 아닌 동료들에게도 프로그래밍을 알려줘야 할 때가 잦았다. 그래서 틈틈이 온라인 강의를 만들기 시작했는데 그 작업에 재미를 느꼈다. 딱 1년 만이라도 좋아하는 작업에만 집중하고 싶어서 직장 생활 6년 차에 퇴사했다. 그러고는 온전히 강의를 만드는 데 몰두했다.

생활 코딩이라는 이름대로, 이고잉은 프로그래밍을 생활에 맞닿은 삶의 기술로 보통 사람들에게 소개하고 싶어 했다. 더 나은 아이디어가 떠오르면 이미 만든 강의를 전부 새로 만들어야 하더라도 주저하지 않고 적용했다. 실제로 지금도 꾸준히 만들어내는 그의 강의는 쉽고 간결한 데다 유용해서 초보자뿐 아니라 현직 개발자들에게도 호평을 받는다. 회사를 그만두면서 이고잉은 두 가지 중요한 원칙을 세웠다. '일 년 동안은 돈을 벌지 않는다' '자신이 기획하지 않는 노동은 하지 않는다'.

차분한 목소리로 그저 좋아서 하는 일이라고 설명하는 이고잉은 무척 즐거워 보였다. 나도 그랬지만, 그날 많은 이들이 그의 이야기를 듣고 '칸 아카데미Khan Academy'39를 떠올렸다고 말했다. 워낙 유명한 사례가 이미 존재하다보니, 이고잉에게는 칸 아카데미처럼 생활 코딩을 좀 더 빨리 규모 있는 플랫폼으로 성장시키라는 주위의 조언이 끊이지 않았다. 사회공헌을 고민하는 IT 기업들도 제작에 지원하고 싶다는 의사를 전하곤 했다. 그래도 이고잉은 흔들리지 않았다. 이유는 담백했다. 그저 좋아서 하는 일이니 자기 방식대로 충분히 좋아하는 만큼 누리고 싶어서다.

이고잉은 자기가 세운 원칙대로 차분히 프로젝트를 밀고 나갔다. 스스로 기획하지 않은 노동은 하지 않고, 무엇을 하던 자기 속도에 충실히 따랐다. 섣불리 규모 있는 일을 벌이려 들지도 않았다. 대신 자기와 마찬가지로 좋아서 함께 할 사람들을 찾아 나섰다. 그렇게 만난 동료 개발자, 디자이너와 꾸준히 소통하면서 '오픈 튜토리얼스'라는 온라인 강의 공유 플랫폼을 개발했다. 몇 년 후에는 그 플랫폼을 공공의 자산으로 만들기 위해 비영리단체를 설립했다.

이고잉의 활동이 바로 내가 상상하던 새로운 활동가의 모습이었다. 사회적으로 의미 있는 일을 자기가 좋아하는 만큼 벌이고, 스스로 활동의 형식과 내용을 조절할 수 있는 사람. 그 에너지에 공감하는 사람들을 찾고 함께 그림을 그려나갈 수 있는 사람. 조직에 복귀하면 나는 이런 사람들을 더 많이 찾아다닐 작정이었다. 그런 이들이 우리 조직을 자연스럽게 드나들면서 서로 자극을 주고받고 북돋울 수 있기를 바랐다. 그거야말로 자발적이고 창조적인 시민들의 활동을 지원한다는 단체의 사명에 꼭 맞는 일이라고 믿었다. 책상이 가득 들어찬 사무실을 누구나 드나들고 모임을 하기 좋은 공유 공간으로 바꾸고, 활동가들은 근무일과 시간을 줄이는 대신 자율성을 더 많이 갖는 형태로 일하기를 바랐다. 사람들을 만나러 다니고, 공부하고, 필요하다면 생계에 도움이 되는 다른 일도 하면서 유연하게 움직이는 조직이 되기를 바랐다.

기대에 부풀어서 그런 이야기를 줄곧 떠들었다. 정작 동료들이 내 의견을 얼마나 정확하게 전달받았는지는 모르겠다. 얼마후 선배 활동가에게서 뜻밖의 이야기를 들었다. 내가 내놓은 의견에 상처를 받은 이가 많으며, 복귀하더라도 내가 구상하는 일은 단체의 주된 활동보다는 개인 차원에서 진행하기를 바란다고 했다. 받아들이기 힘든 말이었다. 아무것도 바꾸지 않고 그저무기력한 상태를 유지하겠다는 뜻으로 들렸다. 절망에 빠져 며칠 동안 바닥에 붙어 울기만 하는 내게 민규가 말했다. "안 되는건 안 되는 거예요. 같은 행동을 반복하면서 다른 결과를 바라는건 미친 짓이라고 하잖아요. 그만 미련을 버려요."

같은 행동을 반복하고 있다니, 대체 무슨 말이지? 단체가창립 때부터 추구하던 방향이지만 한 번도 제대로 해보지 못했으니 지금이라도 시도하자는 건데 뭐가 문제냐고 따져 물었다.민규는 바로 그게 문제라고 했다. 무려 십 년이 넘도록 실행 못한 일이라면 누가 해도 못 하는 일 아니겠냐고. 내가 구상한 방향이 옳고 그름을 떠나 결국은 구성원들이 함께 결정하는 것이고, 단체는 그동안 아무것도 하지 않은 것이 아니라 그 방향으로가지 않겠다는 결정을 꾸준히 반복해온 거나 마찬가지라고.

단박에 상황을 정리해버린 민규가 얄미웠다. 그렇지만 맞는말이었다. 동료들은 내 말을 잘못 전해 들은 게 아니었다. 내가 그들이 받아들일 수 없는 제안을 한 것이다. 안식휴가 전에도 여러 번 논의했고 결국 선택하지 못했던 일을 그저 옳다는 이유로 밀어붙이려는 내 태도가 문제였다. 세상에 옳으니까 따라야 한다는 주장만큼 폭력적인 게 어딨을까. 나는 잘 몰랐다. 어느 집단이건 큰 틀에서는 의견이 같아 보여도 막상 들여다보면 사람마다 처지가 다르고 주어진 조건에 따라 다른 결과를 낸다는 것을. 그리고 누가 어떤 행동을 선택하는 데는 옳고 그름 외에도 여러 가지 요소가 동시에 작용한다는 것을.

일례로 사무실을 공유 공간으로 변경한다는 안은 이미 퇴짜를 맞았던 적이 있다. 이유는 내가 상상조차 못 한 데 있었다. 단체 사무실을 새 건물로 옮기던 때였다. 공간 이전 실무를 맡은 나는 주말을 바쳐 야심 차게 준비한 공간 설계도를 동료들에게 내밀었다. 고정 좌석을 없애고 언제든 다양한 형태로 변화시킬 수 있는 열린 공간으로 만든다는 계획이었다. 그러자 동료 한 명이 깜짝 놀라며 질문했다.

"사무실 책상을 전부 뺀다고?"

"응. 답답하잖아. 고정된 자리에서 모니터만 들여다보는 환경에서는 활동가들도 생각이 갇히기 쉽고, 회원이든 외부 사람들이 자유롭게 들어오기도 어려우니까. 공동으로 사용할 수 있는 테이블을 놓고 꼭 필요하면 사물함이나 개인공간은 최소화해서 가장자리로 돌리면 좋지 않을까?"

"그럼 내 책상이 없어지겠네?"

"아무래도 그렇겠지. 그게 그렇게 큰 문제가 돼?"

동료는 뜸을 들이다 어렵사리 말을 꺼냈다.

"난, 이 단체가 정말 좋아. 급여가 적고 불안정한 데다 일도 많지만 지금 하는 활동이 의미 있다고 생각하고, 사람들도 정말 좋고…. 그런데 그 무엇보다 더 좋은 건 사무실에 나만 쓰는 내 책상이 있다는 점이야. 항상 같은 자리에 내 물건, 내 전화기, 내 명함이 있다는 것 말이야. 집이 아닌 어딘가에 나를 확인할 수 있는 자리가 있다는 게 그렇게 든든할 수가 없다고. 그게 사라지면 난 정말 슬플 것 같아."

곧 울 것 같은 표정으로 말하는 동료를 보고 나는 충격을 받았다. 그렇게 상처를 받으리라고는 전혀 생각하지 못했다. 내가 대수롭지 않게 여기는 책상이니 명함이니 직책 같은 것이 누군가에게는 자기를 증명하는 중요한 요소가 될 수 있다니…. 그런 순간은 그때 말고도 많았을 거다. 단체 내에서 결정권을 가진 이들은 대체로 동료들과 작은 일도 상의하고 존중하면서 지냈다. 일이 잘 풀리지 않거나 몰릴 때 혹은 의견이 달라 충돌할 때도 최대한 시간을 두고 기다리는 문화가 있었다. 그럼에도 권한이나 경험으로 밀어붙이는 일이 전혀 없지는 않았다. 나도 가끔은 그런 방법이 필요하다고 느꼈고, 실제로 그랬을 거라고 생각한다. 다소 고통이 따라도 근본적으로는 옳은 일을 하는 것이 중요하다고 믿었다.

복귀를 앞두고, 이번에는 정말로 잘해보고 싶다는 마음이 컸다. 옳은 일을 하기 위해서 무엇이든 할 준비가 되었다고 생각했다. 하지만 나는 여전히 모르고 있었다. 옳고 그름이라는 잣대 자체가 절대적이지 않다는 사실을. 돌이켜보면 나를 거부한 동료들의 결정은 현명했다. 동료들은 시민운동에 근본적인 변화가 필요하다는 데는 공감했다. 그런 상황에서 변화의 대안을 제시하는 사람은 아무래도 변화를 거부하는 사람보다 목소리가 클 수밖에 없다. 하지만 지금껏 잘해온 것을 지키자거나 나에게 소중한 것을 잃고 싶지 않다는 의견도 나름의 가치가 있다.

내가 책이나 뉴스, 그밖에 앞선 사례를 보고 구상하는 혁신이라고 하는 실체가 어쩌면 대단히 파괴적인 결과를 가져올 수 있다는 점을 알았어야 했다. 변화의 흐름에서 누군가는 자기 공간을 잃을지 모른다는 생각에 불안과 분노를 느낄 수 있다는 점을 이해했어야 했다. 그런 통찰력 없이는 단체에 복귀했더라도 어떤 긍정적인 변화를 일으키지 못했을 것이 틀림없다.

미국의 경제학자 리처드 탈러Richard H. Thaler가 쓴 『넛지』[40]는 바로 이런 문제를 다룬 책이다. 표준 경제학에서는 인간이 합리적이고 이성적인 판단에 따라 행동할 거라고 가정하지만, 실제론 의외의 선택이나 심지어 불합리한 선택을 내리기도 하는 존재라고 한다. 그러니 합리적인 행동을 끌어내려면 변화를 강제하거나 설득하기보다 넛지, 즉 팔꿈치로 슬쩍 찌르듯 가볍고도 자연스럽게 더 나은 선택을 하게 유도하는 편이 낫다. 상대의 행동을 변화시키겠다고 불안을 조장하거나 강압적으로 밀어붙여서는 목표를 이루기는커녕 원망만 살 따름이다.

인생에 가정이란 의미 없지만, 만약 그때 내가 넛지 같은 개념을 적절히 활용할 수 있었다면 어땠을까? 무언가 다른 결과를 만들어낼 수 있었을까? 안타깝게도 답은 그렇지 않다. 사실 나는 그때 이미 넛지를 알고 있었고, 그밖에 인간 행동과 변화에 관한 무수한 이론과 주장을 섭렵하고 다녔다. 그래도 정작 나 자신과 조직에는 적용하지 못했다. 책에는 분명 길이 있지만, 세상은 책으로만 바꿀 수 있는 게 아니니까.

익숙한 것에서
벗어나기

어느 정도 마음을 추스른 나는 퇴사 의사를 밝혔다. 예상한 일이었는지 동료들은 놀라지 않았다. 안식휴가를 보내고 나면 의무적으로 추가 근속하도록 정해두는 조직이 많지만, 우리 단체는 애초부터 그런 조건을 붙이는 데 반대했다. 안식휴가는 이미 근무한 기간에 대한 보상이라는 이유였다. 사실 먼저 안식년을 보내고 복귀하지 않는 동료를 보며 은근히 서운했던 적이 있었다. 그랬던 내가 똑같은 결정을 한다고 생각하니 허탈하고 씁쓸했다.

정체를 알 수 없는 복잡한 감정이 밀려오는 가운데 내가 할 수 있는 일이라곤 그저 가만히 머릿속을 비우는 것뿐이었다. 두통을 다스리려 아무것도 하지 않던 나날을 떠올리며 한동안 입을 다물고 비움의 시간을 보냈다. 종종 감정이 차오르면 바닥에 엎드려 눈물을 쏟았다. 그래도 생각만큼 견디기 어렵거나 막막하지는 않았다. 펑펑 울다가도 고개를 들어보면 가장 가까운 곳에 나를 가장 잘 이해해줄 한 사람이 늘 자리를 지키고 있었다.

민규는 내가 안식휴가를 보내던 중에 먼저 일을 그만두었다.

사표를 쓴 이유는 명확했다. "삶의 목표는 재미와 의미"라는 말을 달고 살았는데 언젠가부터 시민운동에서 더는 재미도 의미도 느끼기 어려웠기 때문이다. 나중에 복귀를 놓고 갈등을 겪던 나에게 미련을 버리라고 조언한 것도 똑같은 문제를 먼저 충분히 고민한 덕분이었다.

일을 그만두고서도 민규는 일상의 규칙을 그대로 지켰다. 날이 밝으면 일어나 씻고, 아침을 챙겨 먹었다. 책을 읽을 때는 모니터, 인터넷 공유기 등 필요 없는 기기의 전원을 모두 내려놓았다. 오전이든 오후든 기운이 나지 않으면 방 한구석에 널브러져 시간을 흘려보내던 나는 그 모습이 신기하기만 했다. 다 좋은데 나더러 일어나 밥 먹고 자라는 말만은 하지 말았으면… 이런 생각을 하고 돌아누우면 어김없이 그 소리가 들려왔다. "일어나 씻고 밥 먹고 자요."

이전보다 함께 지낼 시간이 많아진 우리는 자주 동네 산책에 나섰다. 옥수동을 기록하는 틈틈이 각자의 일이며 미래에 관한 이야기를 나누었다. 그러던 어느 날 우리 둘을 잘 아는 한 선배가 연락해 왔다. 기존 시민 단체의 틀로는 힘든 대안적 활동을 구상하고 펼칠 공간을 준비한다고 했다. 형태는 카페가 될 건데 그 공간을 기획하고 운영하는 역할을 맡아주었으면 했다. 나는 그 제안이 마음에 들었다.

둘이 머리를 맞대고 앉아 선배의 제안을 구체적으로 검토해 보았다. 가장 먼저 고민한 건 비용이다. 꼭 번화가가 아니라도 접근성이 좋은 지역에서 적당히 여유로운 공간을 꾸리려면 과연 얼마나 들까? 계산기를 두드려봤다. 보증금, 권리금, 인테리어, 집기 마련에 드는 비용이 최소 1억 5천만 원. 이미 공간을 운영하고 있거나 경험이 있는 지인들에게 얻은 정보를 총동원해 소박하게 계산했는데도 그랬다.

선배는 당연히 기부금을 조성할 생각이었다. 그러자면 기획안을 만들어 투자자나 기부자를 찾아다니는 모금 프로젝트를 추진해야 한다. 그 일만 하는데도 상당한 시간과 에너지가 들 게 분명해 보였다. 더 큰 문제는 외부 자원을 끌어들이는 순간 그에 대한 책임이 발생한다는 점이다. 자원은 언제나 권한과 책임을 동반한다. 후원자에게 최소한의 책임을 지는 수준에서 일을 끌어가야 하니 새로운 발상을 그때그때 실험하기 만만치 않을 듯했다. 그밖에 월세, 공과금, 재료비, 인건비 등 매달 드는 실비는 운영 수익으로 메워야 하는데, 아무리 머리를 굴려보아도 카페 운영이나 대관 수익으로 가능할지 확신이 없었다. 얼마간 버티는 거면 몰라도 지속할 수 있는 모델을 만들기는 쉽지 않아 보였다. 어쩌면 그동안 시민운동을 하며 무수히 실패했던 기획과 다를 바 없는 결과를 얻을지 모른다는 염려가 들었다. 우리는 마음을 정리했다. 선배에게 거절의 뜻을 전하고 다시 조용한 일상으로 돌아갔다.

퇴사 후 바닥을 뒹굴며 괴로워하던 내가 그럭저럭 현실을 받아들일 즈음, 민규가 문득 내게 말했다.

"그러지 말고 우리가 직접 만들어보면 어때요?"

"뭘요?"

"공간 말이에요. 무엇이든 새로운 시도를 할 공간."

"아, 지난번 선배가 제안한 그거요? 현실성 없다고 결론 내렸잖아요."

"그땐 우리 기획이 아니었죠. 처음부터 다시 살펴보면 뭔가 보일지도 몰라요."

그러고 보면 공간에 대한 내 관심은 그저 일시적인 게 아니었다. 문득 옥수동의 텅 빈 가게를 보며 그렸던 상상이 되살아났다. 내가 원하는 것을 실현하는 공간, 비슷하거나 다른 꿈을 가진 사람들이 만나고 교류하는 공간, 그런 걸 꼭 조직이나 규모 있는 기획으로 해야만 할까?

우리는 처음 선배의 제안을 받고 끼적였던 자료를 다시 꺼내놓고 마주 앉았다. 좀 더 실현 가능한 수준으로 예산을 조정하고 활동 방식도 다시 그려보기로 했다. 당장은 그럴싸한 그림이 보이지 않았지만 상관없었다. 그때 우리가 남부럽지 않게 가진 건 오직 시간뿐. 그러니 너무 서두르지 말고 천천히 생각해보자고 서로를 도닥였다.

옥수동 트러스트3:
저무는 달동네의 차가운 일상

2012년 2월.

옥수동은 나날이 황량해졌다. 봄이 다가오고 있는데도 거리에서 생기를 느끼기 어려웠다. 점점 더 많은 이들이 떠나고 있었다. 전기세를 걷으러 온 위층 아주머니는 아마 올해 안에는 철거가 시작될 거라고 했다. 이사 갈 곳은 찾았느냐고, 빨리 대책을 세워야 할 거라며 경고했다. 그때까지도 우리는 재개발조합에서 어떤 연락도 받지 못했다. 임대주택을 얻으려면 우선 조합에서 세입자 현황을 파악해 구청에 전달해야 했다. 조합은 재개발 관련 행정절차가 아직 끝나지 않았다며 일단 기다리라고 했다.

동네는 점점 불안한 침묵에 빠져들었다. 그런 동네에 잠깐이나마 온기를 주는 존재는 유유히 골목을 배회하는 길고양이들이었다. 가난한 이웃들이 인심을 후하게 써 준 모양인지, 달동네 고양이들은 느긋한 편이었다. 그때까지 나는 고양이에게 그리 친밀감을 느끼지 못했다. 귀엽고 신비롭다고는 생각했지만 손 닿는 거리에서 함께 생활하기를 꿈꾼 적은 없었다. 민규는 나와 달랐다. 고양이를 무척 좋아해서 골목을 걷다 마주치면 눈을 떼지 못했다. 멀찍이 쪼그리고 앉아 기다리면 가끔 아무렇지 않게 다가오는 고양이도 있었다. 그러면 짐짓 화내는 척했다. "이러다 해코지당하면 어째. 사람 좋아하면 안 돼"라고. 고양이를 요물이라며 학대하는 이들이 많기 때문이었다. 말은 그래도 두 손은 작은 몸을 구석구석 쓰다듬어주느라 바빴다. 그러고는 언젠가 좀 더 안정된 생활을 하게 된다면 고양이와 함께 살고 싶다고 입버릇처럼 말했다. 그 모습이 재밌어서 나도 옆에 앉아 고양이와 교신을 시도하곤 했다. 하루는 불쑥 "고양이가 그리 좋으면 지금이라도 함께 사는 게 어때요? 난 괜찮은데." 했더니 민규는 뜻밖에도 이렇게 답했다. "우린 어떨지 몰라도 고양이가 괜찮지 않을 거 같아요."

하긴 우리가 지내던 단칸방은 둘이 지내기에도 빠듯할 정도로 작았다. 더 큰 문제는 우리가 언제까지 그 방에 머물지 모르고, 옮겨갈 곳도 마땅치 않다는 점이었다. 만에 하나 임대주택을 제때 얻지 못하고 쫓겨난다면 고양이와 함께 사는 것 자체가 불가능할 수도 있었다. 고양이는 일정한 구역을 지키며 사는 영역 동물이라 갑자기 사는 곳이 바뀌면 스트레스를 받는다. 민규는 말이 통하지 않아도 고양이의 처지에서 생각하고 고양이에게 선택권을 주고 싶어 했다. 그 태도에 나는 감동했다. 생명 있는 존재, 존중하고 공존해야 할 존재의 범위를 오직 인간으로만 한정해서는 안 된다는 사실, 동물이든 식물이든 그 자리에 뿌리내린 존재를 인간의 시선으로 함부로 밀어내서는 안 된다는 사실을 일깨워주어 고마웠다.

2012년 4월.

빈집이 늘어도 식물은 제자리를 지키며 계절의 흐름을 그대로 드러냈다. 드문드문 개나리며 철쭉 같은 꽃들이 차례로 피어나 봄기운을 퍼뜨렸다. 자줏빛 수수꽃다리가 달콤한 향기를 내뿜을 무렵이 되자, 지하철역으로 향하는 골목 어귀에 플래카드가 한 장 걸렸다. '경축 관리처분계획인가'.

　　지난 수십 년에 걸쳐 무수히 많은 재개발사업이 벌어졌어도 막상 들여다보면 어느 것 하나 일사천리로 진행된 예는 드물다. 정부가 개발 예정 지역을 설정하면 해당 지역에 토지 또는 건물 소유권을 가진 주민 일부가 나서 재개발조합 설립 준비위원회를 꾸리고, 그 위원회가 주민 중 절반 이상의 동의를 얻어 지방자치단체의 인가를 받아야만 조합을 설립할 수 있다. 여기까지는 모두 사전 준비 과정에 불과하다.

　　설립인가를 받은 조합은 공사를 담당할 시공사를 선정해 사업계획서를 꾸려 또 한 번 인가를 받아야 한다. 그런 다음 분양 신청을 받고, 새로 지을 건물의 지분을 어떻게 설정할지, 비용은 어떻게 분담할지 등에 관한 세부계획을 수립해야 한다. 그게 바로 '관리처분계획'이다. 작성한 계획안을 지방자치단체에 제출해 승인을 받으면 드디어 공사 준비는 끝이 난다.[41]

　　말이 그렇지 재개발사업은 과정이 매우 복잡해서 숱한 분쟁이 일곤 한다. 분담금을 두고 조합원 간에 심한 갈등이 생기고,

시공사 선정이나 분양 과정에서 부정한 돈이 오갔다며 소송이 발생하는 경우가 흔하다. 관리처분계획이 통과된들 실제 삽을 뜨기까지 꽤 오래 걸린다. 서울시가 공개한 정비사업 통계 자료에 따르면, 2000년 이후 서울에서 지정된 재개발사업의 평균 소요 기간은 약 10년이다. 그중 관리처분계획인가까지 걸리는 시간만 절반이 넘는다.[42] 그렇게 시간이 흐르는 사이 정부 정책이 바뀌면 그때마다 사업을 둘러싸고 온갖 잡음이 발생한다.

우리가 살던 동네는 옥수동에서 가장 마지막으로 지정된 재개발 구역으로, 사업이 완료될 때까지 12년이 걸렸다. 철거만 해도 비슷한 시기에 나란히 지정된 옆 구역보다 3년 늦게 시작했다. 그 사이 얼마큼의 돈 계산과 분쟁이 오갔을지는 상상조차 하기 어렵다. 하지만 그 덕에 내가 월세 부담 없이 그 동네에 계속 머물 수 있었다고 생각하면 기분이 묘하다.

관리처분계획인가가 나왔다는 건 이제 재개발조합이 본격적으로 개발에 돌입할 자격을 갖추었다는 뜻이다. 남은 건 아직 떠나지 않은 주민들의 이주, 그리고 철거뿐이다. 통 연락도 없고 설명도 제대로 해 주지 않았던 조합은 그즈음 불쑥 찾아와 신청서를 하나 내밀었다. 임대주택과 이주비 중에서 원하는 걸 선택해서 서류를 작성하라고 했다. 민규는 서명을 하지 않고 잠시 생각하더니 다시 연락하겠다며 그 사람을 돌려보냈다. 나는 의아해 하며 물었다. "왜 돌려보내요? 임대주택 신청해야 하지 않아요?" 혼란한 표정으로 민규가 대답했다. "얼마 전에 찾아보니까 제도가 바뀌었더라고요. 올해부턴 임대주택과 이주비 중에서 선

택하는 게 아니라 둘 다 지원받는다던데. 다시 한번 확인해봐야
겠어요."

찾아보니 사실이었다. 구청 웹사이트에 공지가 되어 있긴 한
데 공문 특유의 문체라 이해하기 쉽진 않았다. 그보다는 한 주간
지에 실린 기사가 도움이 되었다.[43] 재개발 지역 세입자는 임대주
택 입주 신청 여부와 상관없이 도시근로자 월평균 가계지출 비
용 4개월분에 해당하는 주거 이전비를 가구원 수에 따라 받는다
고 했다.[44] 조합이 거짓말을 한 게 틀림없었다. 민규가 조합에 연
락해 사실을 알리고 두 가지 다 신청하겠다고 하니 뜻밖에 순순
히 받아들였다. 제도를 미리 알고 항의하는 경우에만 마지못해
지급하고 있다는 건데, 두 눈 멀쩡히 뜨고 그런 짓을 한다는 게
믿어지지 않았다.

시민 단체에서 일하면서 머리로만 알던 일이 당장 내 일로
다가오니 놀라웠다. 제도를 꼼꼼히 알아보지 못했을 세입자들,
특히 혼자 사는 노인들이 어떤 선택을 했을지 생각하니 분노가
치밀었다. 그렇다고 이제 와 누가 사는지도 모르는 어두운 골목
을 돌아다니며 문을 두드릴 용기도 기운도 나질 않았다.

또 하나 나를 놀라게 한 일은 임대주택을 지금 당장 얻을 수
없다는 사실이었다. 조합이 직접 살 집을 마련해 주는 줄 알았는
데 그게 아니라, 서울 시내에 드문드문 있는 임대주택 가운데 적
당한 곳에 신청해두면 빈집이 날 때 배정받는 식이었다. 그러니
까 이미 살던 사람이 때맞춰 나가줘야 들어갈 수 있다는 말이었
다. 다른 단지에 빈집이 난다고 누군가 안내해주거나 신청지를

알아서 옮겨주는 것도 아니었다. 임대주택은 한번 입주하면 다른 곳으로 옮길 수 없었다. 만약 재개발이 끝난 후 새로 지은 단지의 임대주택에 입주하고 싶다면 그동안 따로 집을 얻어 기다려야 했다.

이 모든 내용은 우리가 직접 서울주택공사와 구청에 전화하고 관련 자료를 찾아보면서 알아낸 사실이었다. 재개발하면서 조합이 세입자를 위해 별도로 공간을 준비했을 거라고 기대한 건 지나치게 순진했다고 인정한다. 하지만 언제 쫓겨날지 모르는 처지에 놓인 주민들이 세세한 내용을 미리 알 리 없고, 아무도 정확히 설명해주지 않는 그 상황에 모멸감이 들었다.

우리는 동네를 떠나고 싶지 않았다. 그렇다고 공사가 끝날 때까지 따로 집을 얻어 지내기는 부담스러웠다. 그래서 옥수동에서 가장 가까운 임대주택을 신청했다. 총 5천여 세대 중 약 2천 세대가 임대주택인 거대 단지다. 신청서를 접수하면서 보니 대기자 수가 100명에 육박하고 있었다. 그래도 물량이 많으니 소규모 단지보다는 유리할 것 같았다.

얼마 지나지 않아 우리는 현실을 깨달았다. 두 자리에서 세 자리를 넘나드는 신청자 숫자가 거의 줄지 않고 있다는 사실. 그 안에서 우리 순위도 거의 올라가지 않고 있다는 사실 말이다. 그러니까 한 달은커녕 철거 전에 입주가 가능할지조차 확신할 수 없는 상황이었다. 생각해보면 당연한 일이다. 수십 년을 여기서 산 사람들, 생계와 사회관계를 근방에서 모두 해결하던 사람들이 갑자기 저 멀리 다른 동네로 떠나려 할 리가 없다. 우리뿐 아니라 주민들 대부분이 어떻게든 가장 가까운 단지로 이주하길 원했을 테다. 단지가 아무리 크다 해도 이미 살고 있던 임대주택을 떠나는 세대가 한꺼번에 늘어날 리도 없었다.

재개발조합이나 구청이나 그 누구도 세입자들이 갈 곳 따위는 염두에 두지 않았다. 조합은 아무것도 알려주지도 않고 언제 나갈 거냐고 묻기만 했다. 구청은 다급한 세입자의 문의에 그저 기다려보라는 말만 되풀이했다. 정 안되면 다른 곳으로 신청을 변경하라기에 알아보니 그것도 여의치 않았다. 만약 지금 단지를 바꾸면 다시 그 단지의 가장 마지막 신청자가 되어 기약 없는 기다림을 반복해야 했다.

제도는 제도일 뿐, 그것을 어떻게 실현할지는 누구도 대신 고민해주지 않으리라는 사실을 새삼 확인했다. 마음이 바닥으로 훅 꺼졌다. 그대로 시간이 흘렀다. 하루하루가 불안했다. 오래전부터 TV나 책에서 보던 폭력적인 철거 현장이 당장 우리 앞에 펼쳐질 것 같았다. 어느 날 갑자기 몰려온 정체불명의 사내들이 각목으로 가재도구를 부수고, 저항하는 사람들을 빈손으로 트럭에 실어 멀리 외딴곳에 내려놓는 그런 장면 말이다.

내가 느낀 불안감이 그렇게 허무맹랑한 생각은 아니다. 서울 한복판에서 철거에 저항하던 주민들이 경찰특공대와 대치하던 끝에 다치고 목숨을 잃기까지 한 용산 참사가 그로부터 불과 3년 전 일이었다. 용산 참사에 관한 기억은 지금도 강렬하다. 2009년 1월 20일, 출근 준비하다가 속보를 들었다. 뉴타운 사업 대상지인 용산 4구역에 불이 나 사람이 죽었다고 했다. 재개발

보상 대책에 동의할 수 없다며 퇴거를 거부하던 상가 세입자들이 남일당이라는 건물 옥상에 망루를 짓고 농성한 지 만 하루가 지날 때였다.[45]

겨울철 강제 철거와 과열되는 뉴타운 사업을 반대하던 우리 단체에서는 곧바로 사실 확인을 하고 논평을 준비했다. 경찰이 건물을 에워싸고 압박하면서 저항이 격렬해진 것까지는 알고 있었다. 밤사이 상황은 더 나빠졌다. 이른 아침 경찰특공대가 진입 작전을 시도하던 중 불이 났다. 작전 개시 한 시간도 안 돼 망루는 불에 타 무너졌고, 농성자 다섯 명과 경찰특공대 한 명이 사망했다. 너무나 비참한 사건이었다. 뉴스와 인터넷 방송으로 보고 있으면서도 믿기지가 않았다. 현장을 중계하던 인터넷 방송 진행자는 불길이 치솟는 걸 지켜보며 다급하게 외쳤다. "어, 저기, 사람이 있어요."[46] 설마 눈앞에 사람이 있는데도 끝까지 밀어붙일 거라고는 생각지 못했다. 그러나 공권력은 선을 넘었고, 하루 아침에 무고한 목숨이 죽어나가는 상황을 수많은 시민이 두 눈 뜨고 고스란히 지켜보아야 했다.

한 연구에 따르면 서울에서 진행한 재개발사업의 원주민 재정착률은 40퍼센트대다. 2000년대에 진행한 뉴타운 사업은 10퍼센트대까지 떨어졌다.[47] 주거 세입자도 문제지만, 상가 세입자는 기존 상권과 영업 공간에 들어간 시설 비용을 포기해야 하는 데다, 개발 후 새 단지에서 예전과 같은 업종으로 장사를 하기는 거의 불가능한 경우가 많았다. 2009년 용산에서 철거를 거부한 사람들도 바로 이런 처지에 놓여있었다.

재개발에 뛰어든 민간 자본은 이들을 그냥 보고만 있지 않았다. 떠나지 못해 버티는 주민들의 집과 가게에 철거 용역반이라는 사람들이 몰려와 흉한 낙서를 하고, 물건을 부수고, 각목과 손도끼 같은 무기로 위협하는 일이 흔했다. 그들은 공권력이 아닌 민간이 고용한 인력이었다. 1980년대 전후로 활발하게 펼쳐진 도시빈민 운동과 철거민 운동은 이런 폭력에 노출된 이들의 곁을 지키는 몇 안 되는 도움의 손길이었다.

2000년대 들어서는 그래도 이런 운동이 어느 정도 성과를 거둔 듯했다. 민주화 이후 제도가 차차 다듬어지고 인권에 대한 사회적 논의가 꾸준히 이어진 만큼 이전처럼 심각한 폭력 사태는 벌어지지 않으리라는 기대가 있었다. 여전히 재개발 지역에서 분쟁이 발생하고 강제 철거도 완전히 사라지지 않고 있었지만, 적어도 도끼를 든 철거 용역반을 마주하는 등 공포스런 상황이 재연되지는 않으리라 믿었다. 용산 참사는 이런 순진한 믿음을 무너뜨렸다.

단체 동료들과 회의실에서 아무리 머리를 맞대고 의논해보아도 이 비참한 상황을 한 장의 논평으로 작성하기가 어려웠다. 우리는 고심 끝에 회원들에게 의견을 달라고 문자를 보냈다. 한두 시간 사이에 절절한 답신이 쏟아졌다. "얼마나 뜨거웠을까, 얼마나 비참했을까." "돈 없어서 길거리에 나앉을 상황인 사람은 죽여도 되고, 돈 있어서 재개발해도 되는 사람은 사람 죽인 집터 위에서 돈 벌고." "책임 있는 조사와 재발 방지책이 필요합니다!" 안타까운 마음이 넘쳐났다. 의견들을 주제별로 분류해 갈

무리한 내용이 그날 우리 단체의 공식 논평이 되었다.

한편 세간의 반응은 사뭇 달랐다. "도대체 얼마나 보상을 받아먹으려고 저랬대." "욕심은 정도껏 부리고 법대로 해야지, 법대로." 이런 야멸친 댓글이 인터넷 뉴스에 가득 달렸다. 세입자들이 욕심을 부리다 사고가 났으니 자업자득이라는 이야기가 여기저기서 쉽게 흘러나왔다.

그 사건은 우리 마음속에 정의롭지 못한 현실을 보여주는 강력한 증거로 자리 잡았다. 공권력을 함부로 휘둘러 시민들의 목숨을 앗아간 정권과 책임자들은 아무런 심판을 받지 않았다. 반대로, 현장에서 저항했던 이들은 동료와 경찰관을 살해했다는 죄명으로 수년 동안 법적 처벌을 포함한 가혹한 대접을 받았다. 마치 지옥 같았다. 경악하며 목소리를 내는 사람들이 없지는 않았지만, 세상은 듣지 않고 그저 흘러가는 듯 보였다.

임대주택을 신청하고 불안한 나날을 보내면서, 나는 자주 용산을 떠올렸다. 동네에 건장하고 낯선 남자가 보이면 혹시 말로만 듣던 철거 용역일까 싶어 전전긍긍했다. 만약 무슨 일이 벌어진다면 용산에서 본 비극이 되풀이될까 두려웠다.

사건은 곧 벌어졌다. 하지만 예상과는 전혀 다른 방식이었다. 조합은 용역 대신 두툼한 우편물을 하나 보냈다. 정당한 퇴거 요구에 응하지 않는다는 이유로 소송을 건 것이다. 정당하게 퇴거 요구를 했다고? 언제? 당황스러웠다. 소장에는 우리가 정한 기일까지 퇴거하지 않았다고 적혀있었지만, 사실 조합이 정확히 언제까지 나가라고 일러준 적은 단 한 번도 없었다. 앞으로 한 달 안에 나가지 않으면 더 적극적으로 재산권을 행사하겠다고 했다. 한 달? 겨우 한 달 안에 나가라고? 대체 이게 말이 되나?

출석요구일이 다가오자 민규는 무덤덤한 표정으로 법원에 갔다. 민사소송이라 반드시 출석해야 하는 건 아니어서 다른 피고소인은 두 어명밖에 오지 않았고, 원고 측에는 변호인이 나와 있었다. 생전 처음 간 재판장에서 민규는 그저 있는 그대로 말했고, 변호인은 하루라도 빨리 집을 비우라 했다. 판사가 원만히 조정하라고 말한 뒤 재판은 싱겁게 끝이 났다.

소송이 온 동네를 휩쓴 탓인지 이사 차량이 급격히 늘었다. 염려했던 것처럼 주민들은 자신의 권리를 제대로 알지 못하고, 직접적인 폭력만큼이나 두려운 소장 몇 장에 알아서들 떠나는 모양이었다. 그 후로는 정말 하루하루가 가시방석 같았다. 조합과 구청에 재차 문의하고, 서울주택공사 사이트를 들락거렸지만 뾰족한 수가 없었다.

그대로 다시 두 달이 지났다. 어느 날 아침, 누군가 반지하 철문을 쾅쾅 두드리더니 불쑥 들어와 종이 한 장을 벽에 붙였다. 법원에서 나왔다던 그 남자는 절대 떼서는 안 된다는 말만 건네고 훌쩍 가버렸다. 우리는 잠이 덜 깬 멍한 얼굴로 벽에 붙은 종이를 들여다보았다.[48]

집행권원 어쩌고저쩌고 하는, 분명 우리말인데 당최 무슨 뜻인지 알 수가 없었다. 인터넷으로 검색해보고, 지인들에게 물어보면서 대강 이해한 내용은 이랬다. 지금부터는 세입자로서 권리를 인정해줄 수 없지만, 아무것도 손대지 않고 지낸다면 당분간은 머물 수 있게 허락한다는 말이었다.

그제야 우리는 한숨을 돌렸다. 한 달 안에 무조건 나가라던 조합의 서슬 퍼런 경고에 겁먹지 않아도 될 모양이었다. 언제 무슨 일이 또 벌어질지 조마조마한 건 여전해도, 조금이나마 여유가 생겼다.

3장

존재한다는 것

환대의 공간을
찾아 나서다

옥수동에서 나는 이름 없는 존재였다. 내 이름을 부를 이웃이 없었고, 나도 부를만한 다른 이름을 알지 못했다. 민규는 그나마 나았다. 하다못해 도시가스 요금 청구서라도 이름이 찍혀 나왔고, 우리 가슴을 철렁이게 한 재판 출석요구서도 민규 앞으로 나왔다.

이름을 부른다는 건 타인의 존재를 인식하고 관계를 맺는다는 뜻이다. 그 동네에 사는 동안 우리는 직접 이웃을 사귄 적이 없었다. 옥수동뿐 아니라 서울 어디를 가도 자기 이름을 아는 이웃을 가진 사람을 찾기는 쉽지 않다. 벽 하나를 사이에 두고도 몇 년 동안 서로 얼굴도 모른 채 잘 살 수 있는 곳이 서울 아닌가. 이런 상황을 두고 이웃 간의 정이 사라져 삭막하다거나 공동체 회복이 시급하다는 식으로 한탄하는 이야기가 종종 나오지만, 내게는 그런 진단이 진부하게 들린다. 단지 물리적으로 가까운 공간에 산다고 살뜰한 관계를 맺어야 할 이유가 없을뿐더러, 가능하지도 않다.

국토교통부 통계를 보면 2016년 전국 평균 주거 기간은 7.7년, 수도권은 6.4년이다. 특히 최근 2년 내 이사 경험이 있는 가구 비율은 전국 36.9퍼센트, 수도권 40.9퍼센트이다.[49] 두세 집 건너한 집이 2년에 한 번씩 이사하고 있다는 말이다. 인구의 절반 정도가 전세 아니면 월세를 살고, 계약 기간은 대부분 2년 이내다. 재계약 때마다 세가 오르니 한집에 계속 살기 쉽지 않다.

나도 그랬다. 옥수동에 살기 전까지 서울 생활 8년 동안 집을 네 번 옮겼다. 일 때문에, 돈 때문에. 매번 이유는 달랐지만 옮길 때마다 월세는 계속 올랐다. 그 사이 부동산 중개인과 건물주, 마트 계산원 정도를 제외하면 동네 사람과 얼굴을 마주 보고 대화를 나눠본 적이 거의 없었다.

그 사실을 깨닫게 한 건 옥수동 트러스트였다. 언제 나올지 모르는 임대주택을 하염없이 기다리면서도 나는 틈틈이 동네를 탐험하고, 사진을 찍고, 짧은 글을 담아 올렸다. 주민들이 줄어드는 만큼 가게들도 하루가 다르게 문을 닫았다. 어제까지 멀쩡히 영업하던 가게가 오늘 가 보면 비어있곤 했다. 나는 잠긴 유리문에 코를 들이밀고 텅 빈 가게 안을 하염없이 바라보았다. 가게 주인은 어떤 사람이었을까, 가족은 몇이나 되었을까, 다른 데서 다시 장사를 할 수 있을 만큼 돈을 벌기나 했을까? 별별 궁금증이 일었다.

그러다 재미난 걸 발견했다. 이미 문 닫은 지 오래된 어느 미용실 통유리에 손글씨로 또박또박 쓴 편지가 붙어있었다. "그동안 고마웠습니다. 지난 19년 동안 … 고객 여러분의 큰 사랑 결코 잊지 않겠습니다. 어디 계시든 건강하시고 행복하세요." 특별히 강조하고 싶었는지 '19년'만 빨간색으로 쓴 게 눈에 띄었다. 이 자리에서 19년 동안 동네 사람들의 머리카락을 만져온 누군가의 손이 마지막으로 남긴 흔적이었다.

그러고 보니 편지를 써 두고 떠난 가게가 제법 있었다. 볼펜으로, 매직으로, 붓펜으로 정성 들여 쓴 이별의 말이 곳곳에 붙어 있었다. 명절에만 양복을 입는 내 아버지처럼, 평소에는 쓰지 않을 예의를 잔뜩 차린 문장이었다. '하였읍니다' '맡기신' '건강하시요' 같은 어색한 표현도 자주 보았다. 편지를 읽다 보니 머릿속이 복잡해졌다. 그동안 나는 뭔가 중요한 걸 놓치고 있었던 게 아닐까? 한 번도 이웃을 사귀지 않고 궁금해하지도 않았지만, 아직 남아있는 가게라도 들어가 어떤 사람들이 있는지 만나봐야 하지 않을까? 마지막 인사라도 편지가 아닌 육성으로 주고받으면 좋지 않을까?

그제야 동네에 남은 가게를 탐방하러 나섰다. 매일 지나는 길에 있던 칡냉면 집부터 시작했다. 탁자는 좌식이었고, 냉면 육수는 다대기를 넣어 붉었다. 문 앞에 비닐 천막을 친 찹쌀순대 집 순댓국은 국물이 꽤 진했다. 옆 구역 건설 노동자들이 자주 찾는 모양이었다. 길가에 큰 들통을 놓고 매일같이 끓여대던 영양탕 집은 차마 들어가지 못했다. 잘 안 신던 구두를 챙겨 구두 수선집에도 들어갔다. 내 신발 뒤축은 바깥쪽부터 닳는다는 걸 거기서 처음 알았다. 세탁소에 정장 바지를 맡기러 갔을 때는 문이 닫혀 있어서 깜짝 놀랐는데, 다행히 아직 폐업한 건 아니었다. 가게에 들어설 때마다 뭔가 말을 건네고 싶었지만 입이 잘 안 떨어졌다. 한두 번은 먼저 말을 걸어주기에 대답을 한다고 했는데 길게 이어가지는 못했다.

"어디로 가세요?"

"바로 저 건너에 신청해놨는데 소식이 없네요."

"이 근처는 어려울 거예요. 저희는 김포로 가요."

"아, 네. 멀리 가시네요."

엉거주춤 서서 몇 마디 못하고 돌아서 나올 때면 창피했다. 내가 몹시 어색하고 있다는 걸 상대는 다 알 것 같았다. 게다가 얼마 후면 다시 볼 일이 없을 사람들과 때아닌 추억 만들기라니, 이게 다 무슨 소용인가.

애초에 나는 이웃을 갖고 싶지 않았다. 도시 한 가운데서 이름 없는 존재로 사는 게 그리 나쁘지 않았다. 굳이 따지자면 그편이 더 좋았다. 동네에 나를 아는 사람이 아무도 없다는 건 곧 내가 어떤 선택을 하건, 어떤 행동을 하건 누구의 눈에 거슬리지 않을까 고민하지 않아도 된다는 뜻이었다. 이웃이 없는 삶은 혼자만의 방을 완성하는 중요한 요소였다. 나는 꽤 오랫동안 익명의 존재로 사는 자유를 만끽했다.

그 자유는 어쩌다 부모님 집에 가면 순식간에 증발했다. 내가 서울로 오기 전까지 다섯 식구가 내내 함께 산 동네인 탓에 대문만 나서면 마주치는 사람 대부분이 나를 알아보았다. 그곳에서 나는 '착하고 예의 바른 이발소 집 딸'이라는, 칭찬을 가장한 굴레를 써야 했다. 운 나쁘게 동네 어른과 맞닥뜨리면 어째서 아

직 결혼을 '못' 했는지, 나이가 드는데 애는 '언제' 낳을 건지, 먹고
살 만큼 '돈'은 잘 벌고 있는지… 그런 불편한 질문을 웃는 얼굴
로 들어야 했다.

　도시화가 진행되면서 그 동네도 점차 변했다. 십수 년 사이
골목 앞에 있던 시장이 4차선 도로로 바뀌고, 비뚤비뚤 제각기
다른 방향으로 서 있던 이층집들이 빌라나 원룸 같은 네모반듯
한 고층 건물로 바뀌었다. 이제는 나를 알아볼 사람이 거의 손에
꼽을 정도로 줄었다. 그런데도 가끔 그 집으로 돌아가면 여전히
마음이 무겁고 불편하다.

　나는 그 동네를 떠나며 과거와 단절했다. 누구도 거스르지
않는 착한 여자애로 살기보다는 무엇이든 질문하고 다른 생각
을 말하며 살고 싶었다. 돈 벌어 결혼하고 아이를 키우는 일 말고
도 젊음을 바칠 만큼 가치 있는 일이 있다는 걸 보여주고 싶기도
했다. 그런 나를 본 적이 없고 알려고 하지도 않는 동네 사람들
이 여전히 내게서 예의 그 착한 여자애를 기대할 거라고 생각하면
숨이 막혔다. 역설적이게도 현재의 나를 있는 그대로, 자기 의견
을 가진 한 명의 시민으로 대하는 곳은 이웃 간에 정이 쌓인 고향
이 아니라 아무도 내 이름을 알지 못하는 서울의 낯선 동네였다.

　가게들을 탐방하면서 내가 느낀 어색함과 창피함 속에는 어
릴 때부터 내 마음에 뿌리를 내린 그런 동네 살이에 대한 거부감
도 섞여 있었다. 이제 와 뭐 하려고 막 떠나려는 이웃에 관심을
가지려는지 알다가도 모를 일이었다.

　인류학자 김현경은 그의 책 『사람, 장소, 환대』의 첫머리에

서 『그림자를 판 사나이』라는 소설을 들려준다. 주인공은 낯선 이에게 자기 그림자를 팔아 엄청난 부를 손에 쥔다. 그림자는 영혼이 아니다. 그보다는 눈으로 볼 수 있는 자신의 드러난 일부다. 이 그림자가 없다는 이유만으로 주인공은 가는 곳마다 배척당한다. 영혼을 팔아넘긴 것도 아닌데, 그림자가 없으니 사람들에게 자기 영혼을 표현할 길이 없다. 어디에도 속하지 못하는 그는 사회 속에서 자기 공간을 잃고 만다.

> '사람'이라는 것은 지위인가 아니면 조건인가? (…) 우리는 환대에 의해 사회 안에 들어가며 사람이 된다. 사람이 된다는 것은 자리/장소를 갖는다는 것이다. 환대는 자리를 주는 행위이다. (…) 우리를 사람으로 만들어주는 것은 추상적인 관념이 아니라 우리가 매일매일 다른 사람들로부터 받는 대접이다.50

김현경이 던지는 질문은 나를 흔들었다. 내가 떠난 옛 고향 동네는 그저 물리적인 동네가 아니었다. 나를 한 사람으로 대접하고 동등한 자리를 내주지 않는 사회였다. 그런 공간을 거부하고 떠나면서 나는 사실 어느 동네든 그곳과 다를 바 없으리라고 여겼다.

그런데도 내가 서울에서 지낸 거의 모든 시간을 전보다 훨씬 충만하게 느낀 건, 좋은 동료들을 만난 덕분이었다. 대학원에서 만난 책과 선생 그리고 온갖 분야의 활동가들은 나에게 다른 세상이 가능하다는 확신을 주었다. 낯선 별에서 뚝 떨어진 듯 기존의 사회운동과는 어떤 인연도 경험도 없던 나를 받아준 단체는 10년이라는 긴 시간을 마음 놓고 내달리게 했다. 그건 내가 가족을 제외하고 세상에서 처음 받아본 조건 없는 환대였다. 무슨 말을 해도 되는지, 어떤 선택을 해도 괜찮은지 누구에게도 허락을 구할 필요가 없었다. 모르는 건 묻고, 생각하고, 동료들과 토론하면서 답을 찾았다. 나 자신으로서 온전히 존재할 공간을 얻었으니 이웃도 가족도 다른 무엇도 필요하지 않았다.

시민 단체를 나오면서 나는 그 자리를 잃었다. 그건 아무래도 엄청난 사건이었다. 그에 비하면 동료들의 오해나 시민운동의 불안한 미래 같은 건 사소하게 보일 정도였다. 그 상실감이 동네에 대한 애정으로, 이웃에 대한 호기심으로 묻어나고 있었던 게 틀림없다. 뒤늦게 이웃들을 찾아다니며 내가 느낀 어색함과 창피함은 그 때문이었다.

나는 그림자를 되찾아야 했다. 무턱대고 아무나 찾아갈 게 아니라 스스로 평온하고 안전하게 머물 자리를 만들어야 했다. 어설픈 이웃 찾기는 그쯤에서 그만두고, 우리 나름의 공간 만들기를 본격적으로 시작할 시점이었다.

이름을
짓다

우리는 전보다 더 자주, 더 가벼운 마음으로 앞으로 만들 공간에 대해 의논했다. 비용이라든지 형태라든지 프로그램이라든지 그런 건 다 밀쳐두고, 우리가 정말 꺼내고 싶은 이야기가 무엇인지를 먼저 찾아볼 필요가 있었다. 그 첫 단계로 이름을 짓기로 했다. 산책하다가도, 밥 먹다가도, 잠을 자려고 누워서도 수시로 작명 회의를 열었다. 토론은 전에 없이 치열했다. 모처럼 할 일이 생겨 신이 났던 게 틀림없다.

"어딘가 얽매이지 않는다는 뜻으로 '노마드'는 어떨까요?"

"너무 유행 타는 단어 같은데… 어렵기도 하고."

"재밌게 논다는 데 초점을 맞추면 '잉여'라든지."

"무기력한 느낌이 들어서 별로예요."

"틈이란 단어도 좋던데, '틈새' 어때요?"

"어감이 너무 강하지 않아요? 거칠고 딱딱한 느낌."

어째 떠오르는 단어마다 마음에 차지 않았다. 단지 좋아 보이고 유행 타는 이름보다는 좀 더 우리 자신의 욕구가 담긴 언어가 필요했다. 내가 좋아서 즐겁게 펼치는 상상과 실험. 민규는 그런 활동을 바랐다. 거대하고 추상적인 가치에 골몰해 현재의 재미를 희생하는 기존 사회운동을 안타까워하며, "즐겁지 않으면 운동이 아니다"라고 주장했다. 여성 운동가 엠마 골드만이 남긴 "춤출 수 없다면 혁명이 아니다"라는 말에서 영감을 얻어 만든 문장이라고 했다. 즐거움, 알 수 없음, 설렘. 민규가 내놓은 건 그런 단어들이었다.

나는 호기심을 떠올렸다. 오래전 나를 억압하는 기존의 질서에서 벗어나려 할 때 가장 큰 힘을 준 게 호기심이었기 때문이다. 자라는 내내 받은 공교육도, 서점에 즐비한 자기계발서도, 노회한 어른들이 들려주는 처세술도, 아름다운 성경 말씀이나 눈물어린 기도도 그다지 도움을 주지 못했다. 바닥에 닿을 정도로 온몸의 힘을 빼고 기다리던 때 제일 먼저 나를 움직인 동력은 무엇인지 궁금하고 알고 싶다는 마음이었다. 영국의 역사학자 시어도어 젤딘Theodore Zeldin은 그 동력의 정체를 이렇게 설명한다.

> 호기심은 자유의 열쇠가 되었다. (…) 공포에 대항하는 효과적인 동시에 그 영역에 한계가 없는 것은 오직 호기심뿐이다. 그러나 18세기가 시작될 무렵 호기심이라는 대안은 포기되었고, 전문화가 백과사전적인 지식이라는 이상을 대체했다.[51]

그 글을 읽고 나는 '호기심은 공포를 이긴다'는 메모를 했다. 그리고 어쩌다 "세상은 원래 그런 거야"라고 말하는 이를 만나면 슬쩍 그 문장을 건넸다. 아니, 세상에 원래 그런 건 없다고, 세상은 항상 두려움을 이기고 호기심을 따라간 사람들이 바꾸어 왔다고.

종합해보니 민규와 나는 무엇이 될진 모르지만, 그 모호함을 두려워하지 않고 즐기며 도전할 수 있는 일을 원했다. 그러니 말하는 이나 듣는 이 모두를 낯설게 하는 동시에 상상력을 자극할 이름이 필요했다. 호기심에 이끌려 천천히 걷다 보면 뭔가 이룰지 모른다는 기대를 드러내고 싶었다. 답은 곧 우리 입에서 자연스레 흘러나왔다.

"그러니까, 어쩌면 뭔가 이룰 수 있을지 모른다는 그런 느낌 말이에요."

"응? 어쩌면?"

"어쩌면 이룰 수 있을지도 모른다고?"

우리는 마주 보며 외쳤다.

"오, 어쩌면!"

어쩌면 잘될지도 몰라. 어쩌면 망할지도. 하지만, 어쩌면?

모호하고 불확실해도 흥미진진한 걸음을 내딛는 용기를 상징하기 딱 좋은 말이었다. 게다가 프로젝트라는 말을 이어붙이니 입말로도 괜찮았다. 어쩌면 프로젝트. 한번 떠올리고 나니 그 이상 좋은 단어는 이 세상에 없을 듯했다.

이름 짓기는 우리가 한 모든 일 중에서 가장 중요하고 어려운 작업이었다. 정의롭고 합리적인 사회를 추구하는 시민운동에 참여했던 우리가 난데없이 "잘 모르지만 뭐가 되던 해보려고요.

내가 즐겁고 행복한 만큼만." 이렇게 말하는 데는 제법 용기가
필요했다.

"왜 '어쩌면' 이에요?" 프로젝트를 진행한 지난 몇 년 동안
이 질문을 수도 없이 받았다. 그럴 때마다 나는 약간 장난스런
표정으로 대답했다. "특별한 뜻은 없어요. 말 그대로, 어쩌면."
그러면 사람들은 대체로 고개를 끄덕였다. "아, 어쩌면 뭐, 되는
대로 해보겠다 그런 거네요?" 그런 말을 들으면 움찔하다가도
통쾌해서 웃음이 났다.

그렇다해도 우리는 단지 모호하고 알 수 없는 불확실성에
몸을 내던지려는 게 아니었다. 당연하고 확실해 보이지만 현실
과는 동떨어진 목표나 과정을 거부하고, 비록 위험하더라도 언
제든 찾아올 수 있는 변화, 우연과 인연을 통해 언제 어떻게 달
라질지 모르는 삶의 형태를 그려보고 싶었다. 한걸음 더 나아가,
그 과정을 두 사람 만이 아닌 다양한 속도와 내용을 지닌 사람
들과 함께하고 싶었다. 이것이 운동인가? 이것이 개인의 삶과 공
동체에 무슨 의미를 갖는가? 그런 질문에 얽매이기보다는 우리
가 바라는 대로 공간을 만들고, 그 곳에서 자기 자리를 발견하는
사람들을 만나고 싶었다.

우리는 이성만을 가치 있게 여기는 근대를 벗어나 아직은 알
수 없는 새로운 시대를 향해 나아가야 하는 처지였다. 쉽게 마음
이 꺾이지 않도록 의지와 용기를 주는 그런 이름이 필요했다. '어
쩌면'은 바로 그런 이름이었다.[52] 이름을 정하자 마음을 가다듬
고 펜을 들었다. 각자가 좋아하는 단어, 하고 싶은 일, 바람을 하

나씩 써서 요리조리 배치해 한 편의 글로 묶었다.

어쩌면 이루어질지도 몰라 – 어쩌면 프로젝트

'호기심이 공포를 이긴다'는 말을 좋아하는 신비와

'삶의 의미와 목적은 재미와 감동'이라 생각하는 코기토,

두 사람이 만든 놀이터입니다.

이곳에서 어쩌다 우연히 만난 사람과 공간,

호기심으로 시작하는 배움, 그리고

좋아서 시작하는 프로젝트에 관해 이야기를 나누고 싶습니다.

어쩌다 우연으로, 호기심으로 시작해서, 좋아하기 때문에

세상의 작은 변화는 시작됩니다.

어쩌면, 그것이 정말 이루어질지도 모릅니다.

소개 글에 우리 둘 다 본명이 아닌 별명을 썼다. 이름을 스스로 바꾸는 행위는 기존 체계를 회피하거나 저항하는 방법으로 종종 쓰인다. 1980년대에 학생운동을 하던 이들은 정권의 서슬을 피하고자 가명을 썼고, 1990년대 말부터는 여성 운동가들을 중심으로 부계뿐 아니라 모계 성까지 함께 쓰는 양성 쓰기 운동이 펼쳐졌다. 현실을 지배하지만 눈에 잘 보이지 않는 가부장제를 드러내고 비판하려는 행동이었다.

2000년대 들어 시민운동을 시작한 나는 그런 흐름에서 조금 비켜나 있었다. 내 이름을 가지고 뭔가를 해보고 싶다는 생각

은 없었다. 시민운동가들과는 학교나 교회, 이전 직장에서와 달리 훨씬 동등하고 인간적인 관계를 맺을 수 있어서 기뻤고 자랑스러웠다. 다만 그 안에서도 선배나 선생님, 부장님 같은 호칭을 쓰는 게 좀 아쉬웠다. 언니나 오빠 같은 유사 가족적 호칭은 더욱 불편했다.

인터넷을 통한 소통 경험이 늘어난 게 변화의 기회를 만들어주었다. 아이디나 별명을 주로 쓰는 온라인에서의 경험이 오프라인으로 스며들고 있었다. 나는 친구와 장난스레 대화하다 지은 '신비'라는 이름을 블로그에 쓰기 시작했고, 단체 내에서도 별명 쓰기를 도입하자고 제안했다. 그 후로 나는 가족을 제외한 거의 모든 관계에서 이 이름을 쓴다.

외부 사람들을 만날 때도 무슨 이름으로 부르길 원하는지 묻고, 되도록 교수님이나 대표님 같은 호칭은 빼버렸다. 소속 단체와 상관없이 또래 활동가 중에서도 이런 방식을 선호하는 이들이 점점 늘었다. 민규도 같은 부류로, 오래전부터 '코기토'라는 별명을 써 왔다. 이 단어는 근대 철학의 문을 연 프랑스의 물리학자이자 철학자 데카르트René Descartes가 내놓은 명제 "나는 생각한다. 고로 존재한다.Cogito, ergo sum"에서 나왔다.

생각해보면 대단히 상징적이다. 이성과 합리를 세계의 바탕으로 여기던 이가 마흔을 눈앞에 둔 시점에 '어쩌면'이라는 단어에 마음을 빼앗겼다는 사실 말이다. 우리는 이렇게 스스로 만든 이름을 걸고, 불확실한 미래를 향해 나란히 걸음을 내디뎠다.

마음 놓고
실패할 권리

공간을 어디서 얻을지는 고민거리가 되지 않았다. 우리는 옥수동이 좋았다. 어떤 공간이 되든 그저 이 동네에서 멀지 않은 곳이기를 바랐다. 임대주택 입주 신청을 할 때 굳이 옥수동 근처를 선택한 이유도 평소 생활 반경에서 가장 가깝기 때문이다. 곧 동네가 사라진다고 해도 우리가 장을 보러 다니던 금남 시장과 약수 시장은 그대로 남아있을 테니까.

우리는 대체로 일요일 오후에 장을 보러 갔다. 오전에 청소하고 밥을 먹은 뒤 미적거리다 보면 민규가 천 가방을 들고 나를 쳐다봤다. "뭐 먹고 싶은 거 있어요?" 이 말은 시장에 같이 가자는 신호다. 민규는 다른 건 몰라도 장보는 건 유난히 함께하기를 고집했다. "맛있는 거 사줄 거예요?"라며 신나서 따라가도 실제로 내가 먹고 싶은 걸 고를 기회는 거의 없었는데 말이다. "치킨이 먹고 싶어요." 하면 "엊그제 상추 몇 장 남았는데 삼겹살 구워 먹는 게 낫지 않을까요?" 하고, "그럼 아이스크림!" 하면 "요즘 아이스크림 유통기한 문제 된 거 못 봤어요? 집에 사과 있으니까 그거 먹어요. 내가 깎아줄게." 하는 식이었다.

민규는 꼭 '엄마'처럼 굴었다. 아, 그 엄마는 상상 속의 존재다. 나는 한 번도 엄마라는 말을 해본 적이 없다. 아주 어릴 때부터 '어머니'라 부르도록 교육받았다. 초등학교 때는 어머니와 손을 잡고 시장에 가서 떡볶이를 먹는다거나 하는, 친구들이 흔히 말하던 경험을 한 번도 한 적이 없다.

우리 가족은 시장통으로 연결되는 골목 안에 살았다. 어머니는 낮부터 아버지 일을 돕다가 저녁 무렵에나 돌아오곤 해서 항상 피곤했다. 요리하거나 살림살이를 챙길 시간도 여력도 없으니 대충 있는 거 먹자며, 언니나 나더러 천 원짜리 한두 장 쥐여주며 참기름이나 콩나물 같은 걸 사 오라고 심부름을 보내곤 했다. 아주 가끔 배추나 무같이 무거운 걸 사야 할 때는 함께 시장에 나서기도 했다. 그럴 때면 바쁘게 걷는 어머니의 옆모습을 올려다보며 혹시 어머니가 손을 잡아주지 않을까, 친구들에게 들은 것처럼 어묵이나 떡볶이를 먹고 가자며 분식집 앞에 멈춰 서지 않을까 하는 기대를 품었다. 그래도 절대 입 밖에 내지 않았다.

결국, 기대는 한 번도 이루어지지 않았는데 그건 순전히 내가 말하지 않아서일지도 모른다. 하지만 말을 했다면 어머니는 미안함과 곤란함을 동시에 느꼈을 것이다. 그런 쓸데없는 소리 말라고 혼을 냈을지도 모른다. 아무래도 상관없지만 가끔 그때를 생각하면 괜히 무안하고 쓸쓸해진다. 장 보러만 가면 민규에게 떼를 썼던 건 그런 기억 때문이 아닐까.

나는 민규가 뭘 사는지는 관심도 없이 내키는 대로 채소나

과자를 집어 들었다가 한 소리를 듣고는 투덜대며 내려놓았다. 때로 정말로 기분이 상하면 보폭을 맞춰 걷는 것조차 짜증스러워 장바구니를 혼자 뺏어 들고 씩씩대며 먼저 집으로 들어가 버리기도 했다. 그러고 하루나 이틀쯤 지나면 시장 가는 길에 내가 먹고 싶다고 했던 음식이 밥상에 올라왔다. "내가 그런 말을 했다고요?" "지금은 이거 안 땡기는데!" 이런 소릴 해서 산통을 깨기 일쑤였지만, 사실 그때마다 꽤 감동했다. 그런 밥상을 받고 나면, 어릴 때 기대에 차서 어머니 곁을 졸졸 따라 걷던 내 마음속 아이가 기뻐하는 듯했다.

돌아오는 길에는 약속이나 한 듯 신청해둔 임대아파트에 들러 서성였다. 벌집처럼 빽빽한 아파트 단지를 올려다보며 빨리 우리 집이 나왔으면 좋겠다고 되뇌었다. 수년 동안 출퇴근하고, 산책하고, 장을 보고, 새해 첫날에는 뒷산으로 해맞이를 하러 가던 바로 그 동네에서 계속 살 수 있도록.

나날이 이사 차량이 짐을 실어 나가는 와중에도 임대주택은 감감무소식이었다. 집 앞 가파른 계단 모서리가 깨지고 철제 난간이 기울어져도 아무도 고치러 오지 않았다. 나는 잠깐이라도 머물 곳을 따로 찾아야 하는 게 아닐까 조바심이 났다. 예전에 살던 집을 정리하면서 돌려받은 보증금 천만 원과 퇴직금이 있으니 얼마간 월세도 감당할 수 있었다. 그렇지만 민규는 동의하지 않았다. 한번 이사하면 못해도 일이백만 원은 그냥 나가는데 월세까지 나가면 지출이 너무 크다고 했다. 게다가 앞으로 우리가 만들려는 공간이 어떻게 될지 모르는 상황에서 그런 지출은 곤란하다고 했다. 나로서도 월세가 부담스럽긴 했다. 그래도 만약 혼자였다면 손해를 보더라도 일찌감치 동네를 떠났을 것이다. 어쩌면 민규도 마찬가지였을 거다. 하지만 혼자가 아니라 둘이니까, 그동안 공동 주거를 하며 쌓은 서로에 대한 신뢰에 기대서 최대한 버텨보기로 했다. 버틴다고 하니까 너무 힘겨운 느낌인데, 사실 그렇게 어둡기만 했던 건 아니다. 우리에겐 '어쩌면 프로젝트'라는, 가슴 설레는 실험이 기다리고 있었으니까.

그때까지 어쩌면 프로젝트는 인터넷에서 한 쪽짜리 웹사이트로만 존재했다. 이름을 짓자마자 도메인을 정하고 소개 글을 올려 공개해둔 상태였다. 대체 뭘 하겠다는 건가, 지인들은 우리 계획을 들으면 걱정부터 했다. 사실 무계획이 계획이었으니 그럴 만도 했다.

초기에 나는 그것이 협동조합 형태일 거라고 상상했다. 마침 그해 초 협동조합 기본법이 제정되어 조합 설립이 수월해졌고, 서울시에서도 여러 가지 지원 정책을 내놓으며 조합 만들기를 독려하고 있어서 도움받을 생각도 했다. 하지만 오래지 않아 그 생각은 버렸다. 국제협동조합연맹ICA: International Co-operative Alliance이 제작한 협동조합 원칙 안내서는 협동조합을 이렇게 설명한다. '공통의 경제, 사회, 문화적 필요와 염원을 충족하고자 하는 사람들이 모여 만든 결사체.' 이를 위해 '공동으로 소유하고 민주적으로 통제하는' 조직을 만들어야 한다.[53]

이 말은 곧, 조직을 만드는 것보다 원칙대로 유지해나가기가 몇 배로 어렵고 중요하다는 뜻이다. ICA는 더 구체적으로 '협동조합 7대 원칙'을 제시하는데, '자발적이고 개방적인 조합원 제도·민주적인 조합원 관리·조합원의 경제적 참여·자율과 독립·교육·훈련 및 정보제공·협동조합 간의 협동·지역사회에 대한 관심'이 그것이다. 하나하나가 지극히 당연해 보이면서도 결코 만만한 일이 아니다.

어쩌면 프로젝트로 맨 처음 합을 맞추고 방향을 결정한 건 우리 둘이다. 우리는 그냥 이 일만을 위해 의기투합한 사이가 아니라 5년 가까이 한 공간에서 지내며 일상을 함께 해온 파트너이다. 그 상황에서 누가 들어온들 먼저 출발한 둘의 기획을 뒷받침하는 보조 역할에 그칠 위험이 있었다. 만약 그 점을 감수하고라도 함께 할 사람들을 찾아 협동조합으로 틀을 확장해놓으면, 거꾸로 우리가 생각해둔 지향과 방식을 상당 부분 바꾸어야 할지도 모른다. 그때그때 감당할 만큼 활동하고 결과를 미리 정해두지 않는다는 원칙은 아예 포기해야 했을 것이다. 조합을 민주적으로 운영하려면 당연한 일이다.

관료적 조직 형태의 시민운동을 경험한 우리는 조직의 '민주적 운영'은 매우 어려운 일이고, 완벽하게 실현하기는 불가능에 가깝다고 보았다. 아무리 고심해서 소통 체계를 구축한다 해도 결국은 핵심적 의사결정을 하는 사람과 그 바깥에서 동조하는 사람들로 나뉠 수밖에 없다. 게다가 그 의사결정 구조를 거친 결과물이 애초의 뜻과는 점점 멀어져 버린다 해도 누구도 책임질 수 없다. 심한 경우 형식적 민주주의를 지키려다 되레 민주적 참여를 방해하는 결과를 내기도 한다. 우리가 원하는 건 그런 게 아니었다.

어쩌면 프로젝트라는 틀 위에서 펼칠 다양한 실험은 모두 열어놓을 수 있지만, 적어도 공간을 운영하고 운영비를 감당하는 핵심적인 부분에서는 책임과 권한이 명확해야 했다. 보증금이나 월세를 감당하지 못할 것 같아서 다른 사람을 끌어들이는 방식은 절대 하지 않을 작정이었다. 도중에 에너지가 바닥났는데도 책임감 때문에 억지로 끌고 가서도 안 되었다. 조직을 만들기보다 운영하기가 몇 배 어렵고, 있는 조직을 없애는 건 그보다 또 몇 배 더 어렵다. 그동안 무수한 조직이 생겨나는 걸 보았지만 적당한 시점에 마무리하고 문을 닫는 경우는 드물었다.

우리는 자력으로 공간을 만들기로 했다. 공간 운영 비용은 전적으로 민규와 내가 감당하되, 그 공간에 깃들이는 사람들은 필요한 것을 얻으면서도 무임승차하는 기분을 느끼지 않게 방법을 제시하려 했다. 그게 구체적으로 어떤 형태를 띨 것인지는 여전히 불확실했다. 결정하기 전에 해야 할 일이 아직 많았다.

외부 자원에 기대지 않고 스스로 공간을 마련한다면 어느 정도 수준이 가능할까? 규모는 열 평 남짓이면 충분하지 싶었다. 후보지는 이웃 동네 약수동으로 정했다. 인터넷으로 시세를 살펴보니, 그 정도 상가의 보증금은 1천만 원에서 2천만 원 사이로 그리 높지 않았다. 대신 위치에 따라 월 임대료 차이가 컸다. 그때 우리 전 재산은 대략 4천만 원. 민규는 전세보증금 1천 5백만 원에 재개발 세입자에게 나올 주거 이전비를 합해 2천만 원 정도 마련할 수 있었다. 나도 2천만 원 정도를 갖고 있었다. 그 돈을 합하면 나중에 얻을 임대주택 보증금을 완납해 월세 없이 살 수 있었다.

우리는 그 돈의 절반을 뚝 잘라 쓰기로 했다. 그러면 임대주택에 십만 원 안팎의 월세를 부담해야 하지만, 둘 다 단체를 그만두고 받은 퇴직금이 있으니 그걸로 당분간 월세와 생활비는 감당할 수 있었다. 그렇게 마련한 2천만 원으로 상가 보증금과 월 임대료를 적절히 조율하면 근처에서 공간을 얻는 게 가능해 보였다. 다만 권리금이 문제였다.[54]

약수동은 상업지구가 대부분인 중구에서 얼마 안 되는 주거지역이라 상권이 그다지 활성화된 곳은 아니다. 그래도 서울은 서울이라, 웬만큼 접근성이 좋은 상가는 수천만 원에서 억대 권리금이 있었다. 그런 곳에는 일단 시선을 주지 않았다. 빚을 져야만 가능한 일은 아예 벌이지 않기로 했으니까. 상가가 아닌 사무 공간이라면 권리금이 없는 곳이 더러 있었다. 하지만 약수역 부근은 대로변을 제외하면 공간 자체가 많지 않을뿐더러, 있다 해도 건물 2층이나 3층의 넓은 공간이 통으로 나온 형태였다.

우리는 머리를 맞대고 계산했다. 보증금 1천만 원에 월세 50~100만 원 사이라면 일단 시작은 할 수 있다. 대신 권리금은 없어야 하고, 인테리어는 아예 생략하거나 최소한으로 해야 한다. 적게 들여도 수천만 원을 써야 하는 인테리어를 우리는 대략 300~400만 원 선에서 끝내야 했다. 그런 다음 남는 돈을 월세로 쓴다면 1년 정도는 수입이 없어도 무엇이든 실험하며 지낼 수 있을 듯했다. 그 후에도 더 하고 싶으면 보증금을 마저 써버려도 된다고 생각했다. 잔액이 바닥나면 깨끗이 털고 물러나면 되니까. 그래도 우리는 빚이 없고 살 집이 있을 테니까. 그때 가서 다시 어떤 선택이든 할 수 있을 것이다. 어깨를 움츠러들게 하던 돈 걱정이 그 순간부터 완전히 사라졌다. 가진 돈을 일단 쓰고 보자는, 조금 이상한 계산 방식이지만 알고 보면 그보다 든든한 계획도 달리 없었다.

보증금 1천만 원에 월세 50~100만 원 사이. 이 조건을 들고 부동산 탐색에 나서기로 했다. 특별히 정해두지 않고 발길 닿는 대로 여기저기 들러볼 요량으로 가볍게 길을 나섰다. 처음 눈에 띈 부동산에 불쑥 들어가 보니 중년의 공인중개사가 우리를 맞이했다.

"무슨 가게를 하신다고요?"

"아, 저희가 꼭 장사할 건 아닌데, 모임도 하고 이벤트도 열고 그런 공간을 만들려고요."

"그럼 사무실을 여는 건가요?"

"사무실이라기보다는… 좀 편한 느낌으로 차도 마시고 사람도 만날 수 있는…"

"카페 같은?"

"네. 카페 같은. 그런데 차를 팔지는 않을 거예요."

"그냥 사무실도 아니고 카페처럼 드나들 곳이면 월세가 적지 않을 건데, 뭘 하든 돈은 받아야 하지 않아요? 장사를 안 하면 어쩌려는 건지. 회원제로 하실 건가요?"

"아. 그건 아직…"

어쩌 이야기가 창업 상담 비슷한 쪽으로 흘러갔다. 젊은 사람들이 너무 태연해 보였던 걸까. 그냥 시세나 알아보려 했는데 뜻하지 않게 걱정을 끼친 모양새가 되었다. 우리는 당황하면서도 있는 힘껏 나름의 계획을 설명했다. 이야기를 들으며 고심하던 중개사가 조심스레 말을 꺼냈다.

"두 분 하시려는 게 돈을 버는 건 아니라 하고, 그런데 어느 정도 사람들이 드나들기는 좋아야 한다는 거죠? 저쪽에 지하철역에서는 멀지 않은데 언덕이랑 계단을 좀 올라가야 하는 위치에 상가가 하나 나와 있어요. 나온 지는 몇 달 됐어요. 신축이고 아직 상권이 형성된 곳이 아니라 애매하긴 한데… 1층만 상가고 위에는 다 원룸이에요. 거긴 다 나갔어요. 상가만 계속 임자가 나타나질 않네요. 아, 그래도 신축이니까 권리금 없이 건물주와 바로 거래하니 좋긴 할 건데… 월세가 또 아주 적지는 않고…"

고개를 주억거리며 계속 말끝을 흐리는 모습을 보니 딱 거기라는 확신은 없는 듯했다. 우리는 시간이 많은 데다 이제 막 탐색을 시작한 참이었다. 금방 마음에 드는 공간을 구할 거라고는 생각지 않았기에 일단 들러보기나 하자 싶었다. 게다가 권리금이 없다지 않나. 중개사는 우리를 데리고 평지의 도로를 한참 걷다가 골목으로 접어들더니 다시 가파른 언덕으로 향했다. '아뿔싸. 이런 언덕 위에 있는 공간이라니! 오르내리기 쉽지 않겠는데…' 민규와 나는 말없이 걱정스러운 눈빛을 주고받았다. 우리 눈빛을 읽은 건지 언덕을 오르며 중개사가 말했다.

"꼭 여기로 안 하셔도 뭐 천천히 찾아보시죠. 그런데 말이죠… 만약 장사를 안 한대도 사람들이 오가고 그러면 어떻게든 운영비를 조금이라도 모으셔야 할 텐데… 후원금 상자 같은 거라도 하나 놓고 이용료를 받는 방법도 있지 않겠어요?"

처음 부동산에 발을 들일 때는 우리가 너무 만만해 보이진 않을까 걱정했는데, 이쯤 되니 슬슬 즐거워졌다. 물론 중개사로서는 한 건이라도 성사를 시키면 수수료를 벌 수 있으니 열심히 하는 것도 당연했다. 그래도 이렇게 구체적인 부분까지 함께 고민해 줄 거라고는 생각지 못했다. 이전에 살 집을 구하면서 만났던 어떤 중개사도 그런 걱정을 해준 사람은 없었다. 진심이 느껴져서 마음이 흐뭇거렸다. '여기가 아니라도 오늘은 이 분이 소개하는 공간을 몇 곳 더 둘러보는 것도 좋겠어. 이 언덕길은 아무래도 아닌듯하니 슬쩍 보고 내려가야지.' 그런 생각을 하며 언덕을 따라 올랐다. 다행히 언덕 중반쯤에서 옆으로 빠져 골목 끝까지 걸으니 드디어 목적지에 도착한 모양이었다. "여깁니다."

중개사의 말에 헉헉대며 고개를 든 나는 깜짝 놀랐다. 부드러운 살굿빛 마감재로 뒤덮인 건물이 눈에 들어왔다. 양쪽에 주차장이 있는 필로티 기둥 사이에 통유리로 둘러싼 상가가 들어앉아 있었다. 사선으로 잘린 모퉁이에 출입문이 나있어 전체적으로 다이아몬드 모양을 하고 있었다. 특별히 손보지 않아도 테이블과 의자 몇 개 들여놓으면 바로 뭐든 할 수 있을 정도로 깔끔했다. 게다가 건물 맞은편에는 작지만 아기자기한 마을 공원이 있었다. 공원 한가운데는 정자가 있고 그 뒤로 느티나무와 소나

무가 경호하듯 늘어서 있어, 안에서 내다보면 온통 초록이 가득했다.

건물 앞 공간도 꽤 넓었다. 그곳에 예쁜 상자 텃밭을 놓고 공원에서는 그림도 그리고 벼룩시장도 열고 매봉산 산책로에 올라 도시여행도 하고… 순식간에 이런저런 재미난 상상이 꼬리를 물고 이어졌다. 가파른 언덕 위 골목길 끝이라는 게 유일한 단점이었다. 단독주택과 신축 빌라가 섞인 조용한 주거지라 일부러 찾아오지 않고서는 사람들의 발길이 닿기 쉽지 않아 보였다. 수년간 옥수동에서 약수동으로 자주 나들이를 다닌 우리도 이렇게 조용하고 아담한 동네가 숨어있으리라고 상상을 못 했으니 말이다. "장사하기엔 좀 어려울 수도 있지만, 두 분이 하려는 일에는 괜찮지 않겠어요? 그래도 역시 월세가 가벼운 편은 아니지요?" 중개사는 다시 한번 우리 형편을 걱정했다.

그러나 마나 내 마음은 이미 기운지 오래였다. 그 자리에선 섣불리 입 밖에 내지 않았지만 민규도 마찬가지였다. 보증금 1천만 원에 월세 75만 원. 우리의 예상 비용을 넘지 않는 수준이었다. 권리금이 없고 인테리어도 직접 할 테니 우리가 가진 돈에서 보증금을 빼고 남은 돈을 월세로 쓰며 일이 년 정도 지낸다는 계획에는 아무런 문제가 없어 보였다. 사실 그밖에 어떤 문제도 눈에 띄지 않았다.

이미 우리는 완벽한 공간을 만나버린 것이다!

기획하지 않을
자유

계약할 날을 잡고 건물 앞에서 중개사와 헤어졌다. 우리는 그대로 오르막을 올라 산 너머 집으로 걸어갔다. 산책로를 돌아 천천히 걷던 중 불쑥 공간의 이름이 떠올랐다. 실내 마감재가 사무실에서 많이 보던 것들이라고 말하던 참이었다. 그 순간 우리 둘의 눈이 딱 맞닿았다.

"사무실? '어쩌면'에 붙이면 어쩌면사무실…"

"사무실보다 사무소가 더 어울리겠네. 어쩌면사무소?"

"오, 근사하다!"

"띄어쓰기에 따라 '어쩌-면사무소'라거나, '어쩌면-사무소'라고 해도 되고. 재밌네요!"

그렇게 해서 공간에 이름이 붙었다. 어쩌면사무소. 어쩌면 프로젝트의 베이스캠프로 썩 어울리는 이름이었다. 그로부터 보름 뒤, 우리는 공간의 열쇠를 넘겨받았다.

공간이 주는 기운은 상상 이상으로 강렬했다. 여전히 철거를 앞둔 옥수동에 살고 있던 우리의 일상은 큰 변화가 없었다. 하지만 마음의 온도가 확 올랐다. 아침이면 어느 집 문짝을 부수는 소리에 깨고 집을 나서면 이삿짐을 잔뜩 실은 트럭을 꼭 한 대씩 마주쳐야 했어도, 문득 고개 들어 언덕 너머를 바라보면 심장이 콩닥거렸다. 거기에 누구의 손길도 닿지 않은 백지 같은 공간이 우리를 기다리고 있다. 그 생각만 하면 그렇게 설렐 수가 없었다.

우리는 서두르지 않았다. 생전 처음 느끼는 그 설렘을 만끽하고 싶었다. 열쇠를 받은 후 거의 열흘이 지나도록 아무것도 하지 않고, 그저 종종 찾아가 가만히 둘러보기만 했다. 섣불리 공간에 손을 대기보다는 구석구석 거닐고 만지면서 있는 그대로 느끼려 했다. 여긴 과연 어떤 공간이 될까? 우리가 여기서 정말 하고 싶은 게 뭘까?

시민운동가로서 우리는 늘 무언가를 기획하는 일을 해 왔다. 캠페인이든 모금이든, 하다못해 내부 워크숍이든 제일 먼저 하는 일은 기획안을 쓰는 일이었다. 개요, 목적, 일시와 장소를 명기하면서 시작하는 그 기획안은 늘 그렇듯 단기간에 성과를 확인하기 어려운 거대한 목표를 담고 있었다. 민주적이고 공정한 사회나 조직 재정 안정화 같은, 꼭 필요하지만 어떻게 이룰지는 도무지 모르겠는 그런 것들 말이다.

목표가 무엇이든 기획하고 나면 하여간 열심히 달리기밖에 방법이 없었다. 이번에는 절대 실패해선 안 된다는 압박을 안고서. 안타깝게도 그런 기획은 거창한 목표와 달리 측정 가능한 숫자 몇 가지만 남긴 채 싱겁게 끝이 났다. 그러면 다시 한번 새롭고 거대한 기획을 하고, 또 비슷한 방식으로 약간의 성공과 실패를 반복했다. 나중에는 무엇이 실패고 성공인지조차 말하기 어려운 지경에 다다랐다.

　이제 하려는 일은 다르길 바랐다. 기존의 조직과 활동 방식을 떠나 전환점에 선 우리는 이전과는 전혀 다른 질문을 던지려 했다. 그저 열심히 하는 것 말고, 삶에서 정말 원해서 할 수 있는 선택은 뭐가 있을까? 그 선택을 가능하게 만들 내 삶의 전환은 과연 언제, 어디서 일어나는 걸까?

　우리는 이 질문을 따라 막연히 생각하던 바를 직접 실험하고 싶었다. 자력으로 감당 가능한 공간을 얻었고, 최소 1년이라는 시간도 확보했다. 그동안은 여기서 무얼 하든 하지 않든 상관없고 누구의 허락도 인정도 구할 필요가 없었다. 기획하지 않을 자유를 얻은 것이다. 동시에 마음 놓고 실패할 권리도 확보했다. 자립이 준 소중한 기회였다. 이런 조건을 얻기 위해서 지난 10년에 걸친 노동의 대가를 뚝 떼어 쓰는 게 전혀 아깝지 않았다.

　이 소중한 기회를 어떻게 하면 가장 잘 살릴 수 있을까? 방법은 딱 한 가지였다. '이 소중한 기회를 가장 잘 살릴 방법' 따위를 아예 생각지 않는 것. 성공하는 기업들의 습관이나 세상을 바꾼 훌륭한 인물의 업적을 연구할 필요도 없다. 대신 내가 지금 발디딘 땅 위에서 주위를 둘러보며 원치 않는 일을 버리고 원하는 일을 찾아 한 걸음씩 나가보기. 한 번도 해보지 않은 일이니 장담할 수 없지만 정 안되면 수업료라 생각하고 훌훌 털면 그만이다. 그러다 뭔가 발견해낸다면 그보다 좋은 일이 또 있을까.

우리는 무엇이든 미리 계획하지 않고 우연과 호기심, 그리고 좋아하는 마음에 맡겨보기로 했다. 새로 도배한 거실 벽에 서슴없이 낙서해대는 아이들처럼, 우리 앞에 놓인 백지를 두려움 없이 쓱쓱 채워 넣을 에너지를 찾고자 했다. 그렇다고 완전히 맨땅에 헤딩하는 상황은 아니었다. 공간을 얻기 전에 우리는 대상과 형식, 내용을 미리 정하지 않고 사람들을 만나는 방식을 이미 몇 차례 실험해왔다.

첫 모임을 연 건 내가 일을 그만둔 지 한 달이 안 된 시기였다. 막연하지만 공간을 하나 만들어보자는 구상을 하자마자 주위 의견이 궁금했다. 이 생각이 실현 가능할지 영 터무니없을지 확인해볼 마음으로 작은 모임을 열기로 했다. 꼭 와줬으면 하는 가까운 지인 몇 명에게는 메일을 보내 알렸다. 그밖에도 관심이 있는 사람이면 누구라도 올 수 있기를 바랐다. 구글 문서에 익명으로 입력할 수 있는 초대장을 만들어 트위터와 페이스북에 공개했다. 초대장에는 간단한 설명과 날짜만 적어두고, 시간·장소·가져올 음식·함께 들을 음악·모여서 놀 거리 등은 각자 직접 입력해서 제안하게 했다.

불특정 다수가 온라인을 통해 만나는 일이 그리 새로울 것도 없을 때였다. 그래도 일단 해보고 싶었다. 자주 들어서 알고 있는 방식이지만 직접 실행해본 적은 없었기 때문이다. 목적과 내용이 정해지지 않은 자리를 열면 과연 어떤 사람이 찾아오고 어떤 분위기를 만들어낼지 궁금했다. 어차피 실패해도 잃을 게 없으니까, 아무도 오지 않으면 그냥 둘이 놀아도 상관없다고 생각했다. 혹시 너무 많이 몰려오면 어쩌나 잠깐 고민은 했다. 어느 독일 여성이 실수로 페이스북에 생일 파티 이벤트를 공개했다가 1,500여 명이 집 주위에 몰려들었다던 뉴스가 떠올랐기 때문이다. 물론 그건 쓸데없는 고민이었다. 그런 일은 이후로도 일어나지 않았다.

모두 일곱 명이 참가 신청을 했다. 넷은 이메일 초대에 응한 친구고, 셋은 가깝지는 않아도 알고 지내던 사람, 하나는 트위터로만 알던 사이였다. 한 사람을 제외하면 참석자들은 '이미 아는 사람' 범위 안에 있었다. 한 명이 곧 이사할 빈집을 모임 장소로 제공하겠다고 나서자 계획은 일사천리로 완성되었다.

모임 당일, 참석자들은 각자 들고 온 음식과 술을 나누며 서로를 소개했다. 한동안은 어색함을 참느라 제법 애를 써야 했다. 해가 저물고 어느 정도 분위기가 무르익을 즈음, 우리는 참가자들에게 잠깐 시간을 달라고 했다. 그러고는 둘이서 재미난 일을 벌일 작은 공간을 만들어보려는데 어떻겠냐고 의견을 물었다.

즉석에서 집단 컨설팅이 시작되었다. 뜻밖에 현실적인 조언이 많이 나왔다. 참가자들은 먹고살 방안을 고민하는 것부터 자본 없이도 공짜로 쓸 수 있는 공간, 이미 실패한 유사 프로젝트 등 각자 가진 정보와 경험을 기꺼이 내주었다. 모두가 공감한 부분은 자유로운 실험에는 재정적 독립이 필수 조건이라는 점이었다. 자력으로 공간을 만든다는 원칙은 그때 정했다.

두 번째 모임은 그로부터 석 달 후에 열렸다. 지리산으로 1

박 2일 봄나물을 캐러 가는 여행이었다. 봄이 왔고 나물을 캐러 가고 싶다고 생각했을 때, 마침 지리산에 살던 지인이 숙소를 내줄 테니 친구들과 놀러 오라고 했다. 우리는 그 초대를 또 하나의 실험 기회로 삼았다. 홈페이지와 페이스북, 트위터에 여행 이벤트를 알렸더니 사나흘 뒤, 이번에도 여덟 명의 참가자가 나타났다. 첫 모임에 비교하면 좀 더 낯선 집합이었다. 어렴풋이 아는 사람이라도 함께 여행을 떠날 만큼 가깝지는 않은 관계였고, 여행자들끼리는 거의 모르는 사이였다.

이렇게 친밀도가 낮은 사람들과 아무 계획 없이 1박 여행을 감행해도 되는 걸까? 약속한 날이 다가오니 덜컥 겁이 났다. 하지만 당일 아침 터미널에서 여행자들과 마주 선 순간 모든 걱정이 날아갔다. 이벤트 페이지에서 준비물을 의논할 때 누군가 "나물 캐는 데는 연필 깎는 칼이 최고죠"라는 댓글을 달았다. 그래서 비밀 단체가 접선하듯 문구용 칼과 비닐봉지 하나를 들고 만나자고 했다. 그 일이 실제로 벌어졌을 때 우리는 터지는 웃음을 참지 못했다.

아무 계획이 없다는 걸 알고 왔기 때문인지 다들 편하게 섞여 들었다. 차편과 숙소는 이미 정해졌고, 그밖에 결정할 거리가 생기면 모여서 의견을 조정하면 그만이었다. 터미널에서 첫인사를 나눈 여행자들은 숙소에 도착했을 때 이미, 적당한 거리감과 호기심을 유지하며 무리 없이 시간을 보낼만한 사이가 되어 있었다.

그날 밤, 또 한 차례 집단 컨설팅이 열렸다. 종일 신나게 떠들고 놀던 여행자들은 슬슬 우리가 왜 이런 여행을 구상했는지 궁금해했다. 질문에 대답하다 보니 대화는 자연스레 우리의 프로젝트로 쏠렸다. 1년 동안 쓸 돈을 내놓고 실험한다는 계획이 무모하다는 반응부터 무엇을 할지 모른다는 설정 자체가 흥미롭다는 반응까지 다양했다.

이야기가 거듭될수록 여행자들은 자신들이 평소 바라던 일들을 우리의 구상에 꺼내 얹었다. 함께 텃밭을 가꾸는, 일상의 고민을 나누는, 뭔가 함께 만드는, 서로 가르치고 배우는 공간 등등 욕구는 다양했다. 덩달아 내 생각의 폭도 확 커졌다.

여행 후 그들은 사진을 공유하고 소식을 주고받을 온라인 공간을 만들자고 제안했다. 우리는 그제야 페이스북에 그룹을 개설하고 여행자들을 초대했다. 점차 여행자들이 초대한 이들과 우리의 지인이 섞여 들면서, 페이스북 그룹은 어쩌면 프로젝트의 온라인 소통 공간으로 변신했다. 거기서 만든 후속 모임으로 나는 자전거를 배우고 싶던 꿈을 이뤘고, 민규는 오래전에 단체 회원들과 하던 역사 탐방 모임을 재개했다.

모임을 거듭할수록 이미 아는 사람보다 그들을 통해 새롭게 만나는 사람이 늘었다. 그런 사람들이 모인 그룹은 불특정 다수를 향해 무작정 말을 건네는 부담을 덜어주었다. 공간을 얻으러 나섰던 날도 우리는 그룹에 소식을 올렸다. 계약을 앞두고 느낀 불안이나 처음 열쇠를 열고 들어선 날의 설렘도 모두 공유했다.

우리가 인식하지 못한 사이에 아주 친밀하지는 않지만 그렇다고 전혀 연결점이 없지는 않은, 느슨하고 약한 모종의 연결고리가 형성되고 있었다. 그런 사람들이 한 번씩 오프라인에서 모일 때 내뿜는 독특한 분위기가 있다. 긴장감 섞인 생동감이랄까. 나는 경험할수록 그 분위기에 매료되었다. 그건 아마도 말로만 듣던 '약한 연결의 힘'이 아니었을까.

약한 연결의
힘

오래전부터 나는 위계적 조직 형태를 벗어날 방법이 뭘까 상상하곤 했다. 내가 경험한 기존 조직은 대체로 효율적이긴 해도 경직되기 쉬운 약점이 있었다. 동료들과 막연히 의논하던 그 그림을 처음 구체적인 사례로 접한 건 바라바시Albert-Laszlo Barabasi의 『링크』[55]를 읽을 때였다.

책에는 '여섯 단계 분리' 이론이 등장한다. 무작위로 선택한 두 사람 사이는 평균 여섯 명을 거치면 연결할 수 있다는 이론이다. 1967년, 사회학자 스탠리 밀그램Stanley Milgram은 미국 내에서 영어를 쓰는 주민을 대상으로 한 실험을 통해 이 이론을 증명했다. 그에 따르면 우리는 사실 생각보다 '좁은 세상'에 살고 있으며, 그 이유는 사회가 밀도 높은 그물망을 이루고 있어서다.

그로부터 50년 후인 2016년, 페이스북이 약 16억 명에 달하는 이용자들을 대상으로 같은 실험을 하자 연결 단계가 6에서 3.57로 줄었다.[56] 이제는 무작위로 선택한 두 사람 사이를 서너 명만 거쳐도 연결할 수 있다는 뜻이다. 소셜미디어가 발달하면서 사회는 전보다 더욱 촘촘하고 긴밀하게 연결되고 있다. 점점 발달하는 소통 체계를 기반으로 이제는 조직 대 조직, 개인 대 조직으로 만나지 않더라도 사람들이 다양한 방식으로 연결될 가능성이 커지고 있다.

밀그램의 여섯 단계 분리 이론을 설명한 다음, 바라바시는 사회 관계망의 특성을 밝힌 또 한 명의 연구자를 소개한다. 1973년 '약한 연결의 힘'이라는 논문을 발표한 마크 그라노베터Mark Granovetter다. 그는 사회가 몇 개의 긴밀한 관계망인 클러스터로 이루어져 있는데, 그 사이를 잇는 약간의 링크가 클러스터들의 고립을 막아준다고 한다. 흥미롭게도 약간의 링크, 즉 서로 다른 집단을 연결하는 '그냥 아는 사람' 정도의 관계에서 새로운 정보를 얻고 다른 클러스터를 접할 가능성이 크다. 그라노베터는 이것을 약한 연결의 힘이라고 칭했다. 그렇다면 민규와 내가 오래 머물던 조직을 벗어나 부유하는 존재가 되었을 때, 고립된 상태에 빠졌다기보다는 이 같은 약한 연결의 힘을 경험할 기회를 얻은 셈이다.

공간을 계약하고 보름이 되던 날, 우리는 약한 연결의 힘을 경험할 기회를 또 한 번 만들었다. "어쩌면사무소를 어쩌면 좋을까요?"라는 제목으로 페이스북에 이벤트를 띄웠다. 계약하고 넘겨받은 열쇠 외에는 아무것도 없는 곳에서 신문지와 돗자리를 펴고 모여앉아 수다도 떨고 음식도 나눠 먹으며 놀아보자고 했다. 그러다 보면 대체 어쩌면사무소를 어쩌면 좋을지, 이상하고도 재미난 아이디어가 생겨나지 않겠냐고 말이다.

이벤트를 열자 금방 반응이 왔다. 그동안 도대체 둘이 뭘 하느라 꾸물대는지 답답해하던 지인들, 앞서 우리가 연 모임을 통해 만난 사람들, 건너 소식을 들었거나 페이스북으로 지켜보던 낯선 이들이 참석자 명단을 속속 채웠다.

모임 날 오전, 민규는 집에서 쓰던 가스버너와 프라이팬, 미리 씻어둔 채소, 고기, 양념 따위를 평소 장 볼 때 쓰는 손수레에 차곡차곡 실었다. 그냥 시켜 먹어도 될 걸 굳이 음식을 하겠다며 가재도구를 챙겨 든 것도 황당했는데, 심지어 그 많은 짐을 직접 끌고 가자고 했다. 도로변에 올라서자마자 손수레는 엄청난 소리를 냈다. 빈집이 늘어선 옥수동을 가로지르며 울려 퍼지는 시끄러운 소리가 나는 못내 부끄러웠다. 한참 털레털레 뒤를 따르다 보니 문득 그 소리가 우리의 특별한 시작을 알리는 팡파르처럼 들렸다.

앞서거니 뒤서거니 15분 정도 요란한 행진을 마치고 도착한 우리는 곧바로 가재도구를 늘어놓고 잔치를 준비했다. 앞치마를 두른 민규는 익숙한 자세로 고기를 볶고 김치전을 부쳤다. 나는 하나둘 찾아오는 참석자들에게 음료를 권하며 소개하는 역할을 맡았다. 사람들은 빈 곳을 드나들며 서로 먹을거리를 권하고 주위를 구경하며 놀았다. 부탁하지도 않았는데 양팔로 유리창 크기를 재며 인테리어 방향을 의논하는 이들도 있었다. 아는 사람, 모르는 사람이 마구 뒤섞인 이런 조합이 이제는 별로 생경하지 않았다.

해가 기울고 점차 분위기가 가라앉을 즈음이 되어서야 우리는 슬그머니 말을 꺼냈다. 세 번째 집단 컨설팅을 시작한 것이다. "자, 이곳이 그동안 우리가 준비한 공간이에요. 여러분께 묻고 싶어요. 어쩌면사무소를 어쩌면 좋을까요?" 말을 끝내기 무섭게 "정말 아무 계획이 없는 거예요?"라는 물음이 톡 튀어나왔다. "네, 없어요. 하하."

처음 이름을 정할 때와 달리, 이 무렵부터 우리는 '아무 계획 없음'을 부끄러워하지 않게 되었다. 오히려 조금 뿌듯해했다는 게 맞을 거다. 스스로 만든 장에 사람들을 불러들이고 그 우연한 만남 속에서 재미난 일을 만들어 내는 것. 우리가 하고 싶은 건 그게 다였다. 그러자면 '아무 계획 없음'은 필수 조건이었다. 바닥에 신문지를 깔고 둘러앉은 그날 모임 자체가 이미 우리 프로젝트가 현실로 드러났음을 알리는 신호였다. 누군가, 그럼 뭘 얘기해주면 되냐고 물었을 때 우린 이렇게 되물었다. "이 공간을 1년 동안 쓸 수 있다면 꼭 해보고 싶은 게 뭐예요? 결정은 우리 맘대로 할 거지만, 이야기는 다 들어보고 싶어요."

둘러앉은 사람들 사이 공기가 미묘하게 흔들렸다. 우리가 앞으로 어떻게 해 나갈지를 대강 발표하면 떠오르는 만큼 조언이라도 해줄 마음이었을 텐데, 그냥 당신이 원하는 것을 말해달라고 하니 황당한 모양이었다. 그것도 듣기만 하고 결정은 마음대로 할 거라니.

그때까지 어쩌면 프로젝트를 통해 우리가 한 일은 대체로 이런 식이었다. 다른 조건을 따지지 않고, 우리가 가진 백지 위에 자기가 정말 바라는 일을 한번 그려봐달라고 요청하는 일 말

171

이다. 그럴 때 우리 표정은 조금 뻔뻔한 느낌까지 들었을지 모른다. 그런데도 사람들은 즐거워했다. 먼저 말을 꺼내고, 부담스러울 만큼 나서서 도와주려 하는 이들이 있을지언정 "아니, 내 일도 아닌데 내가 왜?" 하고 반문하는 경우는 없었다.

이전에 단체에 소속한 활동가로서의 나는 그런 뻔뻔함을 갖지 못했다. 동료 활동가들을 만날 때는 그들이 가진 비전과 전문성을 어떻게 하면 조금이라도 배울 수 있을까 고심했고, 후원자나 외부 조력자들을 만날 때는 어떻게 해야 그들의 호의를 우리 단체로 끌어올 수 있을지 노심초사했다. 어쩌다 지지자에게서 더 나은 세상을 위해 애써 달라는 말을 들으면, 과연 그 말에 보답할 수 있을지 확신하지 못해 괴로웠다. 그런 괴로움은 더 훌륭하고 완벽한 활동을 해야 한다는 강박으로 작용했다. 관리직을 맡고 나서 증세가 급격히 심해졌다. 내 앞에 있는 이 사람이 나중에 어떤 도움을 줄지도 모르니 최대한 호의적인 태도를 보여야 한다고 생각했다.

어쩌면 프로젝트는 그런 강박을 느낄 필요가 없었다. 내 바람을 드러내고, 타인의 바람을 듣고, 그때그때 할 수 있는만큼 해보면 그만이니까. 빈 낙서장 같은 자유로움을 만끽하는 장이었다.

어쩌면
이루어질지도 몰라

세상이 놀랄 일 말고 내가 즐거운 일을 한다는 것. 그것이 주는 자유는 대단했다. 나는 아무것도 모르는 척 사람들에게 포스트 잇과 펜을 돌렸다. 각자 떠오른 아이디어를 딱 세 개씩만 써서 통 유리에 붙여달라고 했다. 잠시 후 우리는 유리에 붙은 포스트잇을 함께 보며 즉석에서 아이디어 발표회를 열었다.

정보가 교환되는 곳, 서로 이야기를 들어주고 낭만적인 드라마를 꿈꿀 수 있는 곳, 물물교환이나 대안적 경제가 형성되는 곳, 동네 복덕방 같은 공간… 자리를 함께한 사람들은 대체로 이런 공간을 원하고 있었다.

내용만 보면 이전에 활동하면서 무수히 읽고 듣고 시도하던 아이디어와 크게 다르지 않았다. 하지만 그날은 완전히 다르게 들렸다. 익숙한 아이디어라도 느슨하게 연결된 사람들의 개인적 관심에서 출발하니 하나하나 새롭고 특별하게 와닿았다. 관심과 능력이 닿는 선에서 무엇이든 시도할 수 있을 듯했다.

모임 이후, 그날 나눈 이야기와 이전까지 우리가 하고 싶었던 내용을 모아 앞으로 할 일을 몇 가지 키워드로 정리했다.

어쩌면 프로젝트   공간, 사람, 동네. 어쩌면 이루어질지도 몰라

조직이 아닌 공간을 매개로 낯선 사람들이 만나고 관계

맺는 경험, 동네와 접속하는 계기 만들기. 가능할까?

어쩌면사무소   재활용+재창작+공유+에코 가드닝 카페

도시의 길목에, 비좁은 방 안 구석에, 어두운 창고 속에

버려지거나 잠자고 있는 물건들을 깨우고(재활용)

그 물건과 사람들이 만나 새롭고 창조적인 경험을 아로

새기고(재창작) 과정과 결과물을 여럿이 함께 나누는

(공유) 공간 + 동네와 사람을 연결하는 도시 텃밭

(에코 가드닝)이 있는 작지만 변화무쌍한 카페.

  이렇게 큰 방향을 잡고 나서 구체적인 작업 방식을 구상했다. 인테리어는 비용을 최소화하는 대신 우리의 시간과 노동을 투여하기로 했다. 작업 과정 전체가 핵심적인 활동이 될 거라고 생각했다. 기간을 두 달 정도로 느긋하게 잡아두고, 다음과 같은 작업을 해나가기로 했다.

  - 수레를 끌고 다니며 재활용품을 모으는 재활용 원정대
  - 모은 물품을 재활용하는 각종 재창작 워크숍
  - 도시 텃밭을 만들고 가꾸는 에코 가드닝

- 벼룩시장, 바자회 등 물품 공유 이벤트로 꾸미는 오픈 파티

실제 이 모든 활동을 차근차근 진행하고 문을 열기까지는 정확히 92일이 걸렸다. 예정보다 한 달이 더 늘어난 셈이다. 그때 계획한 일 중에서 가장 참신하고 즐거웠으며, 재빨리 포기해버린 구상은 '재활용 원정대'이다. 처음에는 길가에 버려진 가구를 주워 공간을 채울 생각이었다. 매일같이 누군가 이사를 나가는 옥수동 골목에서 사연 있어 보이는 낡은 가구가 자주 눈에 띄었기 때문이다. 모임에서 그 이야기를 꺼내자 누군가 "그럴 거면 아예 수레 하나 구해서 주기적으로 동네를 돌아다니면 어때요?"라고 제안했다. 마음에 꼭 드는 아이디어였다. 수레 옆면에는 '재활용 원정대'라고 이름도 크게 쓰고 예쁘게 장식도 해서 돌아다니면 재밌을 것 같았다.

곧바로 수레를 구할 방법을 알아보았다. 뜻밖에도 별거 아니라고 생각했던 수레가 상당히 비쌌다. 철골로 된 본체만 해도 수십만 원에다 합판이나 함석을 대는 비용이 추가로 든다니 깜짝 놀랐다. 당장 계획을 포기하고, 그냥 오가다 눈에 띄는 가구가 있으면 맨손으로 주워보기로 했다. 얼마 안 가 어쩌면사무소 바로 위 골목에서 가로로 긴 나무 벤치 하나를 발견했다. 윗면에는 전체를 뒤덮는 폭신한 쿠션도 붙어있고 흠집도 거의 없어 제법 쓸만했다. 민규와 둘이서 낑낑대며 들어다 텅 빈 실내에 옮겨놓고는 뿌듯한 마음에 기념 촬영까지 했다.

며칠 후엔 옥수동을 걷다가 폐업한 가게 앞에 버려진 삐걱대

는 나무 의자 두 개도 발견했다. 그 의자를 하나씩 나눠 들고 언덕을 넘어 어쩌면사무소로 옮겨놓았다. 텃밭 받침대로 쓰면 좋을 것 같아 커다란 스피커와 고장 난 괘종시계도 주웠는데 출입문 앞에 놓았더니 이내 누군가 집어가 버렸다. 그렇게 사라진 몇 가지 물건을 빼고는 그때 주운 가구들은 이후 복잡다단한 준비 과정을 모두 이겨내고 어쩌면사무소에 무사히 자리를 잡았다. 재활용 원정대는 빛도 못 본 채 사라졌지만, 가구를 주우러 다니며 도시에서 쓰고 버리는 물건 중에는 생각보다 멀쩡한 게 많다는 사실을 발견했다.

건축가이자 작가인 사카구치 교혜는 『도시형 수렵채집생활』[57]이라는 책에서 도시에서 수렵채집으로 살아가고 있는 현인들, 다시 말해 노숙인들에 관한 이야기를 전한다. 실제로 거리에서 노숙인과 함께 지낸 저자는 종이상자나 저수탱크로 지은 집이 얼마나 아늑한지, 쓰레기더미에서 찾아낸 각종 금속이나 소품 등을 팔아 꾸리는 생계가 얼마나 풍요로운지를 체험했다. 그 시간을 통과하며 "인간에게 정말로 필요한 물건은 무엇인가?" "시스템에서 벗어난 삶은 어떤 의미를 지니는가?" 이런 질문을 던지고 색다른 시선으로 답을 찾아냈다.

> 도시형 수렵채집생활이라는 것은 단순한 노숙인 생활을 가리키는 것이 아니다. 그 요지는 자신의 머리로 생각하고 독자적인 생활을 영위하며 일을 창조해내는 것이다. (186쪽)

그들은 시스템 하나 바꾸지 않고 모든 것을 스스로 결정하는 용기로 써 자기만의 집, 자기만의 생활을 획득했다. 즉, 사회가 어떤 상황으로 바뀌더라도 거기에 좌우되지 않는 독립된 삶을 영위하기 때문에 주도권은 늘 그들의 손에서 벗어나는 일이 없다. (230쪽)[58]

사카구치는 주거와 생활의 모든 영역을 공급자인 정부나 기업에 의존해야 하는 도시의 생활 구조에서 유일하게 자유로운 존재가 바로 노숙인이라 말한다. 노숙인은 흔히 생각하듯 실패자나 탈락자가 아니라, 도시를 새롭게 발견하는 위대한 현인이다. 돈도 없고 직업도 없는 사람이라도 도시 한가운데서 풍족하고 자유롭게 사는 방법을 잘 알고 있기 때문이다.

노숙인을 그런 식으로 서술하는 건 지나치게 낭만적인 접근으로 비칠 수 있다. 일본에서는 2000년대 신자유주의 정책이 본격화하며 비정규직이 급속히 늘었고, 출생률 하락과 고령화가 심화되었다. 가구 수입이 줄어드니 저소득 일자리에 여성이 나서면서 기존에 떠맡고 있던 돌봄노동도 줄었다.[59] 이런 상황에서 일본의 노숙인 수는 2003년에는 2만 5천여 명으로 급격히 치솟았다. 이후 점차 줄어들긴 했지만, 여전히 공원 등지에 텐트를 치고 길게는 10년 이상 장기 노숙하는 인구가 상당하다.[60] 노숙인을 단지 없애야 할 사회문제로 접근하거나 그저 자기만족에 빠져 살아가는 이로 보기에는 만만치 않은 현실이고, 그래서도 안 될 일이다.

그들이 '시스템 하나 바꾸지 않고' 거리에 넘쳐나는 자원을 주워 모아 자기만의 생활 방식을 찾아냈다는 사카구치의 설명은 언뜻 불평등한 사회구조를 손쉽게 용인하는 것으로 느껴져 불편하다. 그러나 손 닿는 곳에서 자원을 찾아내 생활하는 노숙인의 삶의 방식을 하나의 대안으로 바라보려는 시도는 '도시의 주인은 그곳에 사는 거주자와 이용자'라고 선언한 철학자 르페브르의 생각과 닮았기에 매력적이다. 노숙인을 포함한 빈곤 인구가 그렇게 많은데도 누군가 쉽게 버리고 내버려 두는 물건이 넘쳐나는 도시의 현실은 사회의 불평등이 결코 절대적 자원이 부족해서 발생한 현상이 아니라는 진실을 드러낸다.

재활용 원정대가 불발된 지 얼마 지나지 않아, 우리의 작업을 응원하던 지인이 일터에서 틈틈이 모았다며 묵직한 목제 팔레트를 잔뜩 가져다주었다. 팔레트는 무겁고 부피가 큰 짐을 지게차로 옮길 때 바닥에 대는 받침대이다. 그는 재활용을 정 하고 싶다면 팔레트를 뼈대로 삼아 본격적인 목공 작업을 해보라며 설득했다.

그때까지 나는 드릴 한번 잡아본 적이 없었다. 둘 다 그다지 경험이 없는 상태여서 덥석 받아들이기 어려운 조언이었다. 하지만 주워 모은 가구도 충분치 않은데 시간은 계속 흐르고 있었다. 팔레트뿐 아니라 더 필요한 목재는 손수 트럭을 빌려 단골 목재상에서 실어다 주고, 테이블 쏘를 포함한 각종 공구까지 다 챙겨다 주겠다 했다. 그 정성이 눈물 나게 고마웠다. 팔레트를 고쳐 뭔가를 만들어보는 게 재밌을 것 같기도 했다. 결국, 우리는 목공에 도전하기로 했다. 그로 인해 장장 두 달에 걸친 고된 노동이 시작되었다.

한여름, 톱밥이 날려 에어컨도 선풍기도 틀 수 없는 실내에서 매일 땀을 뻘뻘 흘리며 서툰 목수 노릇을 했다. 열심히 설계하고 책도 뒤지며 준비를 했건만 막상 실전에 들어가니 당황스러운 일 투성이였다. 상상을 넘어서는 긴장과 피로가 덮쳐왔다. 그러자 우리는 전에 없이 크게 싸우기 시작했다. 이유는 사소했다. 합판을 들어 옮기다가 서로 합이 맞지 않아 떨어뜨리거나, 사포질하는 방식이 마음에 들지 않거나, 전선에 발이 걸려 넘어지거나, 작업을 끝내고 밥을 먹을지 먹고 작업할지를 놓고 옥신각신하거나… 하여튼 그리 심각한 문제가 아니었다. 그런데도 한번 다툼이 시작되면 상황은 걷잡을 수 없이 악화되고, 다툰 후에도 충격이 쉽게 사라지지 않았다. 작업이 후반부에 다다를 즈음에는 다시 안 볼 것처럼 독한 표정과 언어로 서로를 대하는 순간이 왔다.

톱밥과 먼지를 뒤집어쓴 채 땀과 눈물 범벅이 되어 민규를 노려보던 어느 날, 문득 생각했다. 우리가 대체 왜 여기서 이러고 있는 걸까? 이 일을 하기로 마음먹었을 때 설레면서도 홀가분하던 기분은 잠깐의 착각이었던 걸까?

위기에 처한 우리를 구원해준 건 역시 사람들이었다. 때로다 엎고 뛰쳐나가고 싶다가도 함께해 준 사람들이나 도움을 주고받은 지인들 얼굴이 어른거려 발이 떨어지지 않았다. 게다가 그들은 꼭 우리가 심하게 싸울 즈음이면 번갈아 나타나 둘 사이에 쌓인 긴장을 풀어주곤 했다. 나는 그날그날 진행하는 작업 내용과 생각을 시시콜콜 페이스북 그룹에 공유했다. 정보나 의견이 필요할 때면 질문하고 도움도 청했다. 그러다 보니 최소 사나흘에 한번은 누군가 현장에 찾아왔다.

찾아오는 사람들의 폭은 생각보다 넓었다. 프로젝트를 준비하면서 만난 이들뿐 아니라 소식을 들은 지인도 오고, 어떻게 알았는지 공간을 만들거나 새로운 시도를 해보려는 사람들이 견학 겸 찾아오기도 했다. 방문 빈도는 작업 후반부로 갈수록 높아졌다. 우리가 더 많이 힘들어할수록 더 많은 사람이 찾아왔다. 때론 먹을거리를 챙겨와 격려하기도 하고 사포질이나 톱질, 페인트칠, 청소 등 그때그때 필요한 작업에 동참했다. 함께 작업하다 지칠 때면 일손을 놓고 건너편 공원 평상에 둘러앉아 먹고 마셨다. 그러다 보면 둘이서 아옹다옹하던 일들이 하찮게 느껴졌다. 글쎄 우리가 어제는 이런 일로 싸웠다고 웃으며 이야기할 수도 있었다.

뜨거운 여름이 끝날 무렵 길고 길었던 목공도 끝났다. 마지막 못질을 끝내고 공원 평상으로 달려가 드러누우니 부드러운 바람이 뺨을 훅 스쳤다. 달아오른 얼굴의 열기가 식으며 그동안의 고통과 피로가 씻은 듯 사라졌다. 무엇보다 민규와 내가 서로를 파괴하지 않고 이 일을 해냈다는 사실이 놀랍고 감동적이었다. 지독하게 싸운 만큼 우리는 이전보다 훨씬 서로를 더 잘 이해하게 되었고, 앞으로 함께 할 시간에 대해서도 자신감이 생겼다.

만들어놓고 보니 공간이 제법 그럴듯했다. 구석구석 먼지를 털어내며 청소하고 곧바로 후반 작업에 돌입했다. 틈틈이 황학동을 돌아다니며 중고 의자와 식기도 사들였다. 그 밖에 접시며 머그잔이며 수저며 온갖 주방용품은 쓰지 않는 물건을 챙겨 보내준 사람들 덕에 채워 넣었다.

건물 앞에는 팔레트와 구조목으로 만든 제법 근사한 텃밭이 자리 잡았다. 뙤약볕 아래 조심조심 씨 뿌려 키운 채소와 허브를 옮겨 심고, 동네 할머니에게 선물 받은 옥잠화며 양재꽃시장에서 사 온 각종 모종으로 텃밭을 속속 채워나갔다.

연대의
기초

공간의 실체를 무엇으로 할까? 오픈을 앞두고 우리는 미뤄두었던 결정을 해야 했다. 공간의 성격을 '카페'라 칭하긴 했지만, 실제로 음료나 음식을 판매할 생각은 없었다. 부동산을 찾아갔을 때 공인중개사가 한 조언처럼 공간에 오는 이들이 이용료나 자발적 후원금을 내는 형태를 막연히 상상할 따름이었다. 그때 문득 한 사람이 떠올랐다. 꽤 오래전부터 인권 단체에서 일해온 활동가 재훈이다. 그가 얼마 전부터 지인들과 카페를 운영한다는 소식을 들은 기억이 났다.

오랜만에 재훈을 만났다. 나만큼이나 그에게도 그사이 많은 변화가 있었다. 내가 조직 중심의 경직된 활동에 문제를 느꼈다면, 재훈은 생계를 조직에 의존하는 방식에 한계를 느낀 모양이었다. 그는 나보다 몇 년 앞서 안식년을 얻어 캐나다로 연수를 떠났는데, 그곳에서 우리와는 다르게 사는 활동가들을 만났다고 했다.

시민운동가가 되기로 마음먹었을 때, 나는 실제로 활동들

182

이 어떻게 먹고사는지 전혀 알지 못했다. 알고 보니 대부분 특정 단체에 직원처럼 고용된 형태로 급여를 받으며 일하고 있었다. 그래서 그게 보편적인가 싶었다. 나중에 해외 활동가들을 만나 보니 그렇지만도 않았다. 무급 자원활동가가 주축이 되는 조직도 있고, 후원금이나 활동을 통한 부수입을 각자의 형편에 맞게 나누는 곳도 있었다. 개인적으로 특정 재단이나 기금의 지원을 받아 활동하는 이들도 많았다.

국내 시민 단체는 80년대에서 90년대로 이어진 민주화운동의 영향을 받았다. 학생운동과 노동운동 출신이 다수였던 시민운동가들은 개혁을 지지하는 사회 분위기 속에서 다달이 회비를 내는 회원을 기반으로 조직을 설립하고, 활동가들의 정규직 일자리를 늘렸다. 그렇다고 급여 수준이 생계를 해결할 만큼 높진 않았다. 2000년대 초에 활동을 시작한 민규와 나는 활동 기간 내내 월 100만 원 안팎의 급여를 받았고, 다른 단체들도 그 범위를 벗어나지 않았다.

최저임금위원회에 따르면 2001년 시간당 최저임금이 2,100원이었고 10년 후인 2010년에는 4,110원으로 올랐다.[61] 월 200시간 근무로 환산하면 2001년 42만 원, 2010년 82만 원 정도다. 그렇다면 같은 기간 우리가 시민 단체에서 일하며 받은 급여는 생활비로는 부족해도 최저임금에 비해선 훨씬 높은 수준을 유지한 셈이다. 상황은 얼마 못 가 역전되었다. OECD 국가들에 비교하면 낮다고 해도 최저임금은 제도를 시행한 1988년 이후 꾸준히 상승했다. 반면 시민 단체 급여는 거의 오르지 않았다. 한 자료에 따르면 2012년 비관리직 활동가 평균 임금은 115만 2천 원으로, 같은 해 대졸 초봉의 60퍼센트 수준이었다.[62]

급여뿐 아니라 일자리 자체도 불안정해졌다. 고용불안과 소득불평등이 심해지는 사회적 분위기 속에서 안 그래도 열악한 단체들의 재정 상황이 나아지리라 기대하기 어려웠다. 어떻게든 좋은 일자리를 만들어내고 싶은 활동가들의 노력이 이어졌지만 뾰족한 대안이 보이지 않았다.

캐나다에서 재훈이 만난 시민운동가들은 특히 무급 활동을 하는 경우가 많았다. 버스 운전을 하건, 용접 일을 하건, 서비스업을 하건 나름의 생계 활동을 하면서 사회운동을 병행하고 있었다. 그들을 보며 재훈은 자신도 어떻게든 별도의 생업을 가져야겠다고 생각했다. 앞으로 오랫동안 즐겁게 활동해나가기 위해 조직에 생계를 기대지 않고 자립할 방법을 찾고 싶었던 거다.

한국으로 돌아온 재훈이 마침 카페를 준비하던 지인들을 돕게 된 데는 그런 까닭이 있었다. 우리가 만났을 때는 카페를 연 지 4년이 지날 즈음이었다. 정성 들여 원두를 볶아 팔고 커피를 내던 작은 카페는 그사이 지점을 두어 개 열며 성장했다. 자립을 고민했던 그간의 경험을 이야기하던 재훈은 우리가 하려는 실험에 관심을 보였다. 이어 카페 대표와의 만남도 주선했다.

"재밌겠더라고요." 대표는 우리를 보자마자 불쑥 말했다. 이미 재훈에게 우리 얘기를 들어 알고 있다고 했다. 그러고는 어리둥절해 하는 우리에게 천천히 이야기를 들려주었다. 카페 일을 하다 보니 창업 상담 요청을 자주 받는데, 막상 들어보면 창업을 권하기보다는 말려야 할 때가 많다고 했다. 막연히 카페에 대한 환상을 지닌 경우도 문제지만, 상권과 영업 전략 등 고려할 점이 한둘이 아닌데 창업 비용만 생각하고 뛰어드는 사람들이 많다는 거다.

실제로 2012년 당시 한국에서 카페는 이미 레드오션이었다. 통계청에 따르면 2008년부터 2012년 사이 커피 및 음료를 판매하는 비알코올 음료 가게는 두 배 가까이 늘어났고 종사자 수도 비슷한 비율로 늘었다.[63] 경쟁은 개별 카페 사이에서만 벌어지는 게 아니었다. 같은 시기 스타벅스나 카페베네, 이디야 같은 프랜차이즈 카페가 폭발적으로 성장하면서 시장을 잠식해 들어갔다. 신규 창업한 카페 중 절반 가까이가 3년 이내에 문을 닫을 정도로 생존율이 낮은 상황이었다.[64]

2010년대에 들어서는 서울의 주요 번화가에서 젠드리피케이션gentrification[65]이 가속화되며 임대료가 폭발적으로 치솟기 시작했다. 인테리어와 집기 마련에만 수천만 원에서 억대의 돈을 투자하며 사업을 시작한 창업자들은 하루가 다르게 오르는 임대료와 인건비를 감당하기 어려운 처지에 놓여 결국 떠날 수밖에 없다.

그런데 우리 경우는 그런 상황과는 전혀 다르게 들렸다고 한다. 미리 '까먹을' 돈의 상한선을 정해놓고 수익에 상관없이 공간을 매개로 실험하겠다는 우리의 접근방식, 창업비를 줄이고 지출을 기준으로 운영 계획을 세운 점이 특히 흥미로웠다고 했다. 언덕 위 주택가에 자리 잡은 어쩌면사무소는 젠트리피케이션의 영향권에 들어가기도 어려운 조건이었다. 예측 가능한 수준의 방문자가 드나들 예정이라면 수익을 목적으로 하지 않더라도 영리적인 카페 형태를 취하는 것도 괜찮은 선택이 될 거라 했다.

우리는 설비를 마련할 돈도 없고, 애초에 굳이 카페를 하려는 것도 아니었다며 조심스럽게 대답했다. 그러자 그는 큰돈 들이지 않고도 카페를 만들 방법이 있다고 했다. 가스레인지로 에스프레소를 추출하는 모카 포트를 쓰면 된다. 얼음은 냉장고에서 얼리고, 우유 거품은 가정용 밀크프로더로 내면 고가의 커피머신과 제빙기를 갖추지 않고도 기본 메뉴는 만들 수 있다. 고맙게도 그는 작업 라인을 간단히 설계해 비품 목록을 꾸리는 일까지 도와주겠다고 했다. 목공을 권한 지인의 설득에 넘어갔던 때와 마찬가지로, 그날 만남은 어쩌면사무소가 갈 길을 또 한 번 크게 흔들어놓았다. 우리는 다시 머리를 맞대고 앉았다. 과연 장사라는 걸 할 수 있을지, 그 방향이 어쩌면 프로젝트로 하려던 일과 어울릴지 고민했다.

의논 끝에 우리는 중간단계를 택했다. 어쩌면사무소는 기본적으로 어쩌면 프로젝트의 다양한 실험을 하는 공간이다. 필요할 경우 외부에 공간을 빌려주기도 하고 평소에는 누구나 카페처럼 찾아와 음료를 마시며 시간을 보낼 수 있도록 열어놓는다. 그리하여 공간 전체를 빌려줄 때는 대관료를, 개인이 카페로 열어둘 땐 공간 이용료를 받아 운영에 보태기로 했다. 그러면 비영리적인 활동과 영리적인 거래가 공존하는 공간이 될 수 있을 듯했다.

오픈 일주일 전, 우리 둘은 건너편 공원 정자에 나란히 앉아 바리스타 경험이 있는 지인에게 핸드드립하는 법을 배웠다. 얼마 후에는 재훈도 직접 찾아와 수업을 해주었다. 그리고 정신을 차려보니 어느 틈에 공간은 '카페 비슷한 어떤 것'이 되어 세상에 나올 채비를 하고 있었다. 세무서에 찾아가 공간 대여를 주 사업으로 사업자등록을 하고, 카드 결제기를 들이고, 대관 규정을 만들어 주방 앞 메뉴판에 써넣었다. 출입문 옆에는 서각 작업을 하는 지인이 정성 들여 만들어준 현판을 달았다.

프로젝트 막바지가 되어서야 추진한 크라우드 펀딩도 무사히 종료되었다.[66] 공간을 마련하는 데 드는 전체 비용은 우리 스스로 감당하기로 했지만, 우리를 전혀 모르는 사람들과 연결고리를 만들고 싶어서 별도로 진행한 모금이었다. 펀딩에는 모두 69명이 참여해 목표 금액보다 많은 450만 원이 모였다. 그동안 인테리어에 쓴 비용과 거의 일치하는 금액이다.

노르웨이 북쪽 해상에 동떨어진 섬 스발바르Svalbard에는 전 세계 곡물 씨앗을 보관하는 특별한 시설이 있다. 일 년 내내 지표면 온도가 영상으로 오르지 않는 영구 동토의 바위산 중턱, 한때 탄광이던 깊은 동굴 속에 자리 잡은 이 저장고는 특정 지역이나 지구 전체에 위기가 닥치더라도 곡물이 멸종하지 않도록 보존하는 역할을 한다. 그 때문에 언론에서는 현대판 '노아의 방주'라고도 한다.[67] 구약성서에서 노아가 대홍수를 앞두고 지상의 동물을 한 쌍씩 태워 보호하라는 신의 계시를 받아 지은 그 배 말이다.

노르웨이 정부가 짓고 세계가 함께 사용하는 이 특별한 저장고가 문을 연 해는 2008년이다. 당시 언론을 통해 그 소식을 들은 나는 다가올 위기를 감지하고 미래를 준비하는 인류의 오래된 습관이 경이롭다는 생각을 했다. 그런데 돌이켜보니 우리 또한 그 인류의 일원인 게 틀림없어 보인다. 옥수동에서 이름 없는 존재로, 이웃 하나 없이 고립된 존재로 떠날 날을 기다리던 우리는 두 손 놓고 다가올 운명을 맞이하고 싶지 않았다. 그래서 내면의 목소리에 따라 나름의 방주를 지으러 나섰고, 어떻게든 그 방주에 옥수동의 흔적을 담으려 했다.

밤늦게까지 거리를 밝히던 대폿집에서 버리고 간 나무 의자 두 개는 삐걱대긴 하지만 쓸만했다. 빈 건물 앞에 쌓인 책더미에서 세계명작동화전집 두 권을 주웠을 땐 뛸 듯이 기뻤다. 해마다 아름답게 피던 나팔꽃도 눈에 밟혀, 꼬투리가 잘 마른 후에 씨앗을 받아 종이에 싸놓았다. 봄이 오면 텃밭 여기저기에 뿌릴 생각이었다. 옆집에서 남기고 떠난 상자 텃밭과 그 안에 담긴 채송화도 얼른 챙겼다. 한쪽 다리가 덜컥대는 개다리소반을 주웠을 때는 민규에게 타박을 듣고 다시 제자리에 돌려놓아야 했다.

그렇게 주섬주섬 모은 옥수동의 흔적은 어쩌면사무소 안팎에 무리 없이 잘 스며들었다. 정말이지 사소하고 평범해서, 열심히 자랑해야 사람들이 겨우 알아볼 정도였다. 개점 당일 아침에는 그동안 찍은 옥수동 사진을 컬러로 출력해 한쪽 벽에 줄줄이 도배하고는 '옥수동 트러스트'라는 제목을 써 붙였다.

이렇게 출항 준비를 끝냈다. 이 모든 일이 석 달 전 백지상태에서 시작되었다는 걸 믿기 어려웠다. 바로 전날, 나는 정리가 덜 끝난 공간 구석에 자리를 잡고 앉아 종일 편지를 썼다. 펀딩에 참여한 이들과 그동안 프로젝트에 참여한 수많은 사람에게 인사를 하고 싶었다. 볼펜으로 한 사람 한 사람 이름과 인사말을 써넣고, 마지막 칸에는 모두 똑같은 문장을 추가했다.

비어있기에 채울 수 있고,
불확실하기에 꿈꿀 수 있는 그런 공간으로 함께 만들어가요.

그날 밤, 우리는 오랜만에 피로와 걱정이 아닌 설렘을 가득 안고 어두운 옥수동으로 돌아가 잠을 청했다.

공간을
열다

2012년 9월 10일, 어쩌면사무소의 문을 열었다. 온라인상으로는 미주알고주알 다 나누고 있었지만, 매일 지나는 사람들은 그때까지도 우리가 대체 뭘 하는 건지 알지 못했다. 밤늦도록 낑낑대며 작업을 하고 있으면 호기심을 참지 못하는 이들이 불쑥 들어와 질문을 던지곤 했다. "여긴 뭐 하는 곳이요?" 그럴 때마다 적당히 얼버무렸다. 당연한 일이다. 그 답은 우리도 몰랐으니까.

공간의 성격을 '카페 비슷한 어떤 것'이라고 말할 수 있게 된 것도 문을 열기 직전의 일이다. 이렇게 조용한 동네에, 외진 언덕 위에 슬그머니 문을 연 수상한 공간에 과연 동네 사람들이 반응이나 할까? 궁금했다.

아침 10시, 문을 열자마자 떨리는 마음으로 테이블을 닦고, 음악을 틀고, 모카포트에 물을 채워 가스레인지에 올렸다. 치이익, 증기가 힘차게 뿜어져 나왔다. 주방에서 민규가 분주하게 움직이는 사이 나는 포장 상자 골판지를 잘라 임시 메뉴판을 만들었다. 갑자기 창밖에서 오토바이 소리가 들렸다. 그 소리는 부릉

하고 이쪽으로 지나가더니 잠시 후 반대쪽에서 부릉 하고 다가왔다. 세 번째 소리는 짧게 울린 후 문 앞에서 멈추었다. 고개를 들어 보니 우체국 집배원이었다.

"저, 커피, 하시나요?"

"네. 오늘 막 문을 열었어요."

"그럼 카페라떼 한 잔 부탁드려요."

공간을 둘러보던 그는 창가 붙박이 테이블에 자리를 잡고 앉았다. 나는 카페라테가 담긴 머그잔을 쟁반에 받쳐 조심조심 테이블로 가져갔다. 컵을 내려놓으며 망설이다 슬쩍 물었다.

"매일 지나가면서 작업 하시는 거 봤어요. 오늘 보니까 오픈이라고 쓰여있더라고요. 되게 궁금했어요."

"여기서 일하신 지 오래되셨어요?"

"그럼요. 태어나서부터 이 근처에 살았어요. 우체국에서 일한 지도 십 년 넘었죠."

첫날 첫 손님이 동네에서 나고 자란 집배원이라니, 이렇게 근사할 수가. 나는 어색함을 떨치며 대화를 이어갔다.

"요즘 사람들이 편지를 잘 안 쓰죠?"

"그렇죠. 그래도 우체국에서 사람을 자꾸 줄이니까 저희 일은 더 많아졌어요. 이 옆부터 위쪽까지 전부 제가 하는데 종일 뛰어다녀도 시간이 부족해요. 대부분 고지서나 홍보물이지만…. 어쩌다가 손으로 쓴 편지가 있으면 엄청 반갑고 그래요."

과연 그는 늘 바빴다. 수년째 매일 비슷한 시간에 오토바이를 타고 어쩌면사무소 앞을 지나가지만, 차분히 앉아서 차를 마신 건 그날이 유일했다. 그래도 우리 앞으로 온 우편물이 있으면 그냥 꽂아 넣지 않고 항상 들어와 직접 건네주었다. 잠시 서서 동네 소식을 전해주기도 했다. 집배원도 정직원과 계약직이 있고, 택배는 기존 우편물과는 다른 체계로 배송된다는 것도 그를 통해 알았다. 정직원이든 계약직이든 업무량이 가혹할 정도로 많아 자칫 서로를 원망하기 쉽다는 현실도.

성실하고 친절한 그의 이야기를 듣고 있으면 동네와 밀착되는 기분이 들었다. 영화 <일 포스티노 Il Postino>에서 바닷가 작은 마을에 숨은 시인에게 우편물을 전해주던 우편배달부처럼, 우리의 첫 손님은 도시의 언덕 위에 가만히 숨은 우리를 동네와 연결하는 최초의 통로가 되어주었다.

개업이라고는 해도 별달리 홍보는 하지 않았다. 오픈을 알리는 배너도 안 세웠다. 공간의 성격을 설명하기도 어렵지만, 사실 낯선 손님이 불쑥 들어오는 상황이 두렵기도 했다. 그래도 동네 떡집에다 떡은 조금 주문해두었다. 맞은편 공원 정자에 모여 앉아 매일 우리를 관찰하던 노인들을 위해서다. 어느 날 갑자기 동네에 나타나 어설픈 공사를 하는 우리를 보고 신기해하는 눈빛을 보내기도, 혀를 끌끌 차기도 했다. 심지어 "젊은 사람들이 나가서 돈 벌지 않고 여기서 뭐 하는 거야." 하며 타박 주는 이도 있었다.

처음에는 그런 말에 일일이 답을 해야 하는지 가만히 듣고 넘겨야 하는지 도무지 감이 오질 않았다. 매일 마주치면서 한 사람 한 사람 얼굴과 성격을 익히고 나니 여유가 좀 생겼다. 노인층이 많은 동네에서 카페를 열어봤던 재훈의 조언이 도움이 되었다. "일단 얼굴을 익힐 때까지 무조건 먼저 인사해요. 그것만 하면 돼요." 그 말에 의지해, 공사하는 동안 친구들이 가져온 과일이나 간식을 공원으로 나르며 열심히 인사를 하고 다녔다. 멀리서 누가 보이기만 해도 허리를 굽히며 폴더 인사를 하는 우리를 노인들은 무척 반겼다. 그날 오후도 어김없이 정자에 모여 앉은 그들에게 떡을 돌리며 개업 소식을 전했다. "뭘 파는데?" "아… 커피 같은 거요."

이 구석진 동네에서 무슨 커피를 파느냐고 또 타박이 이어졌다. 그래도 첫날이니 팔아주겠다며 한번 가져와 보란다. 순간 당황했다. '아, 어르신들이 좋아하는 커피믹스라도 좀 사둘 걸 그랬네. 어떡하나.' 고심하던 우리는 할 수 없이 모카포트로 내린 에스프레소에 물과 시럽을 타서 잔에 담아 정자로 배달했다. 아니나 다를까, "맛이 이상하네. 이게 무슨 커피야?" 이런 불평이 쏟아졌다. 그러고는 우리가 손사래를 치는데도 기어코 만 원짜리 지폐를 쥐여주며 부자 되라고 덕담을 건넸다.

돌아서며 그 초록색 지폐를 들여다보는데 마음 한쪽이 찡했다. 우리가 부자가 되는 일은 결코 없겠지만, 행여 조용한 동네를 비집고 들어온 민폐 덩어리 취급을 받지 않을까 하는 걱정은 좀 덜어도 될 듯했다.

4장

공존한다는 것

어쩌면사무소
면장님 부임하다

허둥지둥 첫날을 보내고 나니 둘째 날은 한결 가벼운 마음이 들었다. 저녁에는 생태적 삶을 고민하는 활동가 여럿이 모여 수다를 떠는 모임이 있었다. 밤 10시쯤 지났을까, 갑자기 밖이 소란스러웠다. 어디선가 애처로운 동물 울음소리가 웅성거리는 사람 목소리와 함께 울려 퍼졌다. "혹시 누가 동물을 학대하는 건 아닐까요?" 우르르 밖으로 나가 보니 고등학생으로 보이는 남자 셋의 발치에서 새끼 고양이 한 마리가 날카롭게 앵앵거리고 있었다.

"글쎄 이 녀석이 공원에서부터 저희를 쫓아와서 버리지도 못하고 데려가지도 못하고 있어요." 어쩔 줄 몰라 하며 허겁지겁 말을 쏟아내는 얼굴을 보니 학대를 의심한 게 순간 머쓱해졌다. 우리는 얼른 다가가서 살펴보았다. 그러자 누군가 새끼고양이를 훌쩍 들어 민규에게 떠안기고는 부리나케 달아나는 게 아닌가. "부탁이니 제발 잘 키워주세요!" 어두운 골목 끝에서 외치는 목소리만 길게 울려왔다.

난데없이 두 손에 고양이를 받쳐 든 민규는 어찌할 바 몰라

멍하니 서 있었다. 그대로 실내로 들어와 불빛 아래 내려놓고 보니 녀석의 몰골이 말이 아니었다. 그동안 얼마나 못 먹고 헤매고 다녔는지 조그만 몸의 뼈대가 다 드러나 보였다. 콧잔등과 몸통 곳곳에 딱지가 앉고 털은 잔뜩 뭉쳐 있었다. 길고 가늘게 드러난 꼬리가 마치 물에 빠진 생쥐 꼬리 같았다. 그 꼴을 하고 구석에 숨어서 빽빽 울어대는 녀석이 어찌나 안쓰럽던지. 급한 대로 냉장고에서 다시 멸치 몇 마리를 꺼냈지만, 녀석은 먹지 못했다. 우왕좌왕하고 있자니 마침 모임 참석자 중 한 명이 고양이를 키우는 지인이 있다며 전화로 이것저것 물어봐 주었다. 멸치는 너무 짜서 고양이에게 좋지 않다고 했다. 하물며 아직 이빨도 나지 않은 아기라 뜯어 먹지도 못할 거란다. 사람이 먹는 우유도 잘못하면 탈이 난다고 했다.

결정적으로, 사람 손을 타면 어미를 찾아도 데려가지 않으니 조심하라고 했다.68 그 이야기를 듣고 우리는 놀라서 밖으로 뛰어나갔다. 혹시 어미가 있을까 싶어 공원 주변을 찬찬히 살펴보았으나 허사였다. 만약 어미가 있다 해도 그리 금방 찾을 리 없지. 녀석의 행색이 아무래도 잠시 떨어진 수준이 아니었다. 우리 손을 타든 안 타든 그 상태에서 어미를 찾아주기란 애초에 불가능해 보였다.

다시 실내로 들어오니 녀석은 그새 좀 적응했는지 구석에서 나와 모습을 드러냈다. 그러곤 이내 우리 뒤를 졸졸 쫓아다니며 냐옹냐옹 울어댔다. "얘를 대체 어쩌면 좋아요?" 동동거리는 우리에게 누군가 말했다. "어쩌면사무소에서 거둬야 하지 않을까요? 아무래도 면장님이 부임하신 거 같은데 말이에요."

어쩌면사무소. 즉흥적으로 지은 이름을 두고 사람들은 언제나 같은 질문을 던졌다. "그럼 면장은 누구예요?" 그때마다 우리 둘 다 화들짝 놀라 두 손을 내저었다. "옛 어르신들이 면서기 정도면 동네에서 출세했다고 쳐줬대요. 난 무조건 면서기 할래요." 민규가 선수를 쳤다. 나는 조직에서 나온 이후로 어디 속하거나 직책을 맡는 건 하고 싶지 않았다. 면장을 맡을 이는 아무도 없었다. 우리는 "면장 없는 면사무소라니 그것도 재밌네요"라며 웃어넘겼다.

그런데 그 자리의 주인이 따로 있었던 모양이다. 우리는 새끼 고양이와 서로의 얼굴을 번갈아 보며 바쁘게 머리를 굴렸다. 지금 이 아이를 받아들여도 될까? 정말 우리가 함께 살 수 있을까? 그 질문에 쉽게 답을 할 수 없었다. 우리는 정말 아무것도 몰랐다. 골목이나 담벼락에서 늘 마주치던 고양이라는 동물이 무엇을 먹거나 못 먹는지, 어떻게 대해주어야 마땅한지 생각해 본 적이 없었다. 더구나 젖도 제대로 못 뗀 허약한 새끼 고양이라니!

고민할 문제가 한둘이 아니었다. 이제 막 문을 연 공간에 낯선 생명체를 들이는 게 과연 현명한 일일까? 우리는 공간 운영도 처음이고 장사도 처음인데, 이렇게 작고 위태로운 생명체를 돌보는 일을 병행할 수 있을까? 공간을 드나들 사람들이 고양이를 무서워하거나 알레르기가 있으면 어떻게 하지? 그렇다고 집에 데려가 철거 직전인 방에 홀로 둔다는 것도 말이 안 되고⋯ 이런저런 복잡한 생각을 하고 있자니 머리가 핑핑 돌았다. 도무지 야생 상태로는 살아남지 못할 것 같은 모습을 하고서는 우리를 졸졸 따라다니는 새끼 고양이는 절박하고도 당당했다. 연신 "이 일을 어쩜 좋아!"라며 호들갑을 떨었지만, 어느새 우리는 녀석을 품에 거두고 있었다.

어쩌면 답은 처음부터 정해져 있었을지도 모른다. 생각할수록 기막힌 우연이었다. 무려 두 달에 걸친 목공 대장정 중에는 한 번도 마주친 적 없는 새끼 고양이가 공간을 열자마자 동네가 떠나가도록 울며 우리 앞에 나타났으니 말이다. 마치 준비를 다 끝내길 기다렸다는 듯이.

그날 밤, 자정에 이르러서야 모임을 파한 우리는 녀석을 커다란 부직포 가방에 담아 집으로 데려갔다. 좁은 방 어디에 자리를 잡아줘야 할지 몰라 일단 가방 채로 조심스레 방 한편에 내려놓았다. 몇 시간을 빽빽 울어 지쳤는지 녀석은 아무 소리도 내지 않고 웅크리고 있었다.

아침에 눈을 뜨니 사방이 조용했다. 울음소리도 움직임도 느껴지지 않았다. 덜컥 겁이 나서 들여다보니 녀석은 온몸이 차가워진 채로 잠들어 있었다. 다행히 숨은 쉬고 있는 걸 확인하고는 가방을 들고 황급히 집을 나섰다. 언뜻 동물병원 간판을 본 기억이 나 무작정 그리로 달려갔다. 조심스레 가방을 내밀자 수의사는 긴장한 표정을 지었다. 저울에 올려보니 200그램 정도였다. 고양이가 생후 보름 정도면 도달하는 몸무게인데, 녀석은 못해도 한 달은 넘은듯하다고 했다. 말 그대로 반쪽짜리 몸으로 겨우 버티고 있는 상태였다. 수의사는 지금은 할 수 있는 게 없다며 한 달 정도 더 키워서 데려와 보라고 했다. 잘해야 한 달이나 더 살 수 있을지 장담할 수 없다는 말로 들렸다. 우리는 마음을 가다듬고, 개와 고양이에게 먹이는 분유만 한 통 사들고 병원 문을 나섰다. 어쩌면사무소 바닥에 내려놓자 녀석이 어기적대며 다시 빽빽 울기 시작했다. 지난밤보다 상태가 더 심각해 보였다. 따뜻한 물에 분유를 개어 떠먹이니 다급히 받아먹었다. 하지만 잠시 후 구석에 숨어들어 다 토해냈다. 그 작은 몸에 뭐가 들었던 건지 새까만 설사도 여러 번 쏟아냈다.

불안하고, 쇠약하고, 위태로워 보이던 면장님의 임기는 그렇게 시작되었다. 낮에는 어쩌면사무소에서 매시간 분유를 타 먹이며 돌보고, 밤에는 품에 꼭 안고 집으로 데려갔다. 그날 이후 첫 식사, 첫 목욕, 첫 털 고르기, 첫 일광욕, 첫 화장실… 그 모든 처음을 어쩌면사무소와 옥수동 작은 방에서 함께 겪었다. 보름 정도는 갑자기 경기를 일으키거나 구토와 설사를 반복했다. 하루하루가 살얼음판 같았다. 나는 페이스북 그룹에 매일같이 소식을 전하는 동시에 고양이에 관한 온갖 정보를 검색하고, 추천받은 고양이 책을 쌓아놓고 읽어댔다. 그중에서도 길고양이 사이에 주기적으로 도는 전염병 이야기에 집중했다.

길고양이는 열악한 도시환경에서 먹고 마실 것이 마땅치 않다 보니 온갖 질병에 노출되기 쉽고, 한번 전염병이 돌면 순식간에 주변이 초토화될 정도로 쉽게 목숨을 잃는다고 했다. 특히 치사율이 높은 범 백혈구감소증은 건강한 집고양이도 한번 걸리면 살아남기 힘들 정도로 무섭다는데, 아무리 봐도 그게 딱 녀석의

증세 같았다. 그 병은 달리 처치할 방법도 없다고 했다. 수액을 맞으며 며칠씩 지켜보다 그대로 떠나보냈다는 안타까운 사연을 읽을 때마다 눈물이 펑펑 쏟아졌다. 밤이면 어떻게든 그 작은 몸을 우리 곁에 꼭 붙여 자는 녀석이 아침이 오면 차갑게 변해있을 것만 같아 무서웠다.

녀석은 보기보다 훨씬 강했다. 무엇보다 어마어마한 식탐이 한몫했다. 바싹 마른 몸으로 수시로 경련을 하고 탈수증세에 시달리면서도 꿋꿋이 분유를 받아먹으며 버텼다. 힘든 나날을 보내는 사이 꼬질꼬질하던 털이 조금씩 때를 벗고, 앙상하던 다리에도 근육이 조금 붙었다. 한 달 후 다시 찾아간 동물병원에서 이젠 사료를 먹어도 되겠다는 소견을 듣고서야 조마조마하던 우리 마음에도 살짝 여유가 생겼다.

알고 보니 녀석은 동네에서 제법 유명한 존재였다. 면장 부임 후 첫날인가 다음 날인가, 마감하고 청소를 하려는데 처음 보는 아주머니 한 분이 아이들과 함께 문을 열고 빼꼼 들여다보았다.

"공원에 있던 아기 고양이를 여기서 거두셨다고 들었어요. 걱정돼서 한번 와봤는데…."

"네, 들어오세요."

"아유, 잘 있네. 안 그래도 며칠 전부터 공원에서 울면서 헤매기에 우유도 주고 그랬는데. 데려가 키울 수가 없어서 어쩌나 했더니 정말 다행이에요."

그다음 날 저녁 무렵 또 한 커플이 찾아와 비슷한 이야기를 했다. 지날 때마다 울어대서 안쓰러웠는데 여기서 키운다니 너무 반갑고 기쁘다고. 어찌 소식을 전해 들었는지 처음 보는 동네 아이들이 놀이터에서 놀다 뛰어오기를 두어 번, 그리고 또… 사람들의 발길이 이어졌다. 그때까지 녀석은 따로 이름이 없었다. 어느 날 밤 녀석을 보러 들른 동네 주민 한 분이 물었다.

"이름은 뭐라고 지었어요?"

"아직 이름은 없고 그냥 면장님이라 불러요."

"여기가 어쩌면사무소니까 어쩜이라고 부르면 되겠네. 어때요?"

뜬금없는 제안이 마음에 쏙 들었다. "어쩜아" 하고 가만히 불러보니 마치 태어나기 전부터 지어둔 이름인 양 자연스러웠다. 그렇게 우연히 구조한 새끼 고양이는 면장님이 되고, 어쩜이가 되어 어쩌면사무소에 자리를 잡았다.

생명의
온기

두 달, 석 달이 지나며 점차 건강을 회복한 어쩜이는 오동통한 유년 고양이의 매력을 한껏 뽐냈다. 흐릿하던 눈동자가 펜으로 그린 듯 또렷해지고, 꼬질꼬질하던 온몸은 갓 구운 바게트처럼 따스하고 풍성한 노랑 줄무늬 털로 가득 덮였다.

어쩜이는 우리가 가장 심혈을 기울여 만든 창가 붙박이 테이블을 특히 좋아했다. 오후 무렵 거기 늘어져 쏟아지는 햇볕을 쬐는 모습은 마치 태양처럼 눈부셨다. 그 모습을 보고 홀린 듯 사람들이 들어왔다.

동네 아이들도 그렇지만, 온라인으로 정보를 접하고 오직 어쩜이를 보러 찾아오는 사람들도 있었다. 말없이 들어와 핫초코 한 잔 앞에 두고 하염없이 어쩜이만 바라보다 돌아가는 식이었다. 매일 오전 라떼를 마시러 오던 할머니는 "키우려면 아이를 낳아 키우지 이게 뭐야." 하면서 혀를 끌끌 찼지만 아주 싫은 눈치는 아니었다. 어느새 어쩜이는 어쩜면사무소와 떼려야 뗄 수 없는 존재가 되었다.

203

모든 게 순조롭기만 한 건 아니었다. 함께 지낼수록 새로운 고민이 속속 생겼다. 초기엔 홀로 둘 수 없으니 매일 함께 출퇴근했는데, 고양이는 영역을 중시하는 동물이라 자주 옮겨 다니면 좋지 않다는 걸 알고는 영 마음이 쓰였다. 햇빛 좋은 날 문을 열어두면 호시탐탐 밖으로 달아나는 걸 붙잡기도 미안했다. 저렇게 마음껏 돌아다닐 수 있는데 실내에 가둬두는 게 옳은 일인지 의문이 생겼다. 보일러가 고장 나 어쩜이를 집에 데려가지 못하게 되고서는 밤마다 잠긴 문 앞에서 하염없이 우릴 바라보는 모습이 애잔해서 발이 떨어지지 않았다.

이러나저러나 뭐든 다 미안했다. 정말 어떻게 해 주어야 좋은 걸까? 어쩜이의 성장 과정에 드리우는 모든 선택 앞에서 우리는 고민했다. 예방접종을 할 것인지 말 것인지, 사료는 제한할 것인지 자유롭게 먹도록 둘 것인지, 중성화 수술은 꼭 해야만 하는 건지… 또렷한 답을 찾기 어려운 그런 고민은 우리가 사는 도시의 생태를 새로운 시선으로 바라보게 했다.

도시는 오로지 인간을 위해 탄생하고 발전해온 공간이다. 도시에서는 무엇이든 인간의 필요에 맞을 때만 존재할 수 있다. 그 압력에 굴복하지 않는 생물은 자취를 감추고, 가로수처럼 인간의 질서에 순응하는 생물만 보호받는다.

고양이는 그 두 가지 운명을 넘나드는 독특한 존재다. 누구의 명령도 듣지 않으면서 도시 안에 살아남은 몇 안 되는 동물이다. 인간은 고양이를 입양하고 때로 버리기도 하지만, 고양이도 인간을 떠날 때가 있다. 떠난다는 말은 지나칠 수도 있다. 호기심에 잠깐 문을 나섰다가, 혹은 발정기에 자기도 모르게 집을 나갔다가 갑작스러운 변화에 놀라 헤매다 영영 돌아오지 못하는 거다. 집 안에 살다가 밖으로 나간 고양이가 살아남기는 어렵다. 그럴 거면 처음부터 거두지 말걸, 이런 후회가 생길 수밖에 없다. 여전히 야생성이 살아있는 고양이가 정말 우리와 함께 살기를 바라는지 판단하기란 쉽지 않다.

실제로 길고양이의 삶은 가혹하기 짝이 없다. 어쩌다 풍채 좋은 고양이가 보인다면, 잘 먹어 튼튼한 게 아니라 사람이 버린 음식 쓰레기를 먹다 병이 났을 가능성이 크다. 고양이는 신장이 작아 염분에 취약하기 때문이다. 수컷은 영역 다툼에서 지거나 큰 상처를 입으면 그대로 목숨을 잃을 수 있다. 암컷은 수개월에 한 번씩 발정기가 오는데 그때마다 임신, 출산을 반복하는 게 보통 일이 아니다. 출산도 힘들지만, 한동안 홀로 새끼들을 키우느라 극도로 쇠약해진다. 그렇게 온몸을 던져 돌봐도 결국에는 한두 마리밖에 지키지 못한다.

멀쩡히 길을 거닐다 죽는 경우도 많다. 2015년부터 2017년까지 서울 시내에서 교통사고 등으로 거리에서 죽는 '로드킬' 희생 동물의 약 80퍼센트가 고양이였다.[69] 발견해 처리한 사체만 연간 5천여 마리라니 하루 평균 열댓 마리 넘게 사고로 죽는 셈이다. 도로를 건너다가 치여 죽고, 추운 겨울 자동차 엔진 열기에 몸을 녹이다가 죽는다.

더 큰 문제는 '고양이는 요물'이라며 혐오하는 문화다. 지금도 고양이를 대놓고 학대하거나 내쫓으려는 사람이 적지 않다. 법으로 금지된 독극물을 놓아 일대의 개체를 몰살시키는 일도 종종 일어난다. 그러니 고양이들은 사람의 발길을 피해 열악한 건물 지하나 쓰레기 더미 주변으로 몰릴 수밖에 없고, 수시로 치사율 높은 전염병에 노출된다. 병에 걸려 쇠약해진 고양이를 위험한 존재로 치부하며 더욱 학대하는 악순환이 반복된다. 그런 까닭에 도시의 길고양이 수명은 길어야 2~3년이다. 적절한 사료를 먹고 돌봄을 받으면 15년 넘게 산다지만, 길 위의 삶은 완전 다른 세계다.[70]

이렇게 가혹한 도시 안에도 다행히 생명을 향한 감수성을 행동으로 표현하는 사람들이 있다. 길에 사는 고양이들을 먹이고, 치료하고, 필요할 때는 입양하거나 입양처를 주선하는 이들 말이다. 보통 캣맘, 캣대디라 불리는 그들은 자발적으로 활동한다. 고양이는 무턱대고 죽인다고 절대 사라지지 않으며, 야생성이 남아있어 모두 집안으로 들이는 게 능사도 아니다. 서로 큰 해를 입히지 않는 한 공존하는 생태계를 일구는 수밖에 없다. 캣맘, 캣대디는 그 사실을 가장 잘 알고 스스로 실천하는 이들이다. 사룟값이나 병원비 등 활동에 필요한 비용은 스스로 충당하거나 모금으로 조달한다. 좀 더 꾸준히 안정적으로 활동하기 위해 온라인 커뮤니티를 꾸리거나 단체를 만들기도 한다.

이전에도 동물의 처지에 관심을 두고 움직이던 사람들이 더러 있었지만, 캣맘과 같이 눈에 확 띌 정도로 적극적인 주체가 드러난 건 그리 오래되지 않았다. 내가 이 흐름을 처음 느낀 건 2011

년 서울시장 보궐선거를 앞둔 시점이었다. 그 선거에서는 유난히 개고기 식용화 문제, 길고양이 및 유기동물 대책 등 동물 관련 각종 사안에 목소리를 내는 사람들이 보였다. 주로 개에 집중되던 관심이 고양이에게로 확대되는 현상이 특히 눈에 띄었다.

2000년대부터 꾸준히 활동해온 동물보호 시민 단체 '카라', 온라인 커뮤니티 '고양이라서 다행이야' 회원들, 수의사 등 동물 분야 전문가 집단, 그리고 2011년 일본 후쿠시마 핵발전소 사고를 계기로 국내 창당을 준비하던 '녹색당 창당준비위원회'까지 다양한 주체가 동시에 움직였다. 얼마 후에는 대학 캠퍼스에 서식하는 길고양이를 돌보는 동아리가 소셜미디어에서 화제가 되었고, 고양이 관련 정책을 적극적으로 펼치는 지방자치단체도 눈길을 끌었다. 2008년부터 길고양이 중성화 사업을 시작한 서울시는 시행착오를 겪으면서도 지속해서 정책을 개선해나간 결과, 2013년 25만 마리에 달하던 길고양이 수를 2017년 14만 마리로 줄였다고 발표했다.[71]

고양이의 생태에 관해 아무것도 몰랐던 우리는 많은 사람의 도움을 받았다. 작은 생명을 소중히 여길 줄 아는 동네 캣맘과 관련 단체, 이웃, 그리고 페이스북 그룹 멤버들. 그들이 있었기에 생사의 갈림길에서 우리 품에 들어온 어쩜이를 끝까지 책임지기로 마음먹을 수 있었다. 늦지 않게 중성화 수술을 시키고, 예방접종을 맞히고, 사료량을 조절하는 방법을 익히며, 하루하루 조금 더 세심한 반려인으로 성장할 수 있었다.

어쩜이무소는 위기를 맞이한 우리가 만든 작은 피난처였

지만, 그 피난처에 빛나는 생명력을 더해준 건 어쩜이였다. 페이스북 그룹으로 날마다 어쩜이의 소식을 전해 듣다가 고양이를 입양하는 이도 늘었다. 면장님은 그 존재만으로도 우리의 프로젝트가 좋은 방향으로 가고 있음을, 아니 적어도 엉뚱한 곳을 헤매고 있지는 않음을 보여주는 근거가 되었다. 무엇보다 큰 선물은, 내가 온기 있는 존재와의 친밀감을 알게 되었다는 사실이다.

열한 살쯤 되던 해였다. 마늘을 까던 중이었던가, 어머니와 친척 한 분이 안방에 한가득 뭔가 늘어놓고 다듬느라 분주했다. 나는 한쪽 구석에 앉아서 어른들이 하는 일을 지켜보며 잔심부름을 하고 있었다. 무슨 이야기를 나누다 그랬는지, 문득 어머니가 두 팔을 활짝 벌리고 내게 다가왔다. "아유 우리 이쁜 딸 한번 안아볼까?" 하며. 그런데 바로 다음 순간, 바닥에 놓여있던 물컵이 어머니의 발에 걸려 넘어졌다. 어머니의 두 팔은 내 등에 닿기도 전에 서둘러 나를 떠나 걸레로 향했다. 사소하고 짧은 그 장면을 기억하는 건, 그 순간이 어머니와 내가 이유 없이 따뜻하게 접촉할 뻔했던 유일한 경험이어서다. 평소 어머니는 다정하게 보듬어주지도 않았을뿐더러 잘못한 일이 있다고 매를 들거나 손찌검을 한 적도 없었다.

이렇게 말하면 돌아가신 어머니는 사실이 아니라며 항변하실지 모른다. 몇 장 남지 않은 유년기 사진을 보면 어머니가 어린 두 딸을 애지중지 먹이고 입히며 애정을 쏟았다는 걸 짐작할 수 있다. 하지만 내 머릿속에는 그 기억이 하나도 남아있지 않다. 예닐곱 살 무렵 집안 살림이 한번 휘청했고, 다시는 이전으로 돌아가지 못했다. 나는 어렸지만 어머니의 입장 정도는 어렴풋이 짐작하고 있었다. 감당하기 어려운 현실에서 자녀를 먹이고 입히느라 바빴던 어머니는 내면의 감정까지 돌보기 어려웠을 것이다. 그런 상황에서 고작 애정을 표현해주지 않는다며 떼쓰는 철없는 아이가 되고 싶지 않았다.

그렇게 유년 시절이 끝나려던 차에, 뜻밖에 나를 향해 두 팔을 벌린 어머니를 보고 콩닥콩닥 설레던 마음은 지금도 생생하다. 물컵이 넘어지던 순간 눈물이 핑 돌 것 같던 깊은 실망감도 마찬가지다. 나와 어머니 사이에 존재하던 그 얇은 틈이 그 이상 좁혀진 적이 없었다. 적당히 가까웠으나 결코 내 몸에 닿지는 않은 타인의 손. 나를 둘러싼 그 한 뼘 정도의 공간은 어딜 가든 나를 따라다녔다. 이십여 년을 한방에서 지낸 언니나 십 대 시절을 함께 보낸 친구에게도 그 한 뼘을 내어준 적이 거의 없었다.

가끔 스스럼없이 친밀감을 표시하며 팔짱을 끼는 친구가 있으면 화들짝 놀라 몸을 뒤로 빼곤 했다. 친구들과 목욕탕을 함께 가는 일도 없었고 파자마 파티를 즐기지도 않았다. 연애할 때는 그 틈이 메워지는 듯해도 일시적이고 부자연스러운 순간에 그쳤다. 아무리 좋아하는 사람이라도 내 몸에 파고드는 것을 허용하는 한계선이 있었다. 신기하게도, 200그램이 될까 말까 하던 작은 고양이 어쩜이는 그 한계선을 단숨에 뛰어넘었다.

아직 어린 어쩜이가 경기를 일으켰던 어느 밤이었다. 퇴근길, 기운을 잃고 달달 떠는 녀석을 품에 안고 걷는 동안 작은 몸을 휘감은 경련이 고스란히 내 피부로 전달되었다. 이렇게 여린 생명이 내 품 안에서 생사를 오가고 있다는 현실을 믿을 수 없었다. 차갑게 파르르 떠는 그 진동에 갑자기 세상을 다 잃은 듯 통곡이 터져 나왔다.

한 손으로는 연신 눈물을 훔치고, 다른 손은 단단히 여민 옷깃 속으로 넣어 어쩜이를 하염없이 쓰다듬었다. 집에 도착해서는 체온이 더 떨어지지 않도록 밤새 우리 둘 사이에 뉘어두고 돌보았다. 행여 그 작은 몸이 깔리기라도 할까 제대로 뒤척이지도 못했다. 날이 밝기까지 그저 살아있기만을 바랐다.

다행히 어쩜이는 기운을 차렸다. 새벽녘 온기를 찾아 꼬물거리던 녀석이 제힘으로 배를 타고 기어 올라왔을 때, 그 감촉은 놀라울 정도로 따뜻했다. 만져도 괜찮을지, 안아도 될지, 아직 낯설고 두려워서 망설이던 마음이 한순간에 풀렸다.

아무도 들어오지 못하던 내 주위의 공간은 온통 어쩜이 차지였다. 온기 있는 존재와 접촉한다는 게 얼마나 멋진 일인지 그때 처음 알았다. 고양이든 강아지든 어떤 동물도 손으로 만지지 못했던 내가 어쩜이를 거리낌 없이 안고 어루만질 수 있게 되었다. 그런 내 모습이 나조차도 낯설었다. 나에게 아무것도 해 주지 않아도 좋았다. 화장실을 가리지 못해 내 옷이나 노트북에 오줌을 쌌을 때도 밉기는커녕 그저 안쓰럽기만 했다.

위태로운 시기를 지나 여느 고양이들처럼 사료를 먹기 시작하고서는 또 다른 문제가 생겼다. 어느 날, 걷는 모습이 좀 이상해 가만 들여다보니 배가 남산만큼 부풀어있었다. 한꺼번에 사료를 너무 많이 먹은 탓이었다. 네 다리는 여전히 앙상한데 배만 볼록 나왔으니 뒤뚱거릴 수밖에.

그날부터 우리는 사료를 가득 부어주지 않고 정량을 재어 조금씩 나눠 먹였다. 여기저기서 고양이 마사지법도 알아냈다. 소화를 돕고 배변이 수월하도록 배 주위에 큰 원을 그리며 쓰다듬어 주란다. 햇빛이 쏟아져 들어오는 창가에 어쩜이를 눕혀놓고, 손가락 두 마디가 될까 말까 한 동그랗고 빵빵한 배를 시계 방향으로 쓰다듬었다. 살집이 없고 털도 부족해서 피부 아래 핏줄이 투명하게 드러났다.

고양이는 배를 만지면 싫어한다기에 처음엔 제법 긴장했다. 그런데 어쩜이는 신기할 정도로 마사지를 즐겼다. 눈을 감고 고개를 까닥이다가 더 만지라며 배를 쓱 내밀기도 했다. 그 후로 매일 정성 들여 마사지를 하면서 그저 건강히 지내달라고 빌었다. 그 바람은 머지않아 현실이 되었다. 일 년도 안 돼 마사지하는 배의 반경이 손가락 두 마디에서 손바닥 전체가 될 정도로 어쩜이는 훌쩍 자랐다.

옥수동 트러스트4:
마지막 겨울

2012년 11월.

공간을 열고 어쩜이 돌보는 일에 몰두하는 사이 옥수동은 마지막 겨울을 맞이했다. 건너편 집과 이웃집은 일찌감치 비었고, 우리가 사는 건물에서도 세입자들이 하나둘 이사를 나갔다. 그러자 건물은 곧바로 죽음의 신호를 내보냈다.

하루는 벽에 세워둔 옷걸이에서 옷을 꺼내는데 군데군데 얼룩이 보였다. 옷들을 옆으로 밀고 보니 벽면에 새카맣게 곰팡이가 피어있었다. 4년 넘게 한 번도 없던 일이었다. 같은 건물에 살던 사람들이 떠난 뒤 난방을 하지 않으니 반지하 벽면의 습기가 부쩍 높아진 탓이었다.

놀란 마음을 다스리며 옷을 다 꺼내 바닥에 펼쳤다. 멀쩡하던 방이 순식간에 폐허로 변했다. 펼쳐놓은 옷들을 하나씩 살피며 도저히 살릴 수 없는 것은 버리고, 몇 벌은 세탁소에 맡기고, 나머지는 전부 세탁해서 택배 상자에 담아 반대쪽 벽에 쌓아두었다. 벽에 핀 곰팡이는 걸레로 닦아도 지워지지 않았다.

얼마 후, 밤 기온이 영하 10도로 뚝 떨어져 입김마저 얼 정도로 추운 날이 왔다. 퇴근해 집에 도착해 보니 보일러가 돌지 않았다. 수도관 어딘가가 얼어버린 모양인데 억지로 틀다가는 아예 동파할 것 같았다. 그 날씨에 보일러가 돌지 않는 집에서 잠을 청하는 건 너무 위험한 짓이었다. 게다가 이제 겨우 건강을 회복하고 성장기에 돌입한 어쩜이를 그 방에서 재울 수 없었다. 고민 끝에 다시 언덕을 넘어 어쩌면사무소로 돌아갔다. 집보다는 온기가 도는 그곳에 어쩜이를 내려두고, 우리는 사거리 한 귀퉁이에 있던 오래된 여관에서 잠을 청했다.

다음 날도 강추위가 계속되었다. 수도관이 녹고 다시 보일러가 돌려면 시간이 좀 걸릴 듯했다. 그저 빨리 방을 비우기만 기다리는 건물주에게 집에 무슨 문제가 있다고 연락해봐야 소용없는 때였다. 우리는 페이스북 그룹에 처지를 알리고 도움을 청했다. 누군가 쓰지 않는 옥 장판이 있다며 택시를 타고 직접 가져다주었다. 그 덕에 냉기 가득한 방에서 며칠을 버텨냈다. 얼마 후 보일러는 되살아났지만 우리는 어쩜이를 집에 데려가지 않았다. 당장 무슨 문제가 또 생길지 불안했다. 더는 큰 사고 없이 겨울이 지나기를 바라며 살얼음 위를 걷듯 하루하루를 보냈다.

겨우내 옥수동에서 죽어간 건 건물만이 아니었다. 사람들이 떠난 뒤에도 동네를 터전 삼은 고양이들은 그대로 남아있다가 추운 겨울을 견디지 못해 하나둘 죽어나갔다. 매일 언 발을 녹이고 몸을 기대던 보일러가 돌지 않는 이유를 고양이들은 몰랐을 것이다. 때로 운 좋게 따뜻한 음식을 발견할 수 있는 식당이나 부엌이 이제는 없다는 사실도 몰랐을 것이다. 공원이나 계단참에 놓여있던 사료 그릇도 꽁꽁 얼어붙어 나뒹굴었다.

그나마 도로에서 죽은 고양이는 누가 치우는지 금방 사라졌다. 반대로 빈 건물의 난간이나 담벼락 아래 죽은 고양이는 며칠이고 그 자리에 방치되었다. 나는 지날 때마다 얼어붙은 고양이 사체를 한참 바라보곤 했다. 계단 몇 개만 내려가면 거둘 수 있는데 그때의 나는 그러지 못했다. 사체를 거둔들 어떻게 처리해야 할지 몰랐다. 행여 손을 댔다가 어쩜이에게 병이라도 옮기지 않을까 하는 좁은 마음도 작용했다. 그저 지날 때마다 외면하지 않고 지긋이 바라보는 것으로 그 짧은 생애를 애도하는 일밖에….

최근에는 재개발 지역에서 죽어가는 길고양이 문제를 풀기 위해 나서는 사람들이 제법 보인다. 2015년 서울 강남구 개포동 재개발 지역에서 캣맘의 제안으로 진행한 동물보호단체 카라의 '재개발 지역 길고양이에게 생명을', 2017년 대규모 재건축이 예정된 서울 강동구 둔촌동 주공아파트 주민들이 시작한 '이사가는 둔촌 고양이'가 실례이다.

지역 내 길고양이 개체수를 조사해 철거 전에 주변 공원 등지로 이주하도록 유도하고, 재정착 훈련 후 방사하거나 일부는 입양을 보내는 작업이다. 재개발조합과 지방자치단체, 그 밖에 여러 이해관계자의 협력을 끌어내야 하는 그 어려운 일을 해내는 사람들을 보면 옥수동에서 아무것도 하지 못한 내가 부끄럽다. 그 겨울 내가 지켜본, 죽은 건물과 죽은 고양이가 함께 누운 풍경은 잔혹하고도 무심했다.

그래도 이따금 함박눈이 내리면 잠깐이나마 동네가 빛나 보였다. 마지막 눈이 내린 날, 인적 없는 거리와 텅 빈 건물과 외롭게 죽은 고양이마저 뒤덮은 하얀 눈은 포근하고 따뜻했다. 나는 손 시린 줄도 모르고 온 동네를 돌아다니며 사진을 찍어댔다. 사라질 동네를 기록하는 나만의 프로젝트 옥수동 트러스트도 슬슬 막을 내릴 때가 다가오고 있었다.

2013년 2월.

해가 바뀌자 동네는 더욱 어두워졌다. 뼈대만 남은 건물과 부직포 가림막이 사방에 가득했다. 골목을 비춰주던 구멍가게의 마지막 불빛도 꺼진 지 오래였다. 위험하고 불안했다. 그 골목에 아직 버티고 있는 주민은 우리밖에 없는 듯했다.

임대주택은 여전히 감감무소식이었지만 더는 그대로 버티기 힘들었다. 우리는 두 손을 들고 항복했다. 임시 거처를 구하기로 한 거다. 목돈을 더 만들기는 곤란한 상황이니 보증금 없이 월세로 지낼 수 있는 곳을 찾았다. 다행히 어쩌면사무소 근처였다. 다행이라는 표현은 맞지 않을지도 모르겠다. 빛은 거의 들어오지 않고 환기나 겨우 시킬 수 있는 비좁은 지하방인데도 매달 35만 원이나 내야 했으니까. 그래도 다른 선택지가 없었다. 낮에는 어쩌면사무소에서 지내며 밥도 해 먹을 수 있으니, 급한 대로 짐을 보관하고 잠만 자는 방으로 쓰면 그만이었다.

방을 계약하고 돌아온 그날 밤, 집에 들어서는데 뭔가 우두

둑 밟히는 소리가 났다. 불을 켜보니 유리 파편이 지천이었다. 근처에는 두 손으로 감싸 쥘 만큼 큰 돌멩이도 하나 보였다. 놀라서 고개를 들었더니 외벽 유리창에 커다란 구멍이 뚫려있었다. 그러잖아도 동네 빈 건물마다 누군가 붉은 스프레이로 '공가'라고 쓰고 가위표를 하고 있었다. 그런 건물은 곧 유리창이 깨지고 창틀과 철문 같은 자재가 다 뜯긴 뒤 가림막으로 둘러싸였다.

그래도 이 건물에는 아직 우리가 살고 있는데 굳이 돌을 던져서 유리를 깬 건 실수였을까, 아니면 어서 나가라는 압력이었을까? 출입문에는 커다란 철사로 열쇠를 따려고 한 흔적까지 보였다. 애써 참고 있던 마음의 둑이 툭 하고 터져버렸다. 이유야 어떻든, 혹독한 겨울을 견뎌낸 우리에게 주는 메시지라기엔 너무나 가혹했다. 옥수동에서 하루도 더 견디기 힘들었다. 임시 거처에는 열흘 후에나 들어가기로 계약했지만 연락해보니 방이 비어 있어 바로 입주해도 된다고 했다.

서로를 다독이며 마지막 밤을 보내고, 날이 밝자마자 이불채를 들쳐 메고 간단한 옷가지를 챙겨 집을 나섰다. 늘 걷던 언덕을 넘어 임시 거처에 짐을 밀어 넣고는 아무 일 없었다는 듯 10여 미터 아래 어쩌면사무소로 출근했다.

2013년 2월 20일.
그렇게 옥수동과 이별했다. 이왕 버틴 거, 죽어가는 동네를 가만히 지켜보며 아름답게 헤어지고 싶었지만 그러지 못했다. 몸도 마음도 몹시 지쳤다. 며칠 후 나머지 짐을 트럭에 실어 옮겼다. 원래도 많지 않던 살림을 택배 상자 열 개로 줄였다. 책상이며 옷걸이며 이런저런 세간살이는 방 한가운데 그대로 쌓아두었다. 조합에서 어차피 철거할 테니 폐기물은 꺼내지 말고 집안에 두라 했기 때문이다.

이사 준비를 마치고, 출입문과 창을 활짝 연 다음 마지막으로 방을 둘러보았다. 아직 쌀쌀한 바람이 들이쳐 먼지를 일으켰다. 트럭에 타기 전에 고개를 들어 동네 풍경도 다시 한번 훑었다.

맑은 날이었다. 하늘은 평소보다 푸르렀다. 빼곡 늘어선 건물들이 이루는 울퉁불퉁 독특한 윤곽은 처음 옥수동을 찾았던 그때와 다를 바 없었다. 나는 시린 눈을 비비며 조용히 트럭에 올랐다.

우리 자신을
위한 일

임시 거처는 정말 좁았다. 짐을 방 안에 차곡차곡 쌓으니 딱 두 사람 누울 만큼만 자리가 남았다. 우리는 그 방에 비스듬히 누워 긴급회의를 열었다. 언제 나올지 모를 가까운 임대아파트를 포기하고 좀 멀더라도 걸어 다닐 만한 거리에서 다른 단지를 찾아보기로 했다.

다행히 어쩌면사무소에서 걸어서 15분 정도 떨어진 고지대에 있는 임대아파트 단지를 발견했다. 보증금 2천만 원에 월세 7만 원. 떨리는 마음으로 입주신청서를 넣었더니 두 달 만에 바로 허가가 났다. 제때 받을 수 있을까 싶던 옥수동 전세금과 이주비도 무사히 받았다. 그 돈으로 우리는 반지하 임시 거처에서 아홉 평 임대아파트로 들어갔다. 그와 동시에, 긴 시간 동안 일상을 짓누르던 불안과 염려가 훌훌 날아갔다.

사는 집이 달라졌어도 생활의 리듬은 크게 변하지 않았다. 우리는 매일 비슷한 시각에 일어나 비슷한 시각에 잠들었다. 출퇴근 길에서는 오늘 기분이 어떤지, 저녁에는 뭘 먹을지… 이런 시시콜콜한 이야기를 주고받았다.

출근하면 제일 먼저 어쩜이의 화장실을 청소하고 밥과 물을 챙겨주었다. 출입문과 창을 열고 테이블을 닦은 뒤, 주방을 정돈하고 주전자 가득 물을 끓였다. 준비는 그 정도면 충분했다. 그때부터는 각자 하고 싶은 일을 하며 조용히 시간을 보냈다. 커피를 마시러 오는 손님은 하루에 많아야 두세 팀 정도고, 워크숍이나 대관은 한 달에 두어 번 있는 정도였다. 나머지 시간은 전부 우리 차지였다.

창밖은 평온했다. 집배원, 택배 기사, 전단 돌리는 사람, 노인복지센터에 가거나 장을 보고 돌아오는 동네 할머니 몇 분. 언덕 위 조용한 주택가에 자리 잡은 어쩜사무소 앞을 지나가는 사람은 늘 고만고만했다. 가끔은 위층이나 옆집에 사는 주민이 부탁한 택배를 받아두었다가 전해주었다.

그러다 불쑥 누군가 들어와 앉으면 긴장했다. 전혀 모르는 사람이면 어떻게 알고 온 건지, 지나가다 들른 건지, 우리에게 어떤 서비스를 기대하는지 궁금해서 미칠 지경이었다. 그래도 애써 내색하지 않고 기다렸다. 자신을 알아봐 주는 공간을 찾는 것도 좋지만, 그냥 아무도 모르는 곳에 말없이 머물고 싶을 때도 있으니까. 상대가 어떤 마음으로 왔든, 여기서만은 자기만의 거리를 지킬 수 있기를 바랐다.

공간이 동네 어귀에 있다 보니 손님뿐 아니라 길을 묻거나 물을 마시거나 화장실을 이용하러 들어오는 행인이 종종 있었다. 우리는 그런 부탁을 귀찮아하거나 외면하지 않았다. 오히려 적극적으로 도움을 주는 편이었다. 그러나 유난히 '손님처럼' 구는 사람, 공간의 성격이나 운영하는 사람의 인격에는 관심 없이 오직 돈과 서비스를 교환하는 대상으로 여기는 손님을 만나면 우리 몸은 뻣뻣이 굳었다. 불쑥 문을 열고서 필요한 대답만 듣고 휭하니 가버리거나, 당연하다는 듯 이것저것 요구하는 사람을 만나면 온종일 기분이 상했다.

내 경우에는 함부로 반말하거나 권위적인 태도로 질문을 던지는 사람, 지폐나 카드를 계산대에 던지듯 놓는 사람, 눈길 한 번 주지 않고 일행과 대화하며 여기저기 물건을 함부로 뒤적이는 사람, 들어와서 나갈 때까지 휴대전화를 붙들고 통화하면서 눈짓으로 모든 걸 해결하는 사람이 특히 문제였다. 뭐라 이유를 설명하기 어렵지만, 그때마다 나는 뺨을 맞은 듯 수치심과 고통을 느꼈다. 민규와 나는 도대체 이 상황이 무엇인지, 내 감정의 정체는 무엇인지 자주 이야기했다. 언제든 누구에게든 말없이 복종하는 기계 대하듯 하는 사람들을 보면 마치 자판기가 된 기분이었다.

눈앞에서 주문을 받고, 커피를 내리고, 테이블을 치우는 이는 길가에 선 자판기가 아니라 사람이다. 공간 또한 그저 박제된 모형이 아니라 구석구석 사람의 손길이 닿아야만 숨을 쉬는 존재다. 돈을 내고 이용한다고 해서 공간과 그 안에 머무는 사람을 그저 그 돈만큼의 가치로 치부해서는 안 된다. 그 점을 이해하지도 눈치채지도 못하는 사람과는 만남을 거듭할수록 고통만 쌓였다.

그런 관계는 우리가 해온 일의 가치를 떨어뜨릴 뿐 아니라, 자연스러운 감정의 흐름을 무너뜨린다. 그런 상황을 줄이려면, 우선 너무 친절하게 굴지 않아야 한다. 판단의 기준을 상대가 아닌 자신에게 맞추어야 한다. 이렇게 머리로는 아는데 막상 상황이 닥치면 그게 참 어색하고 어려웠다.

단지 내가 친화력이 높고 우호적인 사람이어서가 아니었다. 나는 아주 어릴 때부터 여성이자 예비 노동자로서 누구에게나 친절한 사람이 되도록 훈련받았다. 가정에서는 어른에게, 학교에서는 선생에게, 교회에서는 목회자에게 순종해야 한다고 배웠다. 권력을 갖지 못한 약자로서 상대에게 해를 가할 의도가 없음을 알리려면 언제나 웃고 불편한 감정을 드러내지 않아야 했다. 대학을 졸업하고 구직하는 과정에서도 마찬가지였다.

짧은 직장생활을 끝내고 방황기를 거쳐 시민운동으로 돌아선 후로는 제법 자유로워졌다. 어린 시절의 나를 기억하는 이웃과 친구들로부터 떠나고, 교회를 떠나고, 혼자만의 공간을 누리며 나를 억압할만한 대상을 차례로 없앤 덕분이다. 그런데도 여전히 무언가 남아있었다. 시민운동가로서 세상을 바꾸는 일을 하려면 최대한 많은 사람의 동의와 참여를 구해야 한다는 압박이 컸다. 누가 시킨 것도 아닌데, 모두가 좋아할만한 성실하고 도덕적이며 책임 있는 활동가가 되고 싶어서 나를 억눌렀다. 누군가 사무실로 들어서면 벌떡 일어나 맞이하고, 낯선 사람들이 모이는 자리에선 좋은 분위기를 만들려고 애썼다. 정말로 내가 상대방을 반가워하는지, 그 이야기를 흥미로워하는지는 중요하지 않았다. 회의나 행사를 마친 후 밤늦도록 이어지는 술자리는 버틸 수 있는 한 끝까지 지켰다.

그렇게 소모한 시간과 에너지를 야근과 피로로 채워야 한다는 사실은 애써 모른 척했다. 나는 그런 내 태도가 내면으로부터 자연스럽게 우러나오는 것이라고 믿고 있었지만, 민규와 함께 살기 시작한 뒤에야 그것이 대단히 인위적인 노력의 결과물이라는 사실을 깨달았다. 밖에서는 당당하면서도 친절해 보이던 내가 집으로 돌아오면 전혀 다른 사람으로 변한다고, 옆에서 일깨워준 덕분이었다.

안식 휴가를 보내고, 뒤이어 어쩌면 프로젝트를 진행하면서 그 격차를 제법 줄일 수 있었다. 우리가 좋아서 하는 일이니 할 수 있는 만큼 하고, 책임질 수 있는 선에서 일을 벌였기 때문이다. 억지로 잘 하려고 애쓰지 않고 그저 마음 가는 만큼 움직여도 문제 될 게 없었다. 다만 낯선 손님에겐 그러기 쉽지 않았다. 상품이나 서비스를 돈으로 주고받는 관계는 내가 생각한 것보다 동등하고 합리적이지 못했다. 가정이나 학교, 교회와는 또 다른 권력 관계가 작동했다.

기존의 생산 구조나 권력 관계로는 설명하기 어려운 이 문제에 처음 이름을 붙인 건 사회학자 앨리 러셀 혹실드Arlie Russell Hochschild이다. 그는 이것을 감정노동이라 불렀다.

"감정노동은 사람으로 하여금 다른 사람들의 기분을 좋게 하려고 자신의 감정을 고무시키거나 억제하게 한다. (…) 이런 노동은 정신과 기분이 잘 조절되어야 하고, 경우에 따라서는 각자의 개성을 구성하는 본질이라고 여기는 부분까지도 다 내어주어야 할 상황이 생기기도 한다."72

이 말은 사적 관계로 이어질 가능성이 낮은 일시적인 거래 관계에서도 한 쪽이 일방적으로 감정을 소진하거나 억눌러야 하는 노동 환경의 가혹함을 잘 드러내 준다. 상품 시장이 복잡해지고 경쟁이 치열해지면서 이제는 무엇을 하든 상대의 마음을 얻어야 돈을 벌 수 있는 시대가 되었다. 그것이 너무나 비인간적이라는 걸 알면서도, 그렇게 번 돈으로 다시 타인의 감정을 구매할 수 있으니 눈앞의 고통은 참아야 한다고 믿는다. 그러나 타인에게 고통을 전가한다고 자기 고통이 해결되지는 않는다. 물건을 아무리 사들여도 그 자체로 삶이 윤택해지지 않는 것처럼, 타인의 마음을 함부로 조정한다 한들 자신의 가난한 마음을 치유할 수 없다.

우리는 다른 무엇보다 자기 감정을 보호하는 게 중요하다고 생각했다. 애초에 돈을 벌기 위해 벌인 일이 아니고, 가진 돈이 떨어지면 미련 없이 털어버리면 그만이었다. 그다음에 무엇으로 살아갈지는 그때 다시 생각하기로 했다. 그런 상황이 닥쳤을 때 나락으로 빠지지 않기 위해서라도, 잘하지도 못하는 돈 버는 일에 몰두하기보다 자신을 더 단단하고 안정감 있게 지키는 데 집중하고 싶었다.

나는 마음을 단단히 먹었다. 오랜 시간 몸에 밴 억지 친절과 소통의 압박에서 멀어지려 노력했다. 무례하게 반말을 던지는 손님에게 똑같이 반말로 되받아치진 못해도, 무리한 요구나 언행에는 웃거나 친절을 보이지 않았다. 예의를 갖추고 존중하는 태도를 보이되 필요 이상으로 마음을 쓰지 않기로 했다. 한 해 두 해 경험이 쌓이자 제법 여유가 생겼다. 누군가 "무슨 카페가 이래요?" 하고 물어도 그저 "네, 저희는 이래요"라고 담담히 답할 정도였다.

시간은 느리지도 빠르지도 않게 흘렀다. 통유리 너머 멀리 보이는 남산으로 해가 저물면 저녁밥을 해 먹고, 밤이 깊어지면 슬슬 퇴근 준비를 했다. 내가 주방을 정리하는 동안 민규는 어쩜이의 화장실을 청소하고, 실내 의자를 전부 뒤집어 올려 바닥 물청소를 했다. 하루도 빠짐없이. 어쩌다 친구들과 새벽까지 술을 마신 날이라도 퇴근 전 바닥 청소는 거르지 않았다. 혼자 밤을 보낼 어쩜이를 위해서.

청소 중에 어쩜이는 꼼짝없이 이동장에 갇혀있어야 했다. 안쓰럽긴 해도 어쩔 수 없었다. 발바닥이고 꼬리고 온몸을 수시로 핥아대는 고양이의 습성상, 그냥 두었다가는 바닥 물기와 먼지를 죄다 묻혀 입에 넣을 테니까. 청소를 마친 뒤 깨끗한 그릇에 밥과 물을 담고, 바닥 물기가 어느 정도 마른 후 이동장 문을 열면 어쩜이는 허겁지겁 뛰어나와 밥그릇에 코를 박았다. 그사이 재빨리 가스 밸브를 확인하고 멀티탭과 전등을 모두 끈 뒤 문을 나섰다. 어쩌다 동작이 좀 늦으면 밥을 다 먹은 어쩜이가 쪼르르 달려와 하염없이 바라보는 통에 발길을 떼기 어려웠다.

그러고는 짧은 산책을 즐겼다. 어두운 공원을 지나 거리를 걸으며 그날 있었던 일들을 이야기하다 보면 어느새 집에 다다랐다. 다음날을 위해 일찌감치 씻고 잠자리에 들면 별일 없는 평범한 하루가 끝이 났다. 그렇게 우리는 생각지 못했던 작은 카페 주인 노릇에 천천히 녹아들었다.

자영업자의
노동

이전까지 머리로 생각하고 재단하던 세계와 매일 반복되는 노동을 통해 몸으로 만나는 세계는 전혀 다른 차원이었다. 쉼 없는 노동으로도 생계를 유지하기 힘든 수많은 자영업자의 현실과 비교하기는 어렵지만, 공간은 구석구석 우리의 손길을 요구했고 우리는 매 순간 기꺼이 그에 응했다.

아무것도 아닌, 누구도 눈길을 주지 않을 그런 노동은 우리를 초라하게 만들기는커녕 자신감을 채워주었다. 손님이 드문 카페라고 해도 주기적으로 챙길 일이 있다. 음료의 유통기한을 확인하고 신선한 원두를 주문하는 건 물론이고, 계절이 바뀔 때면 핫초코나 팥빙수 같은 계절 메뉴를 준비하고 여러 가지 과일로 과일 청을 담갔다. 과일을 설탕에 절여 청을 만드는 작업을 이전에는 해본 적이 없다. 사방에 레몬 씨앗을 떨어뜨리며 야단법석이던 레몬 청 담그기도 몇 번 해보니 어렵지 않은 일상 노동으로 자리 잡았다.

밥도 직접 해 먹었다. 카페에서 일해본 이들은 한결같이 제때 식사하기 어렵다고 한다. 손님이 많아 쉴 틈이 없어서만은 아니다. 차 마시는 공간에서 음식 냄새를 풍기는 건 좋지 않다고 생각해서다. 한동안은 그게 영 신경이 쓰였다. 하지만 어쩌면사무소는 불특정다수만을 위한 서비스 공간이 아니었다. 어쩜이와 민규 그리고 나, 셋이 하루 중 가장 오랜 시간을 보내는 곳이기도 했다. 우리가 공들여 만든 주방은 음식을 조리하는 데도 나쁘지 않은 구조였다. 가스레인지, 냉장고, 소형 오븐, 싱크대, 그리고 꽤 넉넉한 수납공간까지 갖춰져 있어 집보다도 훨씬 나은 환경이었다.

얼마간 망설인 끝에 우리는 결론을 내렸다. 가능하면 이 공간의 모든 조건을 우리 자신에게 좋은 방향으로 맞추는 게 우선이라고, 그게 문제가 된다면 다른 요소를 바꾸는 게 옳다고. 민규는 옥수동에서와 마찬가지로, 아니 나날이 더 다양한 재료와 조리법으로 매끼 밥을 차렸다. 국이나 밑반찬을 만드는 수준에서 그치지 않고 수육이나 찜, 튀김, 심지어 생선구이까지 손을 뻗었다. 손님이 있을 때는 분위기를 봐서 아예 같이 먹자고 초대하기도 했다. 이미 알던 사람은 물론이고, 한두 번 봐서 얼굴만 기억하던 손님도 함께 밥을 먹고 나면 부쩍 가까운 관계로 발전했다. 그렇게 사귄 사람들과 가끔은 저녁에 술을 마시기도 하고, 결혼이나 장례 같은 경조사가 있거나 하면 찾아가기도 했다.

우리 둘 다 그런 형식적 의례를 좋아하지 않지만, 어쩌면사무소를 통해 만난 사람들의 일상에는 좀 더 관심과 애정이 생겼다. 그들도 우리에게 좋은 일이나 어려운 일이 생기면 찾아와 축

하와 위로를 전해주었다. 때로는 새 직장에서 일한 지 일 년을 넘겼다고, 지인들에게 파트너를 소개하겠다고, 아이가 돌을 맞이했다고, 그냥 사람들을 한번 초대하고 싶었다고… 그런저런 이유를 대며 굳이 대관해서 파티를 열고 당연하다는 듯 우리를 초대했다.

사람들은 생각보다 훨씬 더 목적 없는 만남과 대화를 바란다. 일이나 사회생활을 위한 공적 관계도 아니고, 너무 친밀해서 문제를 드러내기 어렵게 만드는 사적 관계도 아닌 그사이 어딘가에서 말이다. 아마 우리가 만든 공간이 바로 그런 자리에 있었던 모양이다. 몇 주나 몇 달에 한 번 찾아와 고민거나 슬픔과 기쁨 같은 감정을 털어놓는 사람들을 만나는 게 우리의 중요한 일과 중 하나였다.

민규와 함께 일하기는 그리 어렵지 않았다. 기준이 높고 까다롭긴 해도 언제든 소통 가능한 상대와 일한다는 건 생각보다 괜찮은 조건이었다. 각자 자기 일을 하며 주거만 함께 하던 때보다, 공동의 과제를 해결해나가는 과정이 둘 사이의 적당한 거리감을 지키는 데 더 도움이 되었다. 그 덕에 생전 처음 해보는 자영업자로서의 노동에 꽤 수월하게 적응할 수 있었다.

그런데도 딱 하나, 한참 시간이 지나도 해결하기 어려운 문제가 있었으니 바로 쓰레기 처리 문제다. 행사도 그렇지만 대관을 하고 나면 특히 쓰레기 때문에 골머리를 앓았다. 손님들이 부주의하거나 생각 없이 공간을 어질러서가 아니다. 사실은 그 반대다. 사람들은 대체로 자기가 머물다 가는 자리에 신경을 많이 쓴다. 도로변이나 골목 어귀처럼 주인이 없는 곳이나 잠깐 스쳐 지나가는 혼잡한 푸드 코트가 아닌 한, 아무 생각 없이 공간을 더럽히고 훌쩍 떠나는 사람은 생각만큼 많지 않다.

우리가 공간을 세심하게 살필수록 사람들은 그 손길을 알아봐 주었다. 그게 안 될 땐 적당한 이유를 들어 공간 이용을 거절했다. 허용할 수 있는 선을 명확히 긋는 기술을 익혔다. 그런데도 쓰레기로 골치를 앓은 건 손님들이 지닌 선한 태도 때문이었다. 대관할 때 항상 쓰레기를 봉투에 담거나 치우지 말고 그대로 두라고 신신당부했지만, 곧이곧대로 듣는 사람이 별로 없었다. 돌아와 보면 항상 재활용품이 분류되어 있고 쓰레기도 한곳에 얌전히 모여있었다.

문제는 분리수거 기준이 사람마다 다르다는 점이었다. 음식물 쓰레기에 닭 뼈나 과일 껍질이 섞여 있거나, 수십 개의 종이컵이 음료나 음식이 담긴 채로 폐지함에 들어가 있는 식이다. 우리는 매번 뭉쳐진 봉투를 하나씩 열어 내용물을 다시 분류했다. 플라스틱 용기에 남은 음식물을 덜어내고 물에 헹궈 말리고, 피자 상자에 섞여 들어간 휴지나 나무젓가락을 끄집어냈다. 그렇게 쓰레기 정리만 30분 가까이 하고 나면 냄새와 피로 때문에 정신이 아득해졌다.

경험이 좀 쌓인 뒤로는 괴롭기만 하던 쓰레기 분류 작업에 나름 재미를 느끼게 되었다. 남겨둔 쓰레기를 보면 모임의 분위기나 성격, 연령대를 짐작할 수 있었다. 이십 대 초반이면 피자와 치킨, 과자가 등장하고 사십 대를 넘어가면 과일이나 와인이 등장하는 식이었다. 일회용 식기를 쓰고 버리는 집단과 필요한 용기나 도구를 가져와 쓰고 챙겨가는 집단으로도 나뉘었다. 우리는 그런 정보를 공간 관리에 요긴하게 참고했다.

손님이 먹다 남긴 음식을 챙겨두었다가 다음 날 데워 먹는 데도 익숙해졌다. 남은 음식이 아까워 우리에게 전해줄 때는 대체로 민망한 표정을 지으며 꾸러미를 내밀었다. 그때마다 우리는 거리낌 없이 고맙게 받아 들었다. 먹을 만하면 먹고 아니면 버리면 되니까. 경험이 쌓일수록 무엇이 쓰레기이며 무엇이 쓰레기의 모습을 한 자원인지 구분할 수 있었다.

종이는 바로 내다 버리지 않고 모아두었다가 폐지를 줍는 동네 노인에게 직접 넘겨주었다. 소주와 맥주병은 돈이 된다는 걸 알고 나서는 그것도 따로 모아 건넸다. 눈인사도 없이 쓸만한 물건이 보이면 낚아채듯 빼앗아가는 분 말고, 우리가 좋아하는 할머니가 지나가실 때를 기다렸다가 달려나갔다. "아이고 은제 결혼해서 은제 애는 낳을 거야"라며 듣기 싫은 농담을 건네곤 해도, 늘 명랑하게 웃는 그 할머니가 점점 좋아졌다. 가끔 직접 만들었다며 페트병째 안겨주던 식혜는 달고 맛났다.

내가 왜 그리 열심히 폐지를 줍느냐고 물었을 때, 할머니는 별 싱거운 질문을 다 한다는 듯한 표정으로 말했다. "나이 먹어서 할 것도 없고. 놀면 뭐해. 이거라도 하면 운동도 되고 좋지"라고. "자식한테 기대는 거는 난 안 해. 제 몸 움직여 먹고 살아야지"라며 동의를 구하는 눈빛을 보이기도 했다.

주택가에서 폐지를 둘러싼 경쟁은 치열했다. 오가며 마주친 노인들은 대부분 폐지를 주웠다. 개인적으로 벌이를 위해서도 줍고, 경로당에서 소일거리로 함께 하는 예도 있었다. 내가 '할머니'라고 칭했듯, 폐지 줍는 노인은 대체로 여성이었다. 남성도 없지는 않았지만, 그들은 대개 평지에서 커다란 수레에 고물 따위를 산처럼 쌓아 실어날랐다. 앞집 할아버지는 오토바이로 동네를 돌며 쓸만한 걸 주워다가 건물 옆에 쌓아두고 틈틈이 아내와 함께 분류해 내다 팔았다. 그와 달리 폐지를 줍는 할머니들은 그저 두 팔과 다리에만 의지했다.

폐지 줍는 노인들 때문에 쓰레기가 길에 나뒹군다며 탓하는 주민도 있긴 했지만, 실상은 반대였다. 할머니들은 하루에도 몇 번씩 동네를 돌며 쓸만한 걸 모으고, 주변에 굴러다니는 쓰레기를 직접 정돈했다. 지내다 보면 우리가 좋아하는 할머니를 한참 동안 볼 수 없을 때도 있었는데, 평생 혹사당한 다리나 허리 때문에 병원 신세를 지느라 그랬다는 걸 나중에 알았다. 한동안 할머니가 나타나지 않으면 문간에 종이상자가 잔뜩 쌓였다. 나는 폐지를 모아 건네주는 게 그들에게 정말 도움이 되는지 헷갈리기 시작했다.

고물상에서 수거하는 폐지 가격이 1킬로그램에 100원도 안 된다는 걸 알고서 더 그랬다. 최근 기사를 보니 이십 년 전이나 지금이나 가격은 비슷하다.[73] 기사에 등장한 할머니는 새벽에 집을 나서 오전 내내 모은 폐지 20킬로그램을 고물상에 가져가 1,400원을 받는다. 하루 8시간 넘게 폐지를 모아 한 달 동안 버는 돈은

10만 원이 될까 말까 하는 수준이다.

　지금 노인이 된 세대는 대체로 어린 시절 교육을 충분히 받지 못했다. 평생 맨몸 하나로 온갖 일을 하며 먹고 살아왔지만, 이제는 체력이 달려 일자리를 구하기도 어렵다. 2017년 OECD 보고서에 따르면 한국 노인의 상대적 빈곤율은 다른 나라들에 비해 압도적으로 높다.[74] 그래도 가난은 개인이 노력하지 않은 탓이라고 생각하는 노인들은 가만히 앉아 '돈만 받아먹는' 수혜자가 되기를 꺼린다. 행여 복지제도가 있다고 해도 일단 뭐든 해서 돈은 벌어야 한다고 생각한다.

　2015년, 서울연구원을 통해 『폐지수집 여성 노인의 일과 삶』이라는 보고서를 발표한 소준철·서종건은 여성 노인의 폐지 수집을 불로소득이나 취미, 운동 거리 정도로 취급할 게 아니라 '소득 있는 노동'으로 보아야 한다고 주장한다.[75] 이 노동을 하는 사람들은 돈이 필요하다. 그렇다고 단지 돈 때문에 하는 일만은 아니다. 스스로 일을 해서 먹고살 수 있어야 인간으로서 존중받을 수 있다고 믿기에 소득이 적고 몸이 아파도 일손을 놓지 못한다.

　보고서를 작성한 이들은 서울 마포구 아현동을 중심으로 연구를 진행했다. 폐지 줍는 노동은 이제 아현동처럼 다세대 주택이 밀집한 지역이나 재개발 예정지처럼 행정의 손길이 자주 미치지 못하는 지역에서나 가능하기 때문이다. 어쩌면사무소가 있는 곳도 마찬가지다. 쉴 새 없이 몰아치던 재개발 틈바구니에서 살아남은 작은 주택 지역이라, 노인들이 얼마 안 되는 돈이나마 벌며 자기 삶의 존엄을 지키려 노력할 기회라도 누리는 셈이다.

그리 생각하니 마음 한편이 몹시 쓰리다. 우리가 상한 마음으로 떠나야 했던 옥수동이 떠오른다. 그 골목에서 채소를 내다 팔고, 두부를 배달하고, 폐지나 고물을 주워 돈을 벌던 가난한 노인들은 다 어디로 떠나갔을까. 운명에 떠밀리면서도 악착같이 자기를 건사하며 살아온 이들에게 우리 사회는 여태 무슨 짓을 해온 걸까.

꼬박꼬박 인사를 하고, 가끔 간식을 나누고 폐지를 챙겨두는 것 외에 동네 노인들을 위해 뭘 더 하겠다는 생각은 하지 않았다. 그런데도 매일 그들과 자연스레 만나고 대화할 공간이 하나 있으니, 바로 출입문 양옆에 만들어둔 작은 텃밭이다. 매일 아침 나는 파란 물조리개를 들고 주방을 오가며 텃밭에 물을 준다. 커피를 내리고 남은 가루를 모아두었다가 흙 사이에 뿌려주고, 행인들이 버리고 간 플라스틱 물병이며 일회용 컵이나 담배꽁초도 보이는 대로 치운다. 그렇게 텃밭 주위를 어슬렁대면 마치 기다렸다는 듯 노인들이 다가와 한마디씩 보탠다.

이쪽은 흙이 부족하다는 둥 저 잡초는 일찍 뽑아줘야 한다는 둥 온갖 잔소리가 난무하는 상황이 처음엔 불편하고 어색했다. 하지만 시간이 약이다. 해마다 정성 들여 텃밭을 가꾸는 게 좋아 보였는지 갈수록 잔소리보다 칭찬을 더 많이 한다. 나도 잘 모르는 작물 관리법을 묻는 이들도 종종 있고.

봄이 오면 설레는 마음으로 씨앗과 모종을 심는다. 여름에는 마구 뻗어 난 가지를 정리하고 풀을 뽑는다. 무엇을 심고 가꿀 건지는 그때그때 내키는 대로 정한다. 따가운 햇볕 아래 반짝이는 이파리들을 바라보고 있으면 마음 깊은 곳에서 기쁨이 차오른다. 수확도 좋다. 볕이 좋아서인지 내 텃밭에선 오이가 유난히 잘 열려서 오가는 사람마다 감탄한다. "아유, 어떻게 오이가 저렇게 실하게 열린대? 뭐 좋은 비료라도 줬어요?" "이야… 젊은 사람이 대단해. 나도 언제 저렇게 키워보면 좋겠네."

내가 이런 일로 부러워하는 시선을 받다니 상상도 못 했던 일이다. 더운 여름날 한 번씩 오이를 따서 건네면 주민들은 황송할 정도로 고마워한다. 할머니들은 집에 상자 텃밭을 놓을 공간이 없거나, 있어도 볕이 시원치 않아 이렇게 잘 가꾸지 못한다며 아쉬워한다. 가을에 시들어가는 식물을 정리할 때는 씨앗이 영근 몇몇 그루를 남겨둔다. 다시 봄이 오면 그 씨앗들을 거둬 어쩌면사무소를 찾는 사람들과 나눈다.

텃밭에 심은 식물 중에는 너무 잘 자라서 주변의 성장을 방해하는 것도 있고, 너무 작아서 햇빛을 거의 받지 못하는 것도 있다. 처음에는 그런 식물을 발견하면 곧장 삽으로 떠서 자리를 옮겨주었다. 아직 어릴 때는 그래도 괜찮은데, 한두 달 넘게 한 자리에서 자라던 식물은 흙 아래에 잔뿌리가 생각보다 넓게 퍼져 곤란했다. 그 미세한 그 잔뿌리들은 아무리 조심하려 해도 아차 하는 순간에 뭉텅이로 뜯겨나갔다.

어디서든 잘 자라는 허브라면 그럭저럭 이겨내지만, 쌈 채소처럼 여린 식물은 시들시들하다 죽어버리곤 했다. 애써 키우던 채소 여러 포기를 잃고서야 나는 약간의 교훈을 얻었다. 보기 좋은 풍경을 만들자고 함부로 삽을 대서는 안 된다. 식물은 물건이 아니라 순간순간 살아 움직이는 생명이다.

어느 날, 모종삽으로 흙을 떠올리다가 후드득 잔뿌리가 뜯기는 소리에 심장이 철렁했다. 동시에 옥수동 반지하 방에서 날마다 듣던 소음이 떠올랐다. 우당탕 이삿짐 나르는 소리며 빈집 창틀과 문짝을 뜯어내는 소리, 쿵쾅대며 집들이 부서지는 소리.

그제야 나는 깨달았다. 그 소리는 오랜 시간 한 자리에 머물던 달동네 주민들의 삶이 뜯겨나가는 소리였다는 것을. 가난한 세입자였던 우리가, 채소를 팔고 폐지를 주워 먹고살던 노인들이, 멀리 떠나와 햇빛도 못 보고 공장일을 하던 이주노동자가 맥없이 뽑혀나가는 소리였음을. 그렇게 함부로 뜯겨나간 이들이 어디로 가서 다시 뿌리를 내릴지는 누구도 묻지 않고, 관심조차 두지 않았다는 사실을.

관계를
쌓다

주어진 시간이 딱 1년이라고 생각했기 때문에, 초기에는 이런저런 행사를 자주 열었다. 준비 과정에서 만난 사람들이 저마다 자기가 가진 기술이나 지식, 관심사를 이벤트로 만들어낸 게 동력이 되었다. 화장품 만들기, 가죽공예, 꽃 수업, 신생아 모자 뜨기, 1인용 반찬 만들기, 생활 영어 공부 모임, 텃밭 모임, 책 모임, 다큐멘터리 상영회, 물물교환 프리마켓 등. 민규와 나 둘이서는 결코 생각하거나 만들어낼 수 없는 다양한 이벤트를 잇달아 열었다.

누군가와 같이 밥을 먹다가, 차를 마시다가, 페이스북 그룹에서 대화를 나누다가 툭 나오는 아이디어를 부담 없이 실행했다. 예전에는 크든 작든 모임을 하나 하려면 기획부터 실행까지 점검하고 조정할 부분이 참 많았는데, 여기서 벌인 일들은 전혀 달랐다. 그 이유는, 무엇을 하건 실패나 성공의 기준을 항상 우리 자신에게 맞추었기 때문이다.

누가 올지, 참가비를 충분히 걷을 수 있을지 고민되는 일은 벌이지 않았다. 단지 홍보를 위해서 기존 관계를 소비해야 하거나, 너무 많은 인원을 불러들여 서로 대화할 여유도 갖기 어려운 그런 모임은 피했다. 때로 비용이 좀 들더라도 우리에게 필요한 일이면 그냥 진행했다. 어차피 할 일이고, 아무도 오지 않아도 우리가 즐길 수 있으면 그만이었다. 그러니 행사는 거의 매번 대성공이었다. 얼마나 근사한 행사를 해냈는가보다 아는 사람과는 아는 만큼, 처음 만나는 사람과는 그런 만큼 조금씩 사귀어 가는 과정이 중요했다.

그렇게 다가온 우연과 인연을 타고 평온하고도 재미난 일상을 만끽했다. 어쩌면사무소를 열고 임대주택에 입주한 후 우리는 잘 먹고 잘 지냈다. 어쩜이와 만난 지 일 년 후, 공원에서 비를 잔뜩 맞은 새끼 고양이를 또 구조했다. 셋일 때도 좋았는데 넷이 되니 더 좋았다.

준비해두었던 운영 기금 1천만 원은 2년이 지나도록 바닥나지 않았다. 대관비와 공간이용료로 번 돈이 월세와 거의 맞아떨어졌다. 10만 원 정도 되는 임대주택 월세와 관리비에 고양이 두 마리 사료비를 포함한 네 식구 생활비 20~30만 원 정도가 다달이 운영 기금에서 빠져나갔다.

나는 부족함을 느끼지 않고 지냈다. 공간을 드나드는 사람들이나 동네 할머니들과 음식을 나눠 먹고, 프리마켓에 나온 옷을 입거나 워크숍에서 함께 만든 물건을 쓰고, 텃밭에서 가꾼 채소도 수확해 먹었다. 공간을 유지하는 노동 자체는 일상생활처럼 몸에 익었다. 아주 가끔은 옛 인연을 타고 들어오는 번역이나 연구 작업 같은 외부 일도 했다. 그렇게 번 돈이 통장에 조금씩 쌓였다.

때때로 공간과 일을 주제로 한 워크숍이나 콘퍼런스에 초대
받기도 했다. 인터뷰 요청도 심심찮게 받았다. 마침 사회적으로
공간에 대한 관심이 나날이 커지고 있어서 그랬을 거다. 서울시가
추진하는 마을공동체 사업에도, 막 생겨나기 시작한 협동조합이
나 사회적기업에도 마을 카페니 공방이니 하는 공간이 항상 끼어
있었다. 애초에 민규와 내가 공간에 주목한 것도 그런 흐름 때문
일지 모른다. 나는 조금만 긴장해도 두통이 오는 증상이 여전해
서 발표하거나 인터뷰에 응하는 역할은 민규가 도맡았다.

그런데 언제부터인가 돌아오는 민규의 표정이 점점 어두워
졌다. 아무리 결과가 아닌 과정을 공유하기 원해도, 막상 말을
꺼내면 생각과 다르게 전달되는 느낌이라고 했다. 단번에 정의
할 수 없는, 불확실한 가능성을 추구하는 '어쩌면'이라는 이름도
그저 시민운동가 출신이 서울 모처에 만든 대안공간이라는 밋밋
한 설명으로 대치되었다.

더 큰 문제는 생각지도 못한 데 있었다. 우리의 프로젝트가
기존 조직이나 직장을 떠나 독립 생활자로 살아가는 방법을 보
여주는 사례로 활용될지 모른다는 점이었다. 이것이 새로운 사
회적 흐름이라고, 방황하는 사람들을 설득하는 도구로 쓰일까
두려웠다. 우리는 공간을 통해 다양한 사람들을 만난다는 아이
디어를 특정한 조건에서 실험했을 뿐, 새로운 흐름을 만드는 데
기여한다는 생각은 하지 않았다. 먹고 사는 일에 관해서는 더욱
그랬다. 애초부터 그러자고 벌인 일도 아니었다. 민규는 한 인터

뷰에서 이 문제를 강하게 지적했다. "대안이라고 하면 그게 정답인 것처럼 느껴지고 모두 그걸 향해 가야 할 것 같은데, 그건 아니죠. 각자 다른 방식을 찾아가는 거죠."

'무위자연'을 설파한 춘추시대 사상가 노자는 『도덕경』에서 "명가명 비상명名可名非常名"이라 했다.[76] 무언가에 이름을 붙일 수는 있으나 언제나 그 이름으로만 부를 순 없다는 뜻이다. 나는 이 말을 단순하고 편리하게 이름 붙일수록 본질에서는 멀어질 위험이 커진다는 뜻으로 읽는다.

우리는 아무 말도 하지 않기로 했다. 자기를 설명하는 행위 자체가 허상을 만드는 데 일조한다면, 차라리 침묵하는 편이 낫다고 생각했다. 여기저기 불려 다니고 그럴듯한 설명을 내놓으면서 아직 실험 중인 과정을 사회적 자본으로 환산하고 싶지 않았다. 입을 닫고 우리가 만든 새로운 삶의 방식을 있는 그대로 만끽하고 싶었다.

어딘가에 가서 우리 자신을 설명하는 일은 멈추었지만, 나름의 생각을 확인하고 싶어서 찾아오는 사람들까지 밀어내진 않았다. 질문은 늘 비슷했다. 매번 사람들은 "왜 이 일을 하는지?" 물었다. 그러면 우리는 "잘 모르겠어요. 재미있을 것 같아서 그냥 한번 해보는 거죠." 하고 싱겁게 답했다. 주택가에 있다 보니 우리가 '마을에 들어가' '주민들과 함께' 뭔가 일을 벌이려 한다고 지레짐작하는 이도 많았다. 공공기관의 지원을 받아 마을 카페나 커뮤니티 사업을 벌여보라는 조언도 자주 받았다. 그런 말을 들으면 웃으면서 직설적으로 대답했다. "우린 그냥 자영업자예요. 거창한 사회적 의미나 변화 이런 거 추구하는 게 아니고, 그냥 할 수 있는 만큼 일하면서 동네에서 노는 것뿐이에요."

자영업. 딱 맞아떨어진다고는 할 수 없지만, 당시 우리를 설명할 가장 간명한 단어였다. '그냥'이라는 말은 자영업이 시시하거나 못 할 일이라는 뜻이 아니다. 특정한 사회적 가치를 앞세운 활동에 몰두하지 않는다는 말이다. 어쩌면사무소는 분명 마을 안에 있고, 오가는 동네 사람들과 교류하고 있지만 마을에 대해 우리는 아무것도 알지 못했다.

처음 공간을 얻었을 때는 온통 노인들만 사는 줄 알았다. 공원 정자나 골목에서나 마주치는 사람은 대개 노인이었기 때문이다. 시간이 흐르면서 동네에는 한눈에 보이지 않는 여러 층이 존재한다는 사실을 발견했다. 층층이 원룸으로 가득한 건물이 있는가 하면 가족을 이루고 사는 빌라도 있고, 드물게는 사무실이나 가게도 있다. 젊은 사람들은 대부분 아침 일찍 나가서 밤늦게 들어오기 때문에 눈에 잘 띄지 않는다. 그래도 카페를 이용하러 들어오는 건 그런 사람들이었다.

알고 찾아오는 사람들 외에 우연히 동네에서 보고 들어오는 손님은 대체로 우리 또래거나 좀 더 어렸고, 취향도 우리와 비슷했다. 민규가 틀어놓은 인디 밴드의 노래가 자기가 제일 좋아하는 노래라며 반기는 이, 가만히 어쩜이가 자는 모습을 노트에 그려 건네주는 이, 선반에 놓인 책을 오래오래 들여다보는 이. 그런 손님은 별말 없이 머물다 가도 꼭 다시 찾아왔다.

근처 공공기관에서 일하는 사람들은 정확히 12시에 한번 창밖을 지나갔다가 얼마 후 다시 반대쪽으로 우르르 지나갔다. 갓난아이를 데리고 공원에 나오는 사람들은 해가 좋은 낮을 선호했다. 일요일 오전에는 아이들이 나와 줄넘기나 배드민턴 같은 간단한 운동을 했다. 동네 할머니들의 전용 공간으로 보이던 공원 정자도 시간에 따라 서로 다른 사람들이 들고 났다. 그때마다 공간은 다른 표정을 지었다.

막연한 선입관이나 단편적인 인상으로 마을을 정의하고 접근해선 안 되겠다 싶었다. 우리가 만든 카페라는 형태도, 조그만 마을이라는 배경도 우연한 만남과 모색을 통해 얻은 결과물일 뿐이었다. 겨우 일이 년 한자리에 머물렀다는 이유로 동네를 '기획'하려 들지 말자고 다짐했다. 가만히 시간과 관계를 쌓아 올리며 지내다 보면 문득 '이거다' 싶은 일이 생길지도 모른다. 그전까지 우리는 그저 조용한 동네 자영업자로서 자리를 지키기로 했다.

5장

연대한다는 것

이웃을
발견하다

길어야 일 년이라며 시작한 어쩌면 프로젝트는 임대 기간 이 년을
꽉 채울 때까지 별 탈 없이 이어졌다. 계약 만료일이 다가올 즈
음, 우리는 이 실험을 어떻게 마무리하면 좋을지 의논했다. 아쉬
움은 없었다. 손수 가꾼 공간을 세상에 내놓은 것만으로도 성공
이었다. 공간을 통해 이전보다 폭넓게 사람들을 만났고, 머릿속
으로 상상만 하던 모임이나 실험도 실컷 했다.

문을 닫는 건 자연스러운 결정이었다. 매일 아침부터 밤까지
공간을 지키는 데 슬슬 피로감도 들었다. 우리는 마음의 준비를
하고 주위에 말했다. 그동안 힘을 보태준 사람들과 면장님이 함
께 하는 따뜻한 이별식을 상상하면서.

그런데 이상한 일이 벌어졌다. 막상 문 닫을 날을 정하고 가
벼운 마음으로 공간을 돌보다 보니 스멀스멀 딴생각이 들기 시
작했다. 어쩌면, 좀 더 가볼 수도 있지 않을까? 월세만 해결한다
면 이대로 운영해도 괜찮지 않을까?

신기한 일이었다. 언제든 아무 미련 없이 그만둘 수 있다는

생각이 도리어 지속할 수 있는 동력을 주다니…. 한두 달 더 고민하고는 결정을 번복했다. 건물주는 물가상승률을 반영해 임대료를 딱 3퍼센트만 올리자 했고, 우리는 군말 없이 재계약 서류에 서명했다. 다시 이 년이라는 시간이 우리 앞에 펼쳐졌다.

재계약을 하고 얼마 후, 어머니가 돌아가셨다. 내가 옥수동에서 안식휴가를 보내던 가을에 피를 토하며 쓰러진 어머니는 위기를 넘기고 병을 이겨내는가 싶더니, 3년 만에 다시 무너졌다. 위독하다는 소식을 듣고 달려갔을 땐 거의 의식을 차리지 못하는 상태였다. 우리 가족은 오후 내내 응급실 침대를 둘러싸고 곁을 지켰다. 어머니는 아주 잠깐씩 정신을 차려 주위를 둘러보긴 했지만 내내 극심한 고통 속에서 헤맸다. 담당 의사는 중환자실로 옮기면 사나흘, 옮기지 않으면 한나절 정도 버틸 거라 했다. 투병 생활을 내내 함께 해온 아버지는 긴 침묵 끝에 딱 한 가지 부탁을 했다. "그저 고통만 좀 덜 겪게 해주시오."

가까운 가족을 떠나보내는 건 처음이었다. 이럴 때 감정을 어떻게 다루어야 하는지 몰라 눈물도 나지 않고 그저 심장이 쿵쾅거렸다. 한 번씩 고통에 떠는 온몸을 붙들고 달래는 것밖에 할 수 있는 일이 없었다. 어서 이 고통을 끝내고 가시라고, 차마 소리는 내지 못하고 속으로만 외쳤다. 그날 저녁, 어머니는 우리 곁을 떠났다. 유언도 눈물 어린 작별 인사도 없었다.

의사가 상기된 표정으로 다가와 사망 선고를 했다. 그러자 우리 가족은 즉시 장례 준비로 내몰렸다. 죽음을 꺼리는 환자와 의료진 틈에서 서둘러 어머니를 모시고 나가야 했다. 머릿속이 정지된 듯 멍하니 선 나와 달리 언니와 형부가 바쁘게 움직였다. 언니는 이미 몇 년 전에 상조회에 가입해두었다며 전화를 돌리더니 장례식장을 어디로 잡을지, 이동은 어떻게 할지, 병원비와 보험 처리는 어떻게 해야 하는지, 그런 온갖 어려운 문제를 눈 깜짝할 새에 처리했다.

집 근처 장례식장에 자리를 잡자 이번에는 장례 절차에 필요한 모든 물건과 서비스, 비용에 대한 설명을 하염없이 듣고 앉아있어야 했다. 조문객에게 대접할 국은 육개장으로 할지 시래기로 할지, 유골함을 나무로 할지 도자기로 할지… 당황스러운 질문이 이어졌다. 질문마다 가족 모두가 의논하고 결정을 내렸는데, 제일 쓸만한 의견을 내놓는 건 역시 언니였다. 그때까지 내가 한 일이라고는 떨리는 손으로 아버지 노트북을 열어 영정에 쓸 어머니 사진을 고르는 일뿐이었다.

자라면서 종종 그러긴 했지만 모든 짐이 언니에게 쏠리는 상황이 미안하고 부끄러웠다. 무엇보다 내가 혼자여서, 가정을 만들고 복잡한 관계를 꾸려나가는 일을 해보지 않은 탓에 별 도움이 못 되나 생각하니 죄책감이 들었다. 비혼을 선택한 것, 정규직 노동을 그만둔 것, 맞지 않는 인연은 잘라내고 마음이 이끄는 쪽으로 치우쳐 살아온 것, 그래서 어떤 순간에는 아무 연결고리 없이 오도카니 혼자가 되어버리는 것. 다 내가 자처한 일이었다. 그런 삶에는 결국 고립과 절망밖에 없을 거라는 경고가 많았다. 하지만 어쩌면 끝없이 주입되는 불안을 거부하고 온전히 자기 자신으로 존재할 방법이 있지 않을까?

나는 경고를 무시하고 호기심을 택했다. 삶의 기준이나 잣대를 타인에게 맡기기보다는 스스로 경험하고 판단하는 대로 살려 했고, 그 일을 잘 해왔다는 자신감도 있었다. 그런데 장례식장을 서성이는 사이 자신감은 신기루처럼 사라졌고 온통 부정적인 생각이 몰려왔다. 갑작스레 닥친 어려운 상황 앞에서 이토록 무력한 외톨이가 돼버린 건 결국 그동안의 내 선택이 틀렸다는 증거가 아닐까?

날이 밝자 상조회에서 사람들이 나왔다. 경험 많은 전문가들이라 웬만한 건 물어가며 풀 수 있었다. 먼 길을 달려온 손위 사촌들도 우리가 미처 생각지 못한 부분을 챙기며 도와주었다. 점심 즈음 입관을 지켜보았다. 수의로 감싼 어머니를 둘러섰을 때 아버지와 언니는 쓰러지며 오열했지만 나는 그냥 눈물만 흘리며 서 있었다. 뭐가 어떻게 돌아가는지 실감이 나지 않았다. 입관 의례를 끝내고 접객실로 돌아오니 오랜 고향 친구가 와 있었다. 그 얼굴을 보자 미처 다 흘리지 못한 눈물이 쏟아져 내렸다. 잠시 후, 검은 정장을 챙겨입은 민규가 나타났다. 비보를 듣고 집을 나설 때만 해도 민규는 그저 잘 보내드리고 오라고 말했다. 그러고는 다음 날 나 대신 주위 사람들에게 소식을 전하고, 고양이들을 돌봐줄 사람을 구해놓은 후 고속열차를 타고 달려온 참이었다.

우리 가족과 한자리에서 만나는 건 처음이었다. 아버지에게는 친구라고만 소개했다. 조문하고 좀 있다 갈 줄 알았는데 이틀 내내 말없이 자리를 지켰다. 중간중간 내 상태를 살피기도 하고 조문객이 몰려 바쁠 때는 지인들을 챙겨주었다. 다음 날 발인을 하고 화장 후 안치를 끝낼 때까지도 조용히 곁에 머물렀다.

누군가에게는 당연할지 모를 그 자리가 내게는 굉장히 특별했다. 우리는 함께 사는 동안 혹시 이런 일이 생기면 어떻게 할지 몇 번 이야기를 나눈 적이 있다. 아무래도 찾아가기는 하겠지만 가족으로 엮이지 않은 이상 깊이 관여하기는 어려울 거라는 데 서로 동의했다. 장례식 내내 민규가 지켜준 그 자리를 뭐라고 해야 할지 알 수 없었다. 가족은 아니지만 그보다 못할 것도 없는, 깊은 위로를 준 낯선 그 자리.

장례식장은 몹시 분주했다. 오후 내내 가만히 앉아있을 여유가 없을 정도였다. 전 직장 동료 몇 명과 고향 친구들이 찾아오긴 했지만, 조문객 중에 내 손님은 극히 적었다. 당연했다. 거리도 멀고, 내가 이런 자리에 함께하길 기대할 만큼 친밀감을 느끼는 사람이 별로 없었다.

처음 어머니의 병을 알았을 때, 언젠가 닥쳐올 장례식 풍경을 그려보았다. 가족과 지인이 모여든 상상 속 그 자리에 민규는 물론이고 내가 고향을 떠난 뒤 만난 사람들의 모습은 전혀 등장하지 않았다. 나는 그편이 좋다고 생각했다. 찾아오는 사람은 적었지만 전화와 이메일, 페이스북을 통해 위로의 메시지가 들어왔다. 온라인으로 조의금을 보내주는 이들도 있었다. 진심으로 고마우면서도 부담스러웠다. 마음의 빚이 쌓이는 기분이었다. 되도록 조용히 장례를 치르고 평온한 일상으로 돌아가고 싶었다.

조문을 마무리하니 어느새 새벽 2시였다. 실내를 정리하고 잠시 누우려는데 밖에서 소리가 들렸다. 페이스북으로 전한 소식을 보고 퇴근 후 몇 시간을 운전해 찾아온 '면민'들이었다. 면민이라는 이름은 언젠가부터 어쩌면사무소를 드나드는 사람들 입에 오르내린 비공식 호칭이다.

일행 중에는 전부터 알던 사람도 있고 어쩌면 프로젝트를 통해 만난 이도 있었다. 그런 사람들이 약속을 잡아 번갈아 운전하며 먼 길을 달려온 걸 보니 어안이 벙벙했다. 시간이 맞지 않아 혼자 기차와 택시를 갈아타며 찾아온 사람도 있었다. 장례식장의 희미한 불빛 아래서 그들은 안쓰러운 얼굴을 하고 나를 다독였다. 겨우 한 시간쯤 지나 다시 서울로 떠나는 길을 배웅할 때는 먹먹해서 말이 잘 나오지 않았다.

그동안 어쩌면사무소에서 내 역할은 주로 찾아오는 이들의 이야기를 듣는 사람이었다. 우리가 하는 일이 궁금해 찾아오는 경우를 제외하면 굳이 내 이야기를 세세히 늘어놓을 일은 없었다. 그런 나와 달리 면민들은 공간을 드나든 지 두세 번 즈음에 자기 삶의 중대한 문제나 고민을 털어놓았다.

나는 기꺼이 그들의 이야기를 듣고 함께 고민했다. 딱히 노력한 건 아니었다. 그때의 나는 그런 일에 가장 적합한 상태였다. 시간이 많았고, 풀지 못해 끙끙 앓고 있는 고민이 거의 없었다. 타인의 고민에 공명해 스스로 더 큰 고통에 잠길 위험이 없었다. 때로 피로감이 몰려오면 민규와 역할을 나누고 뒤로 물러서기도 했다. 그날그날 다가오는 관계에 충실할 뿐 어떤 노력이 더 필요하다고 생각지 않았다. 그렇게 만나온 사람들이 이번에는 일제히 나를 바라보며 내 말에 귀를 기울였다. 굳이 설명하지 않아도 내 고통의 무게를 가늠하고 나누려고 했다. 나는 그 상황이 무엇을 뜻하는지 몰라 어리둥절했다.

시간이 한참 흐른 뒤에야 문득 깨달았다. 그러니까 그들은 내 이웃이었다. 적당한 거리에서 서로를 지켜보며 각자의 삶을 살다가 필요할 때 다가가 힘을 보태는 사람들. 그리 멀지 않은 곳에서 이미 많은 이들이 함께하고 있었는데 그걸 왜 몰랐을까.

어쩌면사무소에서 접속한 사람들은 누구를 통해 언제 만났든 상관없이 나름의 관계를 맺고 서로 공감하는 지점에서 어울렸다. 그 관계가 이런 순간에 잠시 나를 향해 모여들다 흩어지는 건 어쩌면 자연스러운 일이었다.

나는 늘 혼자라고 생각했지만, 사실은 단 한 번도 혼자인 적이 없었다. 어머니를 잃은 바로 그 시점에 거미줄처럼 느슨하게 나를 둘러싼 무수한 인연의 끈이 불현듯 모습을 드러냈다. 가족보다는 유연하고 동료보다는 느슨한 제3의 관계망이 내 주위에 있었다.

그건 옥수동과 어쩌면사무소가 나에게 준 최고의 선물이다. 결혼하고 가족을 이루지 않았다고, 학연이나 지연·직장 같은 소속으로 연결되지 않았다고 타인과 조건 없이 만나고 의지하는 관계 맺기를 지레 포기할 필요는 없었다.

두려움, 외로움, 어색함… 장례식장에서 나를 짓누르던 이런 감정은 곧 고마움과 안정감으로 바뀌었다. 나는 서울로 돌아온 후 며칠 동안 소중한 이웃 한 사람 한 사람에게 전화를 걸어 고

마음을 전했다. 민규는 그중에서도 가장 가까운 친구이자 이웃이다. 가족이 아니어도 가족 못지않게 곁을 지킬 준비가 되어있던 존재를 의지하지 못한 게 새삼 미안했다. 이전에는 상상하지 못했던 깊은 우정을 느꼈다. 우리 관계가 또 한 번 새로운 단계로 접어들고 있었다.

나를 지키며
함께 살기

그때 우리는 법적으로 혼인 관계였다. 임대주택 때문이다. 입주한 지 얼마 후 엘리베이터 앞에 공고문이 한 장 붙었는데, 직계 가족을 제외한 외부인의 불법 거주를 단속한다는 내용이었다. 심지어 조사원이 직접 방문해 점검한다고 했다.

취지 자체는 이해할 수 있었다. 임대주택은 타인에게 돈을 받고 빌려주면 안 된다는 규정이 있다. 무주택 서민을 위해 공급하는 임대주택을 재임대해 부당 이익을 얻는 경우가 종종 발생하기 때문이다. 다만 우리처럼 제도적 관계를 맺지 않고 함께 사는 경우는 어떻게 되는 걸까? 주택공사에 문의해보아도 속 시원한 답을 주지 않았다. 대가를 주고받는지 일일이 확인할 수 없으니 일단 불법으로 볼 가능성이 크다고만 했다.

나는 충격을 받았다. 애초에 입주 자격이 없다는 건 알고 있었다. 그래도 입주자인 민규가 소정의 서류를 제출하는 식으로 해결할 수 있으리라 생각했는데, 규정에 없다는 이유로 무조건 '불법'으로 규정하고 방문 점검을 하는 방식은 예상치 못했다.

옥수동에서 시작한 우리의 공동 주거는 긴 시간을 거치며 서로의 삶을 근본적으로 변화시켰다. 독립성을 해치지 않는 선에서, 어떤 대가를 주고받지 않고 어떤 계약도 맺지 않은 채 삶의 깊숙한 부분까지 의지하고 지지하는 관계를 일구었다. 그런데 단지 법적으로 가족이 아니라는 이유로 불법 거주자 취급을 받게 된다니, 그런 상태로는 단 하루도 마음 편히 지낼 수 없었다. 이제 와 혼자 살 집을 찾아 나갈 수도 없었다. 경제적으로나 정신적으로도 무리였다.

해결할 방법은 단 하나, 혼인 신고. 머릿속에 맴돌긴 해도 섣불리 꺼내지 못한 그 단어를 용감하게 먼저 내놓은 건 민규였다. 나는 실생활에 변화가 없다면 서류상 혼인 여부는 중요하지 않다고 생각했다. 다만 일찌감치 비혼주의를 선언했던 민규의 입장이 마음 쓰였다.

우리는 잠시 시간을 갖고 서로의 입장을 거듭 확인한 후에야 결정을 내렸다. 그에 비해 절차는 무척 간단했다. 프린터로 혼인 신고서를 출력해 우리 상황을 잘 아는 지인들에게 증인 서명을 받았다. 그 서류를 들고 주민센터에 가서 담당자에게 몇 가지 확인을 받고 나니 끝이었다. 그렇게 5년 가까이 아무런 틀 없이 공존해온 우리는 하루아침에 서류상 부부가 되었다.

주민센터를 나서는 길에 문득 영화 <그린카드>가 떠올랐다. 거주 허가를 받기 위해 위장 결혼하는 커플이 등장하는 영화다. 주인공들은 필요해서 결혼이라는 선택을 하지만, 서로를 알아가면서 결국 사랑에 빠지고 마는 로맨틱 코미디의 정석을 보여준다.

　우린 달랐다. 우리가 하려던 건 '위장'도 '결혼'도 아니었다. 서로 사랑하고 오래 함께 살아온 만큼 어떤 식으로든 공동 주거를 보장받을 권리가 있다고 믿었다. 하지만 그건 착각이었다. 나는 패배감과 불안을 지울 수 없었다. '서류상' 부부라는 게 정말 서류로만 끝나는 일이 아닐 거라는 생각이 점차 커졌다. 오래전 민규의 방에 들어가며 전입신고를 했을 때도 그랬다. 단지 주소를 이전했을 뿐인데 주민등록등본상 내 지위가 세대주에서 동거인으로 바뀌지 않았던가. 혼인신고를 하고 나니 이제는 등본이 문제가 아니었다. 더 많은 서류에서 내 이름이 뒤로 밀려났다. 건강보험이 민규에게 통합되었고, 집과 관련된 고지서나 영수증도 모두 민규 이름으로 날아왔다. 심지어 선거 공보물 봉투에도 내 이름이 찍히지 않았다.

　그런 식으로 '나'라는 존재가 누군가의 관할권 아래 들어가니 불편하고 서운했다. 합법적인 거주권을 보장받기 위한 형식일 뿐이라 해도, 모르는 사이에 내 정신도 상대에게 종속될까 두려웠다. 우리는 혼인 신고를 한 뒤에도 여전히 각자의 이름으로 사는 독립된 개인이라는 사실을 잊지 않으려 애썼다. 공동 생활비나 운영비를 제외하면 경제적 독립 상태를 유지했다. 집과 어쩌면 사무소에 섞여 들어간 보증금에 대해서는 지분을 명확히 계산했다.

　서로의 인간관계나 일, 그 밖에 여러 선택지에 관해서도 필요할 때 조언할 뿐 개입하지 않았다. 각자의 가족에게는 더욱 그랬다. 그 덕에 거의 모든 면에서 이전과 다를 바 없는 생활을 유지했다. 독립한 두 성인이 파트너십을 이루어 공동 주거하는 관계를 법적으로 보장하는 제도가 우리 사회에는 아직 없다. 그런 선택지가 있었다면 내가 민규와의 연애와 공동 주거를 좀 더 편안한 마음으로 누릴 수 있었을지 모른다.

프랑스에는 공동 주거 관계를 제도적으로 인정해 세제 혜택이나 사회보장제도를 누릴 권리를 혼인상태와 유사하게 보장하는 시민연대계약PACS 제도가 있다.[77] 이런 제도를 최초로 도입한 건 덴마크다. 프랑스보다 십 년 앞선 1989년, 덴마크는 성에 상관없이 동반관계를 인정하는 '파트너십 등록제'를 도입했다. 이웃 나라 독일에서는 조금 늦은 2001년에 이와 비슷한 기능을 하는 '생활동반자법'을 제정했다. 그러나 프랑스의 시민연대계약은 덴마크나 독일과는 다른 특징이 있다. 뒤의 두 나라가 이성 결혼만을 인정하는 기존 결혼 제도를 보완하려 했다면, 프랑스는 결혼이 아닌 동거 상태로도 아이를 낳고 키우며 혼인 관계와 비슷한 사회적 지원을 받도록 보장하려 했다.

그래서 유럽의 다른 나라들과 달리, 프랑스는 동성 결혼을 제도화한 후에도 시민연대계약을 폐기하지 않고 그대로 두었다. 지금까지 이 제도에 따라 등록한 동거자 중에는 동성보다 이성 커플이 압도적으로 많다.

혼인 신고를 할 당시 나는 오래전 스치듯 본 시민연대계약 같은 대안을 얼른 떠올리지 못했다. 기억했다 하더라도, 그런 대안이 곧 우리 사회에 도입되리란 기대는 못 했을 거다. 고도성장기를 거치며 경제적·물리적 사회 기반은 크게 변했지만, 결혼 및 가족 제도의 불합리한 현실은 수십 년째 거의 변하지 않고 있었으니까. 남성에게만 가족의 대표 자격을 부여하는 호주제만 해도 여성 운동가들의 고된 투쟁 끝에 2005년에 와서야 폐지되었다.

　　그래도 제도는 언젠가 바뀔 것이다. 최근에는 유럽뿐 아니라 세계 곳곳에서 기존 결혼 제도를 보완하거나 바꾸는 실험을 진행하고 있다. 하지만 제도 하나 만드는 일보다는 성, 재산, 나이, 출신 등에 상관없이 동등하며 독립적으로 공존하는 개인들의 결합을 지지하는 사회적 조건 만들기가 훨씬 어렵고, 더 중요하다. 그 과정을 온전히 거쳐야만 나를 무너뜨리지 않고도 즐겁고 유쾌하게 타인과 공존할 수 있을 것이다.

어쩌면
1인 활동가

어쩌면 프로젝트를 하면서는 한 번도 사회운동을 한다고 생각지 않았다. 활동가로서의 나는 조금 이른 은퇴를 했다. 세상을 바꾸는 훌륭한 사람이 되려는 의식적인 노력을 멈추고, 평범하고 조용하게 일상을 사는 생활인이 되고자 했다.

제일 먼저 책에서 손을 뗐다. 툭하면 책 속으로 달려가 머리를 채우려 들던 습관을 고치기로 했다. 이십 대 때 니어링 부부의 책을 주야장천 읽고 감동하면서도 '소박한 삶'의 진짜 의미를 몰랐듯 무수한 책을 읽고 공부하는 것만으로는 삶을 전환할 수 없음을 인정하기로 했다.

호기심에 넘쳐 사람들을 찾아다니는 것도 그만두었다. 타인의 삶을 마주하며 받은 감동은 강렬한 자극과 좌절을 동시에 안겨줄 때가 많았기 때문이다. 상대를 선망하는 마음이 클수록 닮은 점보다는 차이가 더 크게 다가왔다. 세상을 바꾸기 위해 무엇이든 하겠다는 마음으로 그 차이를 메우려 애쓰던 '활동가'로서의 자아는 이제 최대한 뒤로 물러두기로 했다.

그렇게 얻은 시간과 기력은 옥수동에서 민규와 부딪치며 발견한 생활력, 그러니까 일상을 돌보며 자기 내면에 귀를 기울이는 능력을 키우는 데 썼다. 그동안 허겁지겁 쌓아온 지식과 관계를 늘리기보다는 느려도 매일의 일상과 켜켜이 마주하는 작업에 몰입해보고 싶었다. 모든 일을 직접 구상하고 만들어내야 했던 어쩌면 프로젝트는 이런 내 상황에 꼭 맞았다. 그 안에서 나는 스스로 느끼는 생생한 감각에 따라 몸을 움직였다. 추상적이고 정제된 책 속 언어가 아닌 날것 그대로 타인과 소통하며 지냈다.

우연히 시작한 뜨개 작업은 만들기에 깊이 몰입할 계기를 마련해주었다. 공간을 연 첫해에 누가 '신생아 모자 뜨기' 워크숍을 하자고 요청했다. 신생아 모자 뜨기는 저체온증으로 목숨을 잃는 아이들을 구하기 위해 직접 모자를 떠서 보내는 캠페인이다. 처음에는 뜨악했다. 취지는 좋지만 뜨개질이라니. 시간도 많이 들고 별 쓸모도 없어 보이는 일을 하자니 영 내키지 않았다. 그런데 워크숍을 준비하느라 미리 연습해보는 사이 나도 모르게 뜨개의 즐거움에 푹 빠지고 말았다. 쓰지 않던 근육을 움직이면서 마치 암호 같은 복잡한 도안을 해석해나가다 보면 어느새 눈앞에 보들보들한 작품이 모습을 드러냈다. 쓸모가 있든 없든, 끌리는 대로 손과 몸을 움직여 무언가를 만들어내는 작업이 좋았다.

볕이 좋아 텃밭 난간에 걸터앉아 뜨개질하고 있으면, 지나가는 동네 할머니가 "젊은 사람이 할 일도 참 없네"라며 혀를 끌끌 찼다. 통유리 너머로 "그거 만들면 뭐 얼마나 벌어? 먹고는 사나?" 하고 큰소리로 묻는 이도 있었다. "그냥 재밌어서요." 하면

한심한듯 나를 바라봤다. 한동안 무한정 뜨개질만 하던 나는 서서히 바느질, 직조, 목공 등으로 영역을 확장했다. 혼자도 좋고 몇몇이 같이해도 좋았다. 새로운 작업에 도전할 때마다 관련 워크숍과 수업을 꾸준히 열었다.

일상노동과 가끔 들어오는 외부 일을 하는 시간을 제외한 거의 모든 시간을 손으로 무언가를 만드는 데 썼다. 왜 그리 작업에 빠져들었는지 그땐 잘 몰랐다. 지금 생각해보면 작업하는 동안 머릿속에 떠오른 형상을 실체로 구현해내는 순간의 짜릿함에 사로잡힌 듯하다. 손으로 하는 작업의 세계는 연구, 기획, 토론과 투쟁으로 이루어지는 사회운동과는 전혀 다르다. 대학 때 산업으로 만난 의류업과도 거리가 멀다. 다양한 재료와 도구를 탐험하며, 실패와 성공에 연연하지 않고 몸을 움직여 눈으로 손으로 하나의 세계를 만들어내는 과정은 매번 놀랍고 신기하다.

그뿐 아니다. 만들기는 독서 못지않게 사고의 틀을 넓히는 데 도움이 된다. 뜨개질이나 바느질처럼 규칙적이고 반복적인 작업에 몰두하고 있으면 어느새 잊고 있던 오랜 기억과 고민이 아무 맥락 없이 머릿속을 둥실 떠다니곤 했다. 엉킨 실타래를 풀듯, 해묵은 감정의 편린을 휘젓다 보면 어느 순간 조여있던 매듭이 확 풀리는 순간이 오는데, 그 감동이 컸다. "만드는 일이 곧 생각의 과정"이라는 사회학자 리처드 세넷Ricard Sennett의 말을 나는 온몸으로 이해하게 되었다.[78]

어쩌면사무소를 연 지 만 3년이 되던 날 우리는 또 한 번 계획을 변경했다. 카페 형태의 서비스업을 중단하기로 한 거다. 제일 큰 이유는 피로감이다. 한 번 계약을 연장한 뒤로는 출퇴근 부담을 덜기 위해서 둘이 번갈아 휴일을 갖고, 길게 휴가를 다녀오기도 하며 속도를 줄였다. 1년을 그렇게 지낸 뒤 결론을 내렸다. 언제 누가 들어서든 잘 정돈된 상태로 공간을 운영한다는 건 대단히 고된 일이다. 재미있고 의미 있는 일이긴 해도 자신에게 짐이 될 정도라면 이어갈 이유는 없다. 최선을 다했다는 자부심을 잃기 전에 여기서 멈추는 게 좋겠다 싶었다.

그렇다고 공간 자체를 없앨 생각은 아니었다. 기존에 하던 대관이나 모임은 이어가기로 했다. 수입이야 줄겠지만, 간간이 외부 일을 해서 모은 돈이 있으니 앞으로는 그걸 쓰자고 마음먹었다. 카페 운영에 중점적인 역할을 해왔던 민규는 한동안 손을 놓고 충분히 쉬기를 원했다. 그래서 생활공간을 집으로 완전히 옮겼고, 고양이 어쩜이도 집으로 데려갔다. 그때부터 어쩌면사무소는 내 차지가 되었다. 만들기에 빠져있던 나는 너른 공간에서 마음껏 작업했다. 수납공간을 늘려 야금야금 모은 재료들을 정리해 넣고, 만들기 모임을 이어나갔다.

카페 운영을 하지 않으니 공간의 정체는 이전보다 더 모호해졌다. 나는 그 모호함이 점점 더 매력적으로 느껴졌다. 늘 열린 공간은 아니라도 개별적으로 찾아오는 사람들이 있고, 작업실이 필요해 몇 달씩 장기 이용을 신청하는 이도 나타났다. 그 덕에 혼자만의 시간을 누리면서도 그리 외롭지 않게 지냈다. 특별한 약속이 없는 한 아침 일찍 집을 나서 해가 저물 때까지 어쩌면사무소에 혼자 머물렀다. 작업에 몰두하는 것도 좋지만, 그저 손

놓고 창밖을 멍하니 바라보기만 해도 더할 나위 없이 만족스러웠다.

외부의 입력을 멈추고 가만히 몸을 움직이기. 내가 '정신의 단식'이라고 부르는 이 과정은 오랫동안 순조로이 진행되었다. 하릴없이 동네를 오가며 그때그때 필요한 일을 하고, 대체로 별일 없이 지내는 생활이 흡족했다. 이 평온한 일상은 어느 날, 전혀 예상치 못한 사건을 마주하며 불현듯 중단되었다.

2016년 봄, 서울 강남역 한 건물 화장실에서 한 남성이 혼자 들어서는 여성을 살해하는 사건이 벌어졌다. 그 소식을 처음 듣는 순간 나는 무릎이 꺾이는 듯한 고통을 느꼈다. 후쿠시마 핵발전소 사고나 세월호 참사와 같이 가슴을 치게 만드는 사건이 그 사이에도 꽤 있었지만, 이 사건은 다른 어떤 것보다도 크게 닥쳐와 내 발목을 잡고 뒤흔들었다.

누군가 써 붙인 "여자라서 살해당했다"라는 문구가 머릿속을 떠나지 않고 울려댔다. 단지 여성이라는 이유로 지금 이 순간에도 누군가 폭력에 시달리고 목숨을 잃고 있다니. 이런 비참한 현실을 나는 이미 오래전부터 알고 있었다. 시민운동을 막 시작할 때 현장에서 뛰는 여성운동가들을 통해 성폭력, 성 산업의 잔인함뿐 아니라 일상 속에서 여성이 받는 차별과 고통을 구체적으로 전해 들으며 어마어마한 충격을 받았던 기억이 선명하다. 받아들이기 힘든 현실에 좌절도 했지만, 열정을 다해 세상을 바꾸려 노력하는 동료들이 있다는 데 안도감이 들었다. 인권, 생태, 여성, 소수자, 노동, 권력 감시 등 다양한 분야에서 벌어지는 사회운동이 전체적으로 세상을 진보시키리라 믿었다.

내가 입을 다물고 조용히 지내는 동안에도 그 흐름은 지속되리라 막연히 기대했다. 그러나 사건을 접하고 자료를 찾아보면서 기대는 무참히 깨졌다. 사형제 폐지를 논할 만큼 살인을 금하는 시대가 되었는데도 여성은 계속 살해당하고 있었다. 강남역에서처럼 불특정 여성을 노린 강력 범죄뿐만 아니라, 친밀한 관계에서 벌어지는 폭력과 살해도 심각한 수준이었다.[79]

무엇보다 이 사건을 대하는 사람들의 극심한 온도차가 나를 괴롭혔다. "여자라서 살해당했다"는 문구를 놓고 곳곳에서 설전이 벌어지고 있었다. 수많은 여성이 직접 겪은 무수한 성폭력 경험을 떠올리고 공기처럼 실재하는 불안과 공포를 토해낼 때, 그것은 일부의 극단적 사례일 뿐 결코 여성 혐오 문제라 볼 수 없다며 목소리를 높이는 사람들이 줄지어 나타났다. 언론은 소셜미디어에서 자극적인 내용을 골라 전하며 불을 붙였다. 여태 이런 논쟁을 해야 하다니… 절망스러웠다.

이전에도 비극적인 사건의 피해자를 모욕하거나 소수자를 향해 혐오 발언을 하는 사람이 있었지만, 적어도 가까운 지인 중에는 없었다. 하지만 이 문제는 달랐다. 많은 이들이 나와 입장을 달리하거나 과도한 피해의식이라며 선을 그었다. 가족이나 동료들과 토론하다 마음을 다친 여성들의 이야기를 전해 들을 때마다 나도 따라 무너졌다. 세상이 좀 더 나은 방향으로 변화하기는커녕 퇴보하는 듯했다. 내가 활동가로 산 시간이 아무런 의미가 없어 보이고, 현재의 삶이 무책임하게 느껴졌다. 그날 이후, 나는 머리를 싸맨 채 어쩌면사무소의 문을 잠그고 들어앉았다. 무거운 침묵 속에 잠겨 지금 당장 내가 무엇을 해야 하는지 고민했다.

하지만 그건 지나치게 자기중심적인 고민이었다. 내가 침묵하는 사이에, 강남역 사건을 자기 문제로 바라보고 자기 목소리로 말하는 사람들의 공간이 온오프라인을 가리지 않고 펼쳐졌다. 이 사건이 우발적인 사건이 아니라 사회에 만연한 여성혐오와 연결된 사건이라고 힘주어 말하는 사람이 속속 늘었다. 소수의 활동가만이 아니었다. 피해자의 죽음을 자기와 떼놓을 수 없는 고통으로 받아들인 많은 이들이 거리로 쏟아져 나와 목소리를 냈다. 포스트잇에 추모와 연대의 메시지를 써서 붙이고 거리 시위를 이어나갔다. 열기는 몇 차례 시위로 끝나지 않았다. 페미니즘 서적 판매량이 급격히 늘고 독서 모임과 강연회가 줄을 이었다. 20년 전 도서관에서 혼자 끙끙대며 읽던 일본 여성학자 우에노 치즈코의 새 책이 베스트셀러에 오른 걸 보았을 때는 어리둥절하면서도 반가웠다.

나는 다시 생각했다. 우리 사회는 단순히 퇴보하고 있었던 게 아니라 더 큰 변화를 위해 숨 고르기를 하고 있었던 게 아닐까? '세상이 이 지경인데 그동안 내가 무엇을 했나'라는 한탄은 어쩌면 남들이 하지 못하는 걸 내가 대신 해내야 한다는 일종의 선민의식이 아니었을까?

머리가 차가워졌다. 무엇을 할지 모르고 뛰어다니기 전에 할 일이 있을 듯했다. 나는 오랜만에 사회 분야 책을 꺼내 들었다.

세상을 더 알기 위해서가 아니라, 현재의 내 삶과 세상의 연결고리를 구체화하기 위해 책을 읽고 싶어졌다. 지금 내가 어떤 몸짓과 말을 꺼내놓아야 세상의 변화에 보탬이 될지 알고 싶었다.

　오래전, 내게 다른 세상을 꿈꾸게 했던 사람들의 이야기를 다시 읽었다. 도시를 떠나 자급자족하며 사는 삶의 경험을 세세하게 기록해 '조화로운 삶'의 모델을 보여준 헬렌 니어링, 가부장제와 자본주의가 세계에 끼친 해악을 여성주의와 생태주의로 풀어내려고 한 마리아 미즈, 반다나 시바, 대안적 가치를 추구하는 녹색 정치를 현실에 등장시킨 독일 녹색당의 페트라 켈리.[80] 이들은 모두 여성이며, 세상의 문제를 발견했을 때 외면하거나 기존 질서에 편승하지 않고 학문과 정치 그리고 일상적 삶을 통해 대안적 가치를 모색하고 실천했다.

　더 거슬러 올라가, 여성에게 더해지는 사회적 압력에 떠밀리지 않고 물질적, 정신적으로 독립적인 한 인간으로 살아갈 방법을 고민하게 한 버지니아 울프, 시몬 드 보부아르의 글을 다시 보았다.[81] 그러면서 때로 어둡고 외롭게, 때로 왁자지껄하게 지나온 내 삶을 구석구석 들춰 보았다. 길지도 짧지도 않은 40여 년 사이 여성으로서, 시민으로서, 활동가로서 내 세계는 쉼 없이 흔들렸고 앞으로도 내내 그럴 것이다.

　그렇다 해도, 마구 흔들리다 제풀에 지쳐 뒤로 물러설지라도 일상은 멈추지 않고 계속된다. 한나 아렌트가 말했듯, 하루하루 필요한 노동을 하고, 손과 도구를 통해 인공적 세계를 창조하고, 타인과 부딪치고 소통하며 변화를 꿈꾸는 모든 과정이 인간의 활동적 삶을 이루는 근본 조건이니까. '활동가로 사는 삶'과 '생활인으로 사는 삶'이 따로 있지 않다. 그러고 보니 활동가로서 은퇴했다고 생각해온 지난 시간이 달리 보였다.

옥수동에서 민규와 살며, 생활을 유지하는 노동이 고통스러운 의무가 아니라 삶의 기반을 지켜주는 생활력이라는 사실을 깨달았다. 어쩌면 프로젝트를 진행하면서는 생업으로서의 노동뿐 아니라 적당한 거리에서 타인과 부대끼며 관계 맺는 방법을 배웠다. 만들기에 몰두한 경험은 상상을 현실로 빚어내고 그 결과물을 즉시 누리는 기쁨을 체험하게 했다. 매일 적당한 노동을 요구하는 어쩌면사무소라는 공간은 내가 일에 빠졌듯 만들기에 빠져 일상을 뒷전으로 밀어두지 않게 붙들어 주었다.

일상의 소중함을 깨닫고 내면의 근육을 단련할수록 나는 한층 더 너그러워졌다. 내 욕구를 억압하면서까지 상대를 참아주는 게 아니라, 자기감정과 필요를 먼저 헤아린 후 빈 자리가 생기면 기꺼이 타인에게 내어주게 되었다. 그러고 나니 다시 무언가 목소리를 내고, 밖으로 나가 사람들을 만나고, 세상의 변화를 이야기할 마음이 생겼다. 그렇게 되기까지 걸린 시간과 노력을 돌이켜보면, '아무렇지 않은' 평범한 생활인으로 살아간다는 것이 얼마나 어려운 일인지 새삼 깨닫는다.

아렌트가 말한 활동적 삶은 언젠가 도달할 이상이 아니라 지금을 사는 데 꼭 필요한 조건이다. 우리는 바로 지금 여기서 행복할 권리가 있고, 그것을 얻기 위해 노력하는 과정에서 타인과 공존하는 내일을 상상할 수 있다. 자기를 착취하지 않고 적극적으로 행복을 누리는 수많은 개인이 목소리를 낼 때 세상은 바닥부터 변할 테니까.

이 생각을 하고 나서는 한결 차분한 마음으로 내 삶의 다양한 측면을 긍정하게 되었다. 예전처럼 특정한 조직에 속하지 않아도, 거대한 결심과 선언을 하지 않아도, 자기 리듬에 맞게 자신을 돌보는 생활인이자 세계를 창조하는 작업인으로 살아갈 수 있다고. 그리고 어쩌면, 여전히 더 나은 세상을 이야기하는 활동가로 존재할 수 있다고.

혼자
살기

강남역 사건으로 움츠러들었던 마음을 다잡고 책을 집어 들면서, 나는 새로운 욕구를 느꼈다. 늘 '혼자' 몰두했던 책 읽기를 '함께' 하고 싶어졌다. 한동안 걸어 잠갔던 어쩌면사무소의 문을 다시 열고, 같이 책 읽을 사람들을 불러 모았다. 그때 제일 먼저 고른 책은 사회학자 에릭 클라이넨버그Eric M. Klinenberg가 쓴 『고잉 솔로 – 싱글턴이 온다』이다.82

애초에 이 책을 떠올린 건, 어머니를 떠나보내고 홀로 남은 아버지 때문이었다. 장례식을 끝내고 둘러앉았을 때, 아버지는 차분한 어조로 한 가지 부탁을 했다. "괜히 들여다본다 챙긴다 하지 말고 한 일 년 정도는 가만 놔둬라. 알아서 해볼 테니까. 앞으로 계속 혼자 살아가야 하니 내가 적응할 시간이 필요하다."

그 말을 듣고 한동안 고민했다. 지금까지 보아온 아버지라면 진심이라는 건 알겠는데, 노년에 배우자를 잃은 커다란 상처를 혼자 이겨낼 수 있을지 확신이 들지 않았다. 투병 중인 어머니를 지극정성으로 대하던 아버지의 모습을 떠올리면 마음이 쓰라렸다. 지금이라도 어쩌면사무소를 정리하면 내가 움직일 수 있을 텐데. 얼마간 아버지 옆에 있으면 앞으로 생활을 지탱하는 데 조금이라도 도움이 되지 않을까?

한동안 갈팡질팡하던 나는 생각을 접었다. 그동안 애써 가꾼 일상과 관계를 모두 떼어내고, 어릴 때 그렇게 벗어나고 싶었던 동네로 무작정 돌아가선 절대 행복할 수 없으리라는 걸 알았기 때문이다. 그보다는 내 현재를 지키면서 가족을 지지할 방법을 찾아야 했다.

아버지는 어머니 제사만은 성의껏 치르기 원했다. 남들은 없애는 제사를 우리 가족은 뒤늦게 시작했다. 나는 그 일을 잘 해내는 노력으로 아버지를 응원하고 싶었다. 명절과 제삿날에 미리 내려가 생전 해본 적 없는 제사상 차리기를 도맡고, 종일 냉장고 청소를 하고, 저녁에는 아버지와 술잔을 기울이며 이야기를 나눴다. 가까이 살며 자주 들여다보는 언니나 동생과는 비할 수 없는 작은 노력이지만 내가 할 수 있는 최선이었다. 반년이 지났을 때, 아버지는 평소 좋아하던 부추김치며 고등어찌개 같은 걸 직접 해보려다 실패한 경험담을 웃으며 이야기했다. 사실은 너무 고통스러워 정신과 치료를 받고 있었다는 이야기는 일 년이 더 지난 후에야 들려주었다. 나는 다시 흔들리는 마음을 잡느라 괴로웠다.

그렇게 혼란에 빠진 내 상황이 단지 개인적 선택의 결과가 아니라 매우 사회적이며 전 지구적인 현상임을 바로 클라이넨버그의 책이 알려주었다. 그에 따르면, 20세기 초만 해도 독신이란 기존 공동체에 속하기를 원치 않거나 집단에서 배제당한 극소수만이 택하는 생활 방식이었다. 그러나 상황이 급변했다.

혼자 산다는 것이 단지 고립이나 낙오가 아닌 새롭고 적극적인 삶의 방식이라는 인식이 높아지고 있다. 기술이나 서비스 산업의 발달도 이런 생활을 뒷받침한다. 사람들은 이제 '혼자 살 수 있으므로' 혼자 산다. 결혼해서 새로운 가족을 만들었다가도 이혼이나 사별로 혼자 되면 사생활을 지키며 홀로 사는 쪽을 선택하는 경우가 적지 않다. 그런 사람은 앞으로도 계속 늘어날 것이다.

이처럼 누구나 혼자 살 수 있는 사회로 전환하고 있는데도 현실에서는 혼자 사는 삶이 사회적 문제로 취급된다. 가족을 중심으로 발달한 주거 형태와 사회 정책이 이 흐름에 발맞추지 못하고 있기 때문이다. 이런 상황을 비판적으로 검토하면서 클라이넨버그는 1인 가구 급증 자체가 문제가 아니라 "노인과 약자들의 사회적 고립, 가난한 사람들과 병자들의 고립, 혼자 살면 아이가 없고 불행하고 외로울 것이라고 걱정하는 사람들의 불안한 마음"이 문제라고 지적한다.

당장 혼자 산다는 이유로 고립 상태에 빠지는 사람들의 현실은 생각보다 심각하다. 사회가 이 문제를 푸는 데 가장 손쉽게 써 온 해법은 기존의 가족관계에 떠맡기는 것이다. 특히 부모가 혼자 되면 제일 먼저 돌봄 노동을 맡는 건 혼자 사는 자녀. 직간접적으로 주위의 압박을 받기도 하지만 스스로 책임을 느끼는 경우도 많다. 이것이 정확히 내가 맞닥뜨린 현실이었다.

부모라고 자녀에게 의지하는 게 편하지만은 않다. 2017년 보건복지부가 내놓은 노인실태조사에 따르면 조사 대상 노인 중 '노년기에 자녀와 동거하는 것이 바람직하다'라고 생각하는 경우는 15.2퍼센트에 그쳤다. 88.6퍼센트는 현재 집에서 거주하기를 바라고, 57.6퍼센트는 거동이 불편해져도 현재 거주하는 집에서 살기를 희망했다.[83]

이런 바람을 뒷받침할 만큼 사회적 돌봄서비스를 확충하지 못한 상태에서는 부모도 자녀도 당장 필요로 인해 서로를 의지할 수밖에 없다. 이 방법은 어느 쪽에도 도움이 되지 않는다. 개인의 사회적 성취를 방해할 뿐 아니라 애써 구축한 일상을 바닥부터 흔드는 결과를 가져오기 때문이다. 이런 불가피한 선택을 공동체 정신이나 효도로 포장하고 장려하는 정책은 전혀 효과를 거두지 못한다. 이처럼 "가정적 결합을 촉진하는 무익한 캠페인에 에너지를 적게 투입하고, 이미 혼자 사는 사람들이 더 잘 살도록(더 건강하고, 더 행복하고, 사교활동도 활발하게 하도록) 돕는데 집중"하자는 것이 클라이넨버그의 결론이다.

나는 이것이 지금 아버지의 삶을 위해서만 아니라 내 현재와 미래를 위해서도 바람직한 시각이라고 생각했다. 그러자 문득 하고 싶은 일이 생겼다. 클라이넨버그 주장대로 혼자 사는 것이 새로운 표준이라면, 연령대에 상관없이 다양한 이유로 혼자 사는 사람들의 현실을 들여다보고 그 삶에 힘이 되는 조건과 환경은 무엇일지 탐색해보고 싶었다.

얼마 후 어쩌면 프로젝트 그룹에 글을 올렸다. '1인용 연구회'라는 이름으로 혼자 사는 삶에 관해 장기간 함께 연구할 사람을 모집했다. 책을 읽고, 경험을 공유하고, 필요한 물건을 직접 만들면서 내용을 채워가자고 했다. 일주일 사이 관심사나 성별, 직업이 제각각인 네 사람이 찾아왔다. 비혼, 결혼, 이혼 등 혼인 상태도 다양했다. 어쩌면 프로젝트의 가장 최근 작업이자 2년째 꾸준히 이어가고 있는 '1인용 연구회'는 그렇게 시작했다. 첫해에는 한 달에 한 권씩 책을 읽고 모여서 대화하는 데 집중했다.

소비와 소유를 줄이고 단순하게 사는 방법84, 여럿이 어울려 살되 독립적 삶을 침해하지 않는 공동 주거의 원칙85 같은 구체적인 지침에서부터, 개인적으로나 사회적으로 무수한 굴곡을 겪은 끝에 홀로 노년을 맞이한 사람들이 겪는 고립감과 박탈감86, 어른이 되어 더 큰 혼란에 던져지는 여성의 곤란한 현실, 그래도 계속 말하고 드러내는 용기에 이르기까지87. 혼자 사는 삶의 측면은 생각보다 다채로웠다.

나이 들 때가 젊을 때와 다르고, 성별·가족 관계·주거환경·경제 수준 등 다양한 변수가 삶의 질을 좌우한다. 지금 당장은 아니라도 누구나 살면서 혼자인 순간을 맞이할 것이 분명해 보였다. 혼자 살기를 쉽게 허용하지 않던 옛 시대의 공동체, 이를테면 가족, 직장, 종교 같은 틀이 더는 우리를 탄탄히 붙잡아 주지 못하리란 것도 깨달았다. 두렵고 불안하지만, 그렇다고 이미 수명이 다한 낡은 틀에 자신을 억지로 옭아맬 수는 없다. 결혼했든 안 했든, 부모 자녀가 있든 없든, 종교 생활을 하든 안 하든, 우리는 사회 속에서 자기 자리를 갖고 독립해 살아갈 능력과 조건을 갖추어야 한다.

그런 능력과 조건은 대체 어떻게 만들 수 있을까? 어느덧 2
년 차를 맞이한 연구회 구성원들은 이 질문의 답을 찾는 작업에
돌입했다. 주거 환경을 관리하는 기술, 필요한 물건을 구상하고
직접 만드는 기술, 비상사태나 재난에 대비하는 기술, 외로움과
마주하는 기술 등 1인 가구에 필요한 실용적 기술을 함께 탐험하
고 기록하기로 했다. 그렇게 자기를 지키는 기술을 주고받으며
힘겨울 때는 자연스레 등을 기댈 우정의 울타리를 만들어보자
했다. 그러자면 개인 차원의 노력만이 아니라 사회적 공적 체계
의 지원도 필요하겠지만, 이 과정을 거쳐보면 그 체계에 무엇을
담아야 할지도 말할 수 있을 거라고 생각했다.

모임을 하는 동안, 신기하게도 다시 '혼자 사는 삶'으로 들
어선 사람이 늘었다. 그중 하나가 나다. 카페 운영을 중단한 뒤
로 하고 싶은 일이 생길 때까지 당분간 그대로 있겠다던 민규가
어느 날, 지역 시민 단체와 공익 활동을 지원하는 기관에 일자리
를 얻어 소도시로 떠났다. 서울을 떠나 살아볼 수 있다는 게 마
음에 들고, 어쩌면 프로젝트를 통해 얻은 경험을 바탕으로 기존
의 활동에서 해결하지 못한 문제들을 다시 짚어보고 싶다고 했
다. 그 덕에 혼자만의 방이 되돌아왔다. 나는 어쩌면사무소에 이
어 집에서도 온전히 혼자가 되었다.

처음에는 이 상황을 반겨야 할지 두려워해야 할지 알 수 없
었다. 생활 공간을 유지하는 노동이나 두 고양이를 돌보는 일까
지, 민규가 곁에 있었기에 가능했던 일을 이제는 혼자 해내야 하

니까. 미주알고주알 그날의 경험이나 떠오르는 고민을 말할 수 없는 것도 걱정이었다. 옆에서 보폭을 맞춰주던 존재가 없어졌으니 금세 막무가내로 달리며 기력을 소진하던 예전 생활로 돌아갈까 봐 두려웠다. 하지만 그런 일은 일어나지 않았다.

나는 그럭저럭 생활의 리듬을 지켜냈다. 몸과 마음의 속도에 따라 하루하루 필요한 노동을 하며 나를 챙기는 게 즐거웠다. 굳이 타인의 규칙에 기대지 않아도 일상이 무너지지 않는다는 걸 확인하니 안심이 되었다. 꾸준히 각자의 삶을 나누며 만난 '1인용 연구회'가 큰 힘이 되었다.

돌이켜보면 바로 그런 느슨한 관계망을 계속 만들어내는 작업이 어쩌면 프로젝트가 해온 일이다. 나는 카페를 운영할 때만큼은 아니더라도 어쩌면사무소를 조금 더 열린 공간으로 만들어야겠다고 생각했다. 내 일상에서 큰 부분을 차지하는 책 읽기와 손작업이 어우러진 공간을 상상했다.

2017년 3월, 폐업한 지 2년 만에 다시 책방과 잡화점으로 사업자등록을 했다. 목재를 주문해 선반을 짜고, 다양한 삶의 궤적과 작업의 즐거움을 알려주는 책들을 골라 넣었다. 직접 만든 뜨개, 직조, 바느질 작업물도 사이사이 진열했다. 따로 간판을 내걸지는 않고 유리문에 '만들고 생각하며 사는 삶'이라는 문장만 하나 써넣었다.

그렇게 재정비한 어쩌면사무소에서 나는 천천히 사람들을 만나고 말하고 움직였다. 그러다 보니 한동안 담쌓고 지내던 시민운동에 대해서도 마음이 열렸다. 가장 먼저 생각이 닿은 건 단체를 그만두고 혼자 방황하는 활동가들의 상태였다.

그래서 만든 모임이 '그만둔 이유, 그만둔 이후'다. 시민 단체나 비영리 영역에서 활동하다 일을 멈춘 사람들이 함께 책을 읽고 글을 쓰는 모임이다. 이번에는 나 혼자만이 아니라, 시민사회의 새로운 소통 방식과 관계 맺기를 시도하는 '더 이음'이라는 단체와 함께 일을 벌였다.

8주에 걸쳐 진행한 모임에는 모두 열 명이 참여했다. 이미 여러 번 활동을 그만둔 사람도 있고, 그만둘 준비를 하는 사람, 새롭게 시작하려는 사람 등 상황도 저마다 달랐다. 우리는 안전하고 주의 깊게 대화하기 위해 서로의 소속이나 이름, 그밖에 사적인 정보는 주고받지 않기로 했다. 다만 함께 읽는 책을 매개로 자기 경험을 새로운 시선으로 바라보는 데 집중했다.

'1인용 연구회'가 가족 공동체로부터 떨어져 나온 개인들을 만나는 작업이라면, 이 모임은 단체 또는 직장으로부터 떨어져 나온 개인들을 만나는 작업이다. 그들과 대화하는 과정은 마치 거울을 보는 듯했다. 자기를 소진하며 일에 몰두하는 삶, 사람과 관계를 도구로 바라보는 태도, 어딘가에 소속되지 않고서는 자기 정체성을 지키지 못할 듯한 불안한 마음. 내가 이미 거쳐온 고통의 시간을 저마다 다른 상황과 강도로 겪고 있었다.

이 문제를 다시 들여다보자니 오래전 나를 지독히도 괴롭혔던 두통이 되살아날까 봐 겁이 났다. 고민 끝에 나는 모임을 이끌어간다는 생각을 버리고, 다른 참가자들과 같은 자리에서 그 두려움과 고통을 솔직히 고백했다. 그러자 우리의 대화는 놀라울 정도로 깊고 두터워졌다.

　　모임이 끝나고 몇 달이 지난 지금까지 참가자들은 간간이 이메일로 그동안의 변화나 소회를 들려주고 있다. 다시 일을 시작한 이도 있고, 기나긴 쉼을 선택한 이도 있다. 문제는 복잡하고, 고통은 하루아침에 사라지지 않을 것이다. 삶의 전부라 여기던 일을 그만두며 내가 겪었듯, 사회 속에서 애써 일군 자기 자리를 잃으면 어마어마한 좌절과 상실감에 시달리게 마련이다. 거기서 벗어나려면 차분히 자기 내면을 돌보고 일상을 회복하는 치유의 시간을 보내야 한다. 다른 삶을 향한 실험에 뛰어들고, 타인의 경험과 고통에 반응하며 행동하는 건 그다음에야 가능할 것이다.

　　이 과정을 어떻게 거쳐야 할지는 감히 짐작할 수 없다. 자기가 처한 조건, 추구하는 가치에 따라 다르게 풀어내야 하기 때문이다. 지금 내가 할 수 있는 역할은 이처럼 떨어져 나온 사람들이 너무 외롭지 않게 둘러앉을 자리를 만들고, 그 막막하고 두려운 처지에 공감하고 귀 기울이는 정도다. 그러다 보면 어느새 자신과 화해하고 타인과 연대하는 능력을 갖춘 개인이 속속 등장하는 때가 올지 모른다. 이제 그들과 함께 일 중심적 삶을 벗어나 다른 삶, 다른 가치를 추구하는 사회를 만들자고 목소리 내기도 할 것이다. 그 모습을 상상하며 고된 성찰의 과정을 지켜보고 천천히 함께 걸어가기, 그것이 지금 내가 발견한 새로운 운동이다.

에필로그

#1

옥수동은 완전히 사라졌다. 2016년 가을, 옥수동 마지막 재개발지역이 공사를 끝내고 새 입주민을 맞이한다는 기사가 떴다. 가난한 이들이 살던 산꼭대기에 값비싼 새 아파트가 등장했다는 소식이었다. 나는 오랜만에 언덕을 넘어 옛 동네를 찾아가 보았다. 거기엔 말 그대로 아무것도 남아있지 않았다. 곧고 길게 뻗은 아스팔트 사이로 태양광 패널을 주르륵 붙인 채 햇빛을 받아 반짝이는 높다란 건물만이 가득했다. 천지개벽이라는 말은 바로 이럴 때 쓰라고 만든 말이지 싶었다.

어쩌면사무소로 돌아와 그동안 묵혀둔 사진을 주섬주섬 꺼냈다. 이제 동네가 사라졌으니 내가 기록한 옥수동의 옛 모습을 인터넷만이 아니라 지면에도 남겨두고 싶다는 생각이 들었다. 독립 출판으로 사진집을 만들기로 하고, 한 장 한 장 사진을 골라 편집 프로그램 사용법을 익히며 작업을 진행했다. 크라우드 펀딩 사이트에 모금 프로젝트도 열었다.[88]

하다 보니 궁금한 게 한둘이 아니었다. 도대체 이 가혹한 재개발의 물결은 어디서 시작된 것인지, 그 과정에서 누가 이익을 보고 누가 빈손으로 밀려나 버렸는지… 모든 게 궁금했다. 관련 자료를 찾고 기억을 더듬다 보니, 원래 무심히 사진만 추려 넣으려던 책에 이런저런 정보가 추가되었다. 2017년 9월, 나는 내 손으로 만든 첫 번째 책 『지금은 없는 동네 − 옥수동 트러스트』를 세상에 내놓았다.

독립출판물이지만 사적 기록으로 끝나지 않게 도서번호ISBN도 부여했다. 도서관법에 따라, 출판 등록 후 도서 번호를 받은 출판물은 국가 문헌으로 국립중앙도서관 서고에 영구보존하게 되어있기 때문이다. 그 덕에 어쩌면사무소는 잡화점과 책방에 이어 출판사라는 이름까지 달게 되었다. 나는 조직이나 전문성이라는 틀을 넘어 개인이 목소리를 내는 새로운 방법을 또 하나 발견했다.

#2

떨어져 산 지 일 년이 지날 무렵, 민규와 나는 모처럼 마주 앉아 밤늦도록 서로의 삶에 관해 이야기했다. 둘 다 혼자 살기에 만족하고, 그 삶을 좀 더 깊이 탐구하기를 바라고 있었다. 더는 일상을 공유하지 않고도 각자의 삶을 지탱할 수 있게 된 거다.

그렇게 되기까지 큰 도움을 받았다며, 당신 덕분에 내가 조금 더 나은 사람이 될 수 있었다며, 우리는 누가 먼저랄 것 없이 진심으로 고마운 인사를 주고받았다.

그러자 질문이 하나 생겼다. 이제 이 관계는 무어라 말하면 좋을까? 우리는 여전히 연인이고 동료일까? 나는 민규가 언제고 다시 돌아와도 좋지만, 지금 사는 곳에서 새로운 인연을 만난다면 축복해줄 수 있다고 말했다. 민규도 같은 말을 했다. 언젠가 서울이 아닌 다른 지역에서 어쩌면 프로젝트 시즌 2를 함께 시도해보자고도 했다.

우리는 어느 쪽으로든 결론을 내리지 않았다. 현재를 갉아먹는 조건이 아니라면 그대로 두어도 아무 상관이 없다고, 지금까지 그래왔듯이 우연과 인연에 따라 그 순간 마음 닿는 대로 선택하면 된다고 말이다. 혼자서도 건강하게 일상을 살아가도록 서로를 지지하기로 했다. 그러다 자연스레 멀어지면 멀어지는 대로, 다시 서로가 필요해지면 그런대로 받아들이기로 했다. 그러다 보면 혹시 언젠가는, 민규 말대로 시즌 2든 다른 무엇이든 함께 도모하는 날이 또 올지도 모르겠다.

호기심으로,
좋아서 하는 일로,
세상의 작은 변화를 이루기 위해.
어쩌면.

주석

1   김현경, 『사람, 장소, 환대』, 문학과지성사, 2015.

2   분양 동 주민들이 이렇게 대놓고 임대 동을 격리하는 세태는 2000년대 내내 사회 문제로 언론에 자주 오르내렸다. 분양 동 주민들이 임대 동 거주 자녀가 많은 초등학교에 아이를 보내지 않으려 한다거나, 임대아파트 이름에 거지라는 단어를 붙여 부르는 사례가 소개되기도 했다. 단순히 재산권을 행사하는 것을 넘어 차별을 구조화하는 이런 문제를 해결하려고 2000년대 이후로는 임대 단지를 구분하지않고 섞어 짓는 소셜 믹스Social Mix 정책이 도입되었다. 하지만 정책의 효과는 시원찮다. 분양 입주민은 재산권을 침해당한다고, 임대 입주민은 도리어 노골적 차별이 고통스럽다고 불만을 제기한다니 말이다.

(「"너희랑 같이 살기 싫어!⋯분양·임대아파트의 불편한 동거」, <SBS 뉴스 리포트+>, 2016. 6. 19)

3   재개발은 다수결로 진행하기 때문에 반대하는 주민이 많아도 사업 자체를 막기란 쉽지 않다. 토지나 건물을 소유한 전체 주민 과반수가 동의하면 조합설립 추진위원회를 꾸릴 수 있고, 행정기관 승인을 받은 뒤 다시 주민 4분의 3의 동의를 얻으면 조합 설립을 신청할 수 있다.

4   「주택임대 단지별 정보」, 서울주택공사 홈페이지.

5   국내 번역되지 않은 앙리 르페브르의 책 『Le Droit à la ville』에 담긴 내용이다. (강현수, 『도시에 대한 권리─도시의 주인은 누구인가』, 책세상, 2010)

6   버지니아 울프의 일기다. (리베카 솔닛, 김명남 옮김, 『남자들은 자꾸 나를 가르치려 든다』, 창비, 2015, 122쪽 재인용)

7   헬렌 니어링, 이석태 옮김, 『아름다운 삶, 사랑, 그리고 마무리』, 보리, 1997.

8   질베르 리스트, 신해경 옮김, 『발전은 영원할 것이라는 환상 』, 봄날의책, 2013.

9   「인구주택총조사」(통계청, 2015)

10 국토교통부, <공동주택관리정보시스템>, www.k-apt.go.kr

11 「인구주택총조사」(통계청, 2005)

12 코린느 마이어, 이주영 옮김, 『노 키드』, 이미지박스, 2008.

13 버지니아 울프, 이미애 옮김, 『자기만의 방』, 민음사, 2006.

14 변수정 외, 「다양한 가족의 출산 및 양육실태의 정책과제 – 비혼 동거가족을 중심으로」, 한국보건사회연구원, 2016)

15 앞의 자료, 117쪽.

16 김성희, 『오후 네 시의 생활력』, 창비, 2015.

17 당시 노숙자는 한 달에 수백 명씩 급격히 늘었는데, 1998년 4월 조사 자료에 따르면 이들 중 70퍼센트가 30, 40대 남성이었고, 고등교육을 받은 경우는 30퍼센트를 넘었다. (김미숙, 「도시노숙자 현황과 보호대책」, 한국보건사회연구원, 1998)

18 이렇게 고도성장기 노동착취의 대상으로만 알려졌던 '미싱사'들이 스스로 교육받을 권리와 정당한 노동의 대가를 요구할 권리를 찾으려 어떤 노력을 했는지를 내가 알기까지는 시간이 꽤 걸렸다. (유정숙 외, 『 나, 여성노동자』, 그린비, 2011)

19 한국교육개발원, <교육통계서비스>, http://kess.kedi.re.kr

20 우에노 치즈코, 『 가부장제와 자본주의』, 녹두, 1994.

21 헬렌 니어링·스코트 니어링, 류시화 옮김, 『조화로운 삶』, 보리, 2000, 18쪽.

22 헬렌 니어링, 이석태 옮김, 『아름다운 삶, 사랑, 그리고 마무리』, 보리, 1997.

23 「시민단체, 소통의 권위로 가라」, 『한겨레21 』 제739호.

24 케이시 윅스, 제현주 옮김, 『우리는 왜 이렇게 오래, 열심히 일하는가』, 동녘, 2016.

25 한병철, 『피로사회』, 문학과지성사, 2012.

26 데이비드 프레인, 장상미 옮김, 『일하지 않을 권리』, 동녘, 2017.

27 앞의 책, 167쪽.

28 한나 아렌트, 이진우 옮김, 『인간의 조건』, 한길사, 1996.

29 폴 오스터, 김경식 옮김, 『오기 렌의 크리스마스 이야기』, 열린책들, 2001.

30   앞의 책, 15쪽.

31   <옥수동 트러스트> 홈페이지, http://probable.kr/oksutrust

32   조정래, 『한강』, 해냄, 2003.

33   <서울신문>, 1946. 8. 16. 〔「주택개량재개발 연혁연구」(서울연구원, 1996)
      에서 재인용〕

34   "무악재에 살던 사람들이 봉천동으로 옮긴 것 같이, 서울의 달동네는 항상 그
      위치를 바꾼다. 제법 정착이 된 강북 판자촌과 달동네에는 이른바 도심재개
      발이 시작되고 중산층의 아파트가 들어서게 된다. 하는 수 없이 밀려나는 달
      동네 원주민들은 살림살이를 이고 지고 강을 건넌다. 당시 아무도 살지 않는
      산꼭대기에 다다르면 짐을 풀고 새로운 달동네를 만든다. 60년대 중반, 중구
      충무로 남산 일대의판잣집들이 헐리면서 사당동에 달동네가 생겼고, 용산구
      한남동과 서빙고동이 재개발되면서 신림동에 달동네가 생겨났다."
      (최재필, 「봉천동 달동네」, 서울대학교 건축학과 교수 최재필 블로그)

35   광주대단지는 서울에서 멀리 떨어진 경기도 지역이었다. 정부의 정책을 어쩔
      수 없이 받아들인 이주민들은 현지에 도착해서야 자신들이 교통수단도 생계
      대책도 없이 황무지나 다름없는 곳에 내몰린 걸 깨달았다. 더 큰 문제는 그곳
      에서도 딱지 투기가 만연하자 정부가 분양가를 올리고 취득세를 부과해버린
      것이었다. 정부가 약속한 공장 건설은 거의 진행되지 않았고, 일자리를 찾지
      못한 주민 일부는 굶어 죽기도 했다. 결국 참다못한 주민들이 시위에 나섰는
      데, 그게 1971년 8월 발생한 광주대단지 사건이다. 시위 규모가 수만 명으로
      늘고 시청 격인 출장소와 파출소가 점거당하는 등 문제가 커지자 그동안 외
      면하던 정부가 부랴부랴 나서서 사과하고 요구사항을 받아들였다. 주민들은
      정부의 약속을 믿고 3일 만에 농성을 끝냈다. 광주대단지는 그 후 시로 승격
      해 성남시가 되었다.
      (원희복, 「광주대단지 사건」, 《주간경향》, 1130호)

36   1960년대 들어 정부는 단속과 철거 이외의 대안으로 시민아파트 건립 사업
      을 추진했는데, 1970년 마포구 와우 지구에 건설한 5층 높이의 시민아파트가
      부실 공사로 붕괴하자 사업을 전면 중단하고 이미 지은 아파트 400여 동 중
      100여 동을 철거해야 했다. 이후로는 강남, 잠실 등 한강 이남을 개발하는 한
      편, 광주대단지 같은 외곽 이주 정책보다는 노후한 도심 지역 재개발 사업에
      집중했다. 기록에 따르면 당시 지정된 재개발 지역 중에는 옥수동도 포함되
      어있었다.

(서울시, 《Re-Seoul: 도시재생, 함께_디지로그》, 2016)

37   \<Dear Photograph\>, http://dearphotograph.com

38   수전 손택, 이재원 옮김, 『타인의 고통』, 이후, 2004.

39   2004년, 미국의 금융업계에서 일하던 살만 칸은 인터넷으로 조카에게 수학을 가르쳐주느라 영상 강의를 만들었다. 그 영상을 유튜브에 공개했다가 인기를 얻자 나중에는 직장을 그만두고 강의 제작에 전념했다. 그때 영상을 올리던 유튜브 채널 이름이 '칸 아카데미 Khan Academy'인데, 몇 년 후 칸 아카데미는 전 세계 수천만 명이 접속하는 온라인 강의 공유 플랫폼으로 성장했다.

     (\<Khan Academy\>, http://khanacademy.org)

40   리처드 탈러·캐스 선스타인, 안진환 옮김, 『넛지 : 똑똑한 선택을 이끄는 힘』, 2009.

41   「주택재개발사업의 추진 절차」, \<찾기쉬운생활법령정보\>, 법제처 홈페이지.

42   「정비사업 통계」, 서울시, 2000~2016.

43   "Q: 주거 세입자다. 조합이 임대아파트 입주 신청을 하든 주거이전비를 받든 둘 중 하나를 하라고 한다. 이거 맞는 건가?

     A: 아직도 이런 후진 조합, 있다. 임대아파트와 주거이전비는 2007년 4월 '공익사업을 위한 토지 등 취득 및 보상에 관한 법' 시행규칙이 바뀌면서 'or' 가 아니라 'and'가 됐음에도 여전히 조합이 주거 세입자에게 둘 중 하나를 선택하라고 하는 경우가 있어 몸살을 앓고 있다."

     (「쫄지 마, 재개발 대응 매뉴얼이 있잖아」, 『한겨레21』 제795호)

44   당시 세입자 보상에 관해서는 '공익사업을 위한 토지 등 취득 및 보상에 관한 법'의 시행규칙에서 정하고 있었다. 나는 기사를 읽은 뒤 국가법령정보센터에 접속해 법과 시행규칙을 직접 확인했다.

45   서울특별시장, 「2017 용산참사백서 - 용산참사, 기억과 성찰」, 서울특별시 도시활성화과, 2017.

46   박래군, 「'여기, 사람이 있다'는 외침으로 남은 용산참사」, 『월간 복지동향』 제148호.

47   서울연구원, 『서울시 뉴타운사업의 추진실태와 개선과제』, 2008.

48   종이에 담긴 문장은 이렇다.

     "\<고시\> 위 집행권원에 기한 채권자 옥수동제13구역주택재개발정비사업조합의 위임에 의하여 정본주문표시 부동산에 대하여 채무자의 점유를 해제하고 집행관이 이를 보관합니다. 그러나 이 부동산의현상을 변경하지 않을 것을 조건으로 하여 채무자가 사용할 수 있습니다. 채무자는 정본주문표시 부동산에 대하여 그 점유를 타인에게 이전하거나 또는 점유명의를 변경하지 못합니다."

49 「주거실태조사」(국토교통부, 2016년)

50 김현경, 『사람, 장소, 환대』, 문학과지성사, 2015, 25~26쪽.

51 테어도르 젤딘, 김태우 옮김, 『인간의 내밀한 역사』, 강, 2005.

52 몇 년이 지난 어느 날, 어쩌면 프로젝트를 지지해주던 한 지인이 메시지를 보냈다. 마침 읽고 있는 책에서 '어쩌면'이라는 단어가 등장하는데 우리가 생각났다고 했다. 그 책에는 아래와 같은 문장이 담겨 있었다.

"니체는 '도래하는' 존재들, 이를테면 '새로운 종류의 철학자', '새로운 심리학자', 논리학자의 미신을 넘어선 '어느 날의 사람들'을 지칭하면서, '어쩌면'이나 '혹시' 등으로 옮기는 부사 'vielleicht'를 계속사용하고 있다. (⋯) 니체의 '어쩌면'이라는 부사를 두고 데리다는 "아직 존재하지 않는 것(ce qui n'est pas encore) 혹은 더 이상 존재하지 않는 것(ce que n'est plus)을 완전히 현재적으로 말하는 방식"이라고 했다. 즉, 이미 결정된 것으로 보이는 과거를 다시 유동하게 하는 말이고, 아직 오지 않은 미래를 도래하도록 당기는 말이다. 그러므로 어쩌면 이라는 부사는 지금 여기에 도래할 사건을 사유하게하는, 도래하는 것을 맞이하는 실천적 단어이다."

(고병권, 『다이너마이트 니체』, 천년의상상, 2016)

53 한국협동조합협의회, 『협동조합원칙 안내서』, 2017.

54 가게를 내고 장사를 하려면 초기에는 전기공사나 실내 비품, 인테리어에 투자하는 비용이 상당하다. 개업하고 장사를 어느 정도 하다 보면 주변에 인지도가 오르고 단골도 생길 것이다. 그리고 장사가잘될수록 다른 가게에는 없는 나름의 노하우도 쌓일 것이다. 그런 것과 무관하게 유명하거나 유동인구가 많은 상권이라면 그 위치 자체도 높은 가치를 갖는다. 이 모든 것이 권리금이라는 형태로 사고팔 수있는 무형의 자산이 된다. 장사가 잘 돼서 옮기든, 안 돼서 접든, 기존의 상가를 넘길 때는 건물주가 아니라 새로 들어올 사람에게 적정하게 산정한 권리금을 요구할 수 있다.

우리가 공간을 알아보던 때만 해도 권리금은 부동산 정보에 표시되지도 않은 채 암암리에 거래되었지만, 지금은 그렇지 않다. 드러나지 않은 거래다 보니 건물주가 악의적으로 재계약을 거부하고 새로 들어올 사람에게 직접 돈을 받는 등 권리금 약탈 문제가 심각했다. 시민단체들과 전국상가세입자협회 등이 꾸준히 요구해도 법제화되지 않고 있다가 2009년 용산 참사로 사회적 관심이 높아진 끝에 2015년에 상가건물임대차보호법이 개정되면서 법적으로 보호를 받게 되었다.

55 앨버트 라슬로 바라바시, 강병남 외 옮김, 『링크』, 동아시아, 2002.

56 Smriti Bhagat, Moira Burke, Carlos Diuk, Ismail Onur Filiz, Sergey Edunov, 「Three and a half degrees of separation」, <facebook research>, https://research.fb.com/three-and-a-half-degrees-of-separation

57 사카구치 교헤, 서승철 옮김, 《도시형 수렵채집생활》, 쿠폰북, 2011.

58 앞의 책, 186쪽, 230쪽.

59 이창곤, 「때 놓친 풍찬노숙의 일본 복지」, 《이코노미 인사이트》 제17호.

60 박석원, 「日노숙자도 고령화 사회」 (한국일보, 2017. 4. 5)

61 <최저임금위원회>, http://www.minimumwage.go.kr/stat/statMiniStat.jsp

62 성공회대학교 민주주의연구소, 「시민사회 활동가 실태조사 및 지원방안」, 2013.

63 「도소매업 조사」 (통계청, 2008~2012)

64 이와 관련해 카페 관련 통계를 한눈에 볼 수 있도록 정리해둔 웹사이트가 있다. 「#서울커피맵 인터랙티브」, <뉴스래빗>, 2017. 2. 23. http://newslabit.hankyung.com/news/app/newsview.php?aid=201702215729G

65 젠트리피케이션은 낙후된 도심 지역에 예술가나 자본이 부족한 젊은 자영업자들이 모여들어 생기를 불어넣으면 더 큰 자본이 몰려와 선주민을 밀어내고 상권을 독차지하는 현상을 가리키는 말이다.

66 <어쩌면 이루어질지도 몰라 - 어쩌면사무소>, https://tumblbug.com/probable

67 「북극 스발바르의 '노아의 방주'… 미래 담긴 씨앗들」 (경향신문, 2016. 12. 18)

68 길고양이는 한 번에 적게는 두세 마리에서 많게는 예닐곱 마리 넘게 새끼를 낳는데, 어미 혼자 양육을 하다 보니 먹이를 구하러 나가거나 은신처를 옮기는 사이 한두 마리 빠뜨리는 일도 잦다. 그럴 때 길가에 나와 울어대는 새끼 고

양이를 불쌍하다고 구조했다가는 뜻하지 않게 멀쩡한 가족을 생이별시키기에 십상이다. 별 탈이 없는 한 어미가 찾으러 올 때까지 지켜보는 게 좋다. 행여 구조한 새끼를 책임지지 못해 제자리에 돌려놓으면, 이미 사람 손이 닿아 냄새가 밴 새끼를 어미가 다시 거두려 하지 않는다. 지방자치단체에서 운영하는 동물 보호소에 보내는 건 더욱 곤란하다. 열악한 환경에서 며칠 방치되다가 대부분 살처분 당하기 때문이다.

69 「로드킬 등 동물사체 수거 처리 실적」(서울시, 2015~2017)

70 고양이의 생태와 길고양이가 처한 현실에 관해서는 이 책을 참고해보자. 이용한·한국고양이보호협회, 『공존을 위한 길고양이 안내서』, 2018, 북폴리오.

71 길고양이를 포획해 중성화 수술 후 원래 살던 곳에 방사하는 사업으로, TNR(Trap-neuter-return)이라고도 한다. 개체 수를 인도적으로 조절하는 동시에 시민 불편을 줄이기 위해 전 세계에서 활용하는 방안 중 하나다. (「서울시 '길고양이 중성화' 10년, 절반 가까이 감소… 올해도 9,700마리」, 서울시, 2018. 2. 12)

72 앨리 러셀 혹실드, 이가람 옮김, 『감정노동』, 이매진, 2009, 21쪽.

73 「"kg당 70원으로 떨어졌어요" 78살 폐지 할머니의 한숨」(한겨레신문, 2018. 3. 8)

74 상대적 빈곤율은 전체 인구를 소득순으로 나열했을 때 중간에 있는 사람들의 소득, 즉 중위 소득의 50퍼센트에 못 미치는 사람들의 비율을 가리킨다. 해당 보고서에서 한국 노인 중 66세 이상 75세 미만의 상대적 빈곤율은 42.7퍼센트, 76세 이상은 60퍼센트로, OECD 평균의 네 배 수준이다.(「'서러운 노년' 한국 66세 이상 노인빈곤율 OECD 최고」(연합뉴스, 2017. 11. 11)) 다만 이 통계는 자산이 아닌 소득만 기준으로 하기에 실제 빈곤 여부를 파악하기 부적합하다는 비판도 있다.

75 소준철·서종건, 「폐지수집 여성 노인의 일과 삶」, 서울연구원, 2015.

76 노자, 오강남 풀어 엮음, 『도덕경』, 현암사, 1995.

77 1999년, 프랑스가 이 제도를 도입하기까지는 1960년대 말에 불어닥친 68혁명의 영향이 컸다. 이 혁명에 뛰어든 사람들은 노동자 해방이라는 목표에 집중한 기존의 좌파와 뚜렷이 다른 성격을 지녔다는 이유로 신좌파라고도 불린다. 권위적이고 위계적·관료적인 기존 사회구조를 비판하며 개인의 자유를 확장하기를 요구하고, 직접 행동을 통해 세상을 바꾸려 한 이들이다. (조지 카치아피카스, 이재원·이종태 옮김, 『신좌파의 상상력』, 이후, 1999)

당시 프랑스의 신좌파, 그중에서도 여성이 몸과 정신의 억압을 거부하고 경제적 사회적 권리를 누리기를 바란 이들은 낙태 합법화, 결혼거부 등 당시에는 화약과도 같던 민감한 사안을 전면에 내세우고 싸웠다. 남성이 주도하는 사회 제도 속에서 신체적 정신적으로 억압받는 여성의 현실을 고발한 시몬느 드 보부아르Simone de Beauvoir의 『제2의 성』이 프랑스에서 처음 출간된 게 1949년이다. 보부아르를 포함해 수많은 이들이 과감하고 집요하게 싸운 덕에 수십 년 사이 프랑스는 크게 변했다. 기존 결혼 제도가 포괄하지 못하는 다양한 관계를 지지하는 시민연대계약도 바로 그런 활동의 결과물이다.

78 리차드 세넷, 김홍식 옮김, 『장인』, 21세기북스, 2010.

79 「2017년 분노의 게이지」(한국여성의전화, 2017)

80 헬렌 니어링, 이석태 옮김, 『아름다운 삶, 사랑, 그리고 마무리』, 보리, 1997.
    마리아 미즈·반다나 시바, 손덕수·이난아 옮김, 『에코페미니즘』, 창비, 2000.
    새라 파킨, 김재희 옮김, 『나는 평화를 희망한다』, 양문, 2002.

81 버지니아 울프, 이미애 옮김, 『자기만의 방』, 민음사, 2006, 시몬느 드 보부아르, 조홍식 옮김, 『제2의 성』, 을유문화사, 1993.

82 에릭 클라이넨버그, 안진이 옮김, 『고잉 솔로 – 싱글턴이 온다』, 더퀘스트, 2013.

83 「2017 노인실태조사」, (보건복지부, 2017)

84 도미니크 로로, 김성희 옮김, 『심플하게 산다』, 바다출판사, 2012.

85 캐런·루이즈·진, 안진희 옮김, 『마흔 이후, 누구와 살 것인가』, 심플라이프, 2014.

86 최현숙, 『할배의 탄생』, 이매진, 2016.

87 이다혜, 『어른이 되어 더 큰 혼란이 시작되었다』, 현암사, 2017.

88 <옥수동 트러스트 – 지금은 없는 동네>, https://www.tumblbug.com/oksutrust

어쩌면 이루어질지도 몰라

: 자립·공존·연대를 위한 실험

2018년 9월 28일 초판 1쇄

지은이   장상미
펴낸이   이미경

디자인   류지혜
표지그림   노정태
제작   올인피앤비

펴낸곳   도서출판 슬로비
        등록 2013년 5월 22일(제2013-000148호)
        주소 서울시 강남구 도곡로 43길 21, 103-803(우: 06219)
        전화 070-4413-3037 팩스0303-3447-3037
        전자우편 slobbiebook@naver.com
        www.slobbiebook.com

ISBN   979-11-87135-09-8   (03300)

이 도서의 국립중앙도서관 출판예정도서목록(CIP)은 서지정보유통지원시스템
홈페이지(http://seoji.nl.go.kr)와 국가자료공동목록시스템(http://www.nl.go.kr/
kolisnet)에서 이용하실 수 있습니다.(CIP제어번호: CIP2018029503)

"이 도서는 한국출판문화산업진흥원의 출판콘텐츠 창작 자금 지원 사업의 일환으로
  국민체육진흥기금을 지원받아 제작되었습니다."